DIE SCHÖNSTEN WANDERWEGE IN NORDRHEIN-WESTFALEN

Manuel Andrack

mit neuen Touren!

Die schönsten Wanderwege in Nordrhein-Westfalen

3., vollständig überarbeitete Auflage

J.P. Bachem Editionen

Die Adressen und Angaben im Serviceteil des Buchs wurden vom Autor sorgfältig recherchiert und vom Verlag geprüft. Wir bitten um Verständnis, dass Verlag und Autor keine Garantie für die Richtigkeit der Angaben übernehmen können. Für Korrekturhinweise sind wir sehr dankbar.

Bibliografische Information der Deutschen Nationalbibliothek
Die Deutsche Nationalbibliothek verzeichnet diese Publikation in der Deutschen Nationalbibliografie; detaillierte bibliografische Daten sind im Internet über http://portal.dnb.de abrufbar.

3. Auflage 2021

Lektorat: Frauke Severit
Umschlaggestaltung: Petra Drumm
Layout: Heike Unger
Karten: mr-kartographie
Druck und Bindung: Belvédère, Niederlande

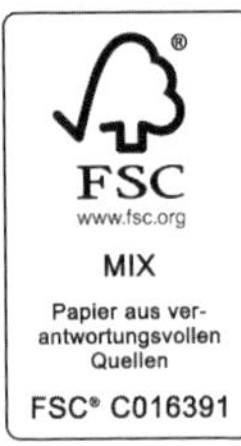

ISBN 978-3-7510-1260-7 Buchausgabe
ISBN 978-3-7510-1264-5 PDF
ISBN 978-3-7510-1265-2 EPUB
ISBN 978-3-7510-1266-9 MOBI

Aktuelle Programminformationen finden Sie unter www.bachem.de

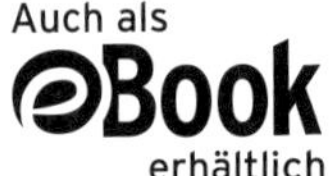

Rechts: Auf dem Rothaarsteig

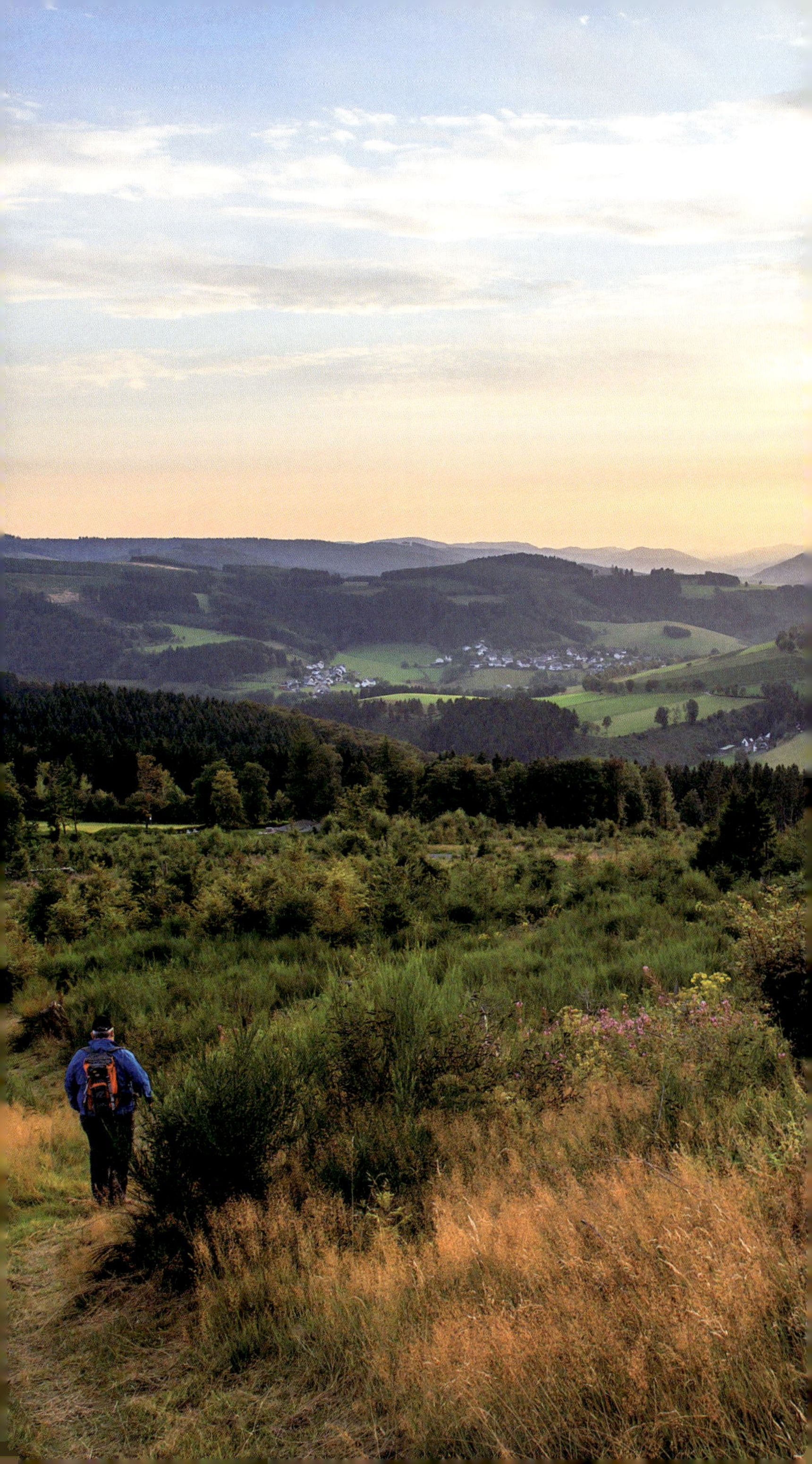

8 Vorwort

12 WEITWANDERWEGE

14 DIE SAUERLAND-WALDROUTE
Mystische Wege zwischen Iserlohn und Marsberg

18 Die Etappe von Bredelar nach Marsberg (14,1 km)

22 DER ROTHAARSTEIG
Der Weg der Sinne

27 Die Etappe von der Ginsburg zur Lahnquelle auf dem Rothaarsteig (18 km)

34 DIE HERMANNSHÖHEN
Ein Weg und zwei Namen

39 Auf dem Hermannsweg von Leopoldstal zum Hermannsdenkmal (18,7 km)

44 DER RHEINSTEIG
Wandern auf hohem Niveau

49 Die zweite Etappe des Rheinsteigs von Niederdollendorf nach Rhöndorf (14,5 km)

55 DER BERGISCHE PANORAMASTEIG
Ein Briefträger als wandelnder Wegweiser

59 Die Etappe von Biesfeld nach Dhünn auf dem Bergischen Panoramasteig (19,6 km)

65 DER NATURSTEIG SIEG
Wandern am schnellen Fluss

69 Die dritte Etappe auf dem Natursteig Sieg von Merten nach Blankenberg (12,9 km)

75 DER NEANDERLANDSTEIG
Der ehrliche Weg um die Ecke

81 Die Etappe von Gruiten nach Düssel auf dem Neanderlandsteig (18,6 km)

88 DER BERGISCHE WEG
Männerwandergeburtstag mit rosa-grünen Servietten

94 Der Abschnitt des Bergischen Wegs von Solingen-Schaberg nach Rüden (15,5 km)

99 DER SAUERLAND-HÖHENFLUG
Von Babywäldern und Märchenschlössern

103 Die Etappe von Neuenrade nach Altena auf dem Sauerland-Höhenflug (18,7 km)

110 DER EIFELSTEIG
Öfter mal auf dem Holzweg
118 Auf dem Eifelsteig von Olef nach Nettersheim (20,5 km)

122 PREMIUM- & QUALITÄTSWANDER-REGIONEN

124 WASSER.WANDER.WELT.
Die Waterkant vom Niederrhein
128 Nette Seen (11,6 km)

138 DIE ROTHAARSTEIG-SPUREN
Wie die Bauklötze eines Riesenbabys
148 Der Trödelsteinpfad (10,2 km)

153 DIE TEUTOSCHLEIFEN
Mit Blücher und Bismarck wandern
162 Das Bevergerner Pättken (13 km)

169 DIE WANDERHÖHEPUNKTE IM SÜDOSTEN
Von Hollen, Schiefer und Fledermäusen
177 Der Wittgensteiner Schieferpfad (14,2 km)

181 DIE SAUERLÄNDER QUALITÄTSWEGE
Wo Wetterpilze zu Liebesbriefen animieren
186 Die erste Etappe des Ehmsenwegs von Arnsberg nach Sundern (13 km)

192 DER 3 TÜRMEWEG
Der erste Premiumweg des Ruhrgebiets
193 Rundwanderweg um Hagen (11,6 km)

198 DIE QUALITÄTSWEGE IM NORDEN
199 Mit Ludgerus (30 km),
an Viadukten (29 km),
auf Höhenwegen (21,6 km) und
hanseatisch (75 km) unterwegs

208 Bildnachweis

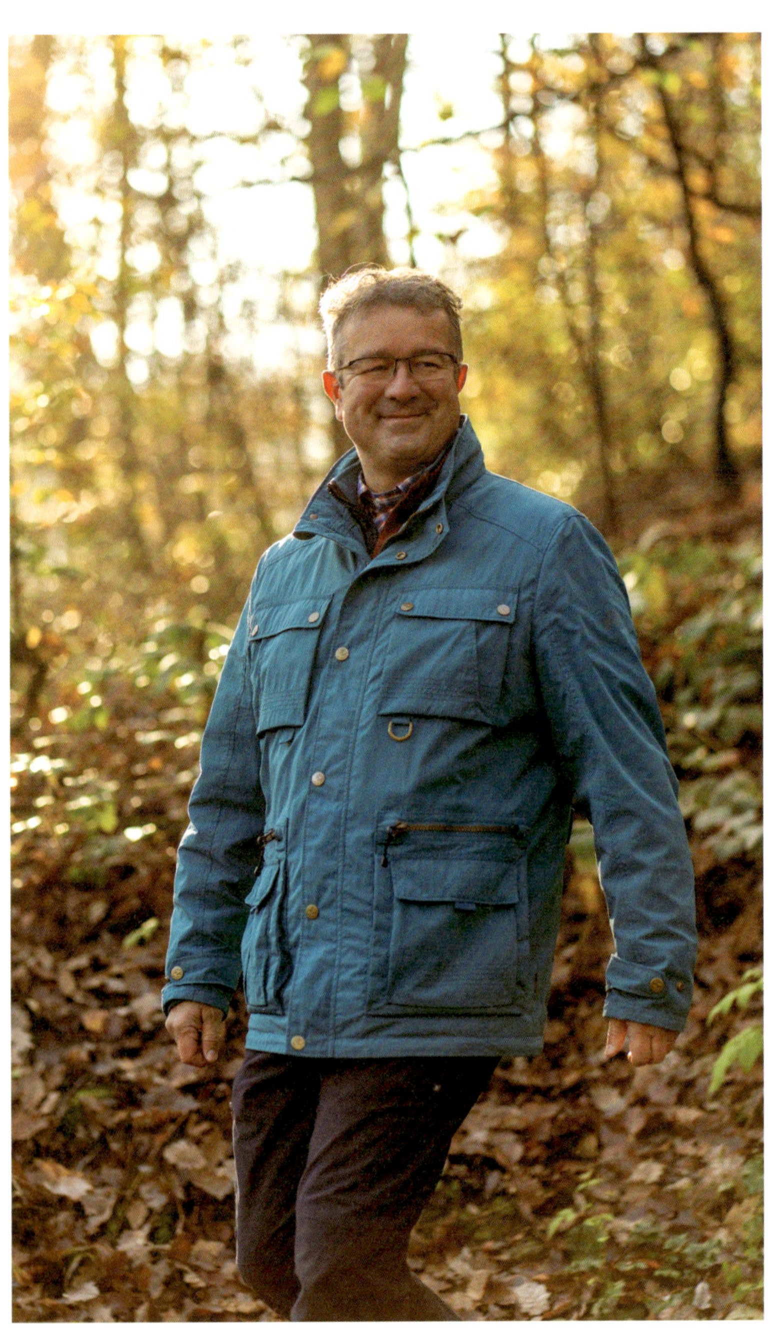

Die besten NRW-Wege machen glücklich.

Vorwort

Es tut sich etwas im Staate Nordrhein-Westfalen, das spannendste Bundesland der Welt entdeckt seine Wanderregionen – es gibt immer mehr schönste Wanderwege, prämierte Prädikats-Touren. Die Basis dieses Buchs bilden die Wanderklassiker von NRW. Zusätzlich beschreibe ich die Wege, die in den letzten Jahren neu als Qualitätswege oder Premiumwege zertifiziert wurden. Was es mit diesen Zertifizierungen auf sich hat, erzähle ich später. Neu dabei im Wander-Portfolio von NRW ist zum Beispiel die Sauerland-Waldroute. Ein anderes neues Kapitel beschäftigt sich mit den Qualitätswegen im Norden des Bundeslands: dem Baumberger Ludgerusweg im Münsterland, dem Viadukt Wanderweg von Altenbeken, dem Paderborner Höhenweg und dem Weitwanderweg Hansaweg von Herford Richtung Hameln. Und als Sahnehäubchen beschreibe ich im dritten neuen Kapitel den ersten Premiumweg des Ruhrgebiets in Hagen, den 3 TürmeWEG. Diese tolle Tour bin ich schon mehrfach gewandert.

Aber auch die bestehenden Wanderregionen haben sich weiterentwickelt, sodass ich viele Kapitel ergänzt habe. Das bedeutet Wandern plus in zahlreichen Gegenden von NRW. Zum Beispiel gibt es im Tecklenburger Land neben den bewährten Teutoschleifen acht neue Teutoschleifchen und den ersten Premiumstadtwanderweg von NRW. Im Wegeverbund der Wasser.Wander.Welt. sind ebenfalls zwei kurze Wege dazugekommen. Spätestens seit der Corona-Krise begeistern sich viele Menschen für das Wandern. Diese Outdoor-Novizen sollten sich bei ihren ersten Touren nicht übernehmen, sonst wäre die Enttäuschung vielleicht groß. Daher ist ein gewisser Trend zu kürzeren Wandertouren unter zehn Kilometern ganz deutlich.

Auch im Sauerland und im benachbarten Siegerland passiert einiges. Es gibt neue Rothaarsteig-Spuren. Diese erweiterte Ausgabe der „Schönsten Wanderwege von NRW“ bietet also drei nigelnagelneue Kapitel und zahllose Kapitelergänzungen. Doch auch die schon etwas älteren Wegangebote fallen nicht unter den Tisch und sorgen weiterhin für Wandervergnügen vor der Haustür. Goethe hatte schon recht: Warum in die Ferne schweifen, wenn das Gute liegt so nah?

Obwohl: Es ist schon so, dass die meisten Wanderer die Naturschönheiten und besten Wanderwege ihres nächsten Umkreises sehr wohl

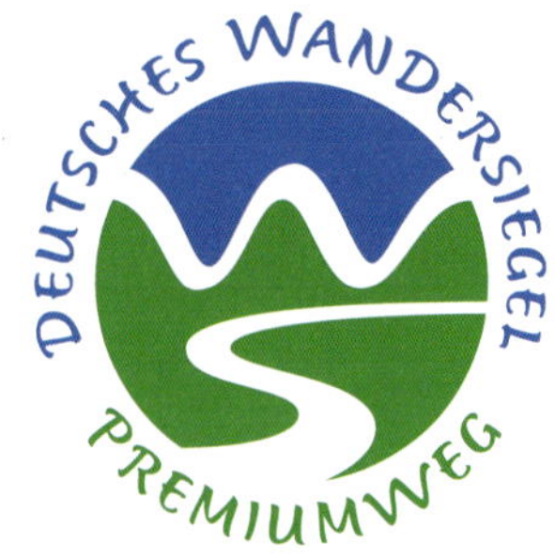

Siegel des Deutschen Wanderinstituts

kennen. Der Rheinländer kennt „sein" Siebengebirge, der Bielefelder „seinen" Hermannsweg zwischen Sparrenburg und Externsteinen, der Sauerländer kennt natürlich „seinen" Rothaarsteig. Aber dann geht doch oftmals der Blick in die Ferne: Typische Wanderziele sind der Schwarzwald, der Bayerische Wald, der Harz. Oder sogar Madeira, Mallorca, Toskana.

Dabei liegen in Nordrhein-Westfalen die spannendsten Landschaften und die schönsten Wanderwege um die Ecke, und die sind definitiv ohne Privatflugzeug zu erreichen. Ich habe mich an die Arbeit gemacht und die schönsten Wanderwege des Landes zusammengetragen. Aber was heißt denn eigentlich „die schönsten", kann man denn Wanderwege und Landschaften überhaupt bewerten, klassifizieren, einteilen in „hässlich" und „schön"? Viele Studien haben gezeigt: Ja, das kann man machen. Erstaunlicherweise empfinden sogar alle Wanderer fast identisch: Ein weiter, unverbauter Blick in die Landschaft wird als schön empfunden, ein schlängelnder Pfad an einem romantischen Bächlein ebenso. Was der Wanderer störend findet: breite Forstwege (die sogenannten Wanderautobahnen), Hochspannungsleitungen, asphaltierte Wirtschaftsverkehrswege, Autoverkehr, fehlende oder ungenügende Markierungen. Das kann man alles messen und abwägen und dann kann man zum Urteil kommen: Ja, das ist ein schöner Weg. Über die anderen Wanderwege wollen wir schweigen.

Ich habe in diesem Buch alle zertifizierten Wanderwege in NRW versammelt. Aber wer zertifiziert warum und wann und wieso ist das sinnvoll? In Deutschland gibt es die vom Deutschen Wanderinstitut zertifizierten Premiumwege. In NRW sind das der Eifelsteig, der Rheinsteig und die unzähligen Tagestouren am Niederrhein, im Teutoburger Wald rund um Tecklenburg sowie am oder in der Nähe des Rothaarsteigs. Alle Premiumwege müssen höchsten Qualitätsansprüchen genügen. Die Premiumwege sind sozusagen der Porsche unter den Wanderwegen, viel mehr Qualität geht nicht.

Der Deutsche Wanderverband zertifiziert seit Jahren die sogenannten Qualitätswege. Auch bei diesen Wegen wird, wie der Name schon sagt, darauf geachtet, dass die Wünsche des Wanderers sich widerspiegeln. Auch die Qualitätswege müssen sich einem strengen Prüfungskatalog unterziehen, besonders die lückenlose Markierung ist eine absolute Grundvoraussetzung für das Siegel des Deutschen Wanderverbands. Die Zertifizierung ist in etwa mit einem Daimler zu vergleichen, grundsolide Wanderwege sind das, die Bewertungskriterien sind allerdings nicht ganz so streng wie beim Deutschen Wanderinstitut. Um beim Beispiel der Asphaltwege zu bleiben: Auf einem Qualitätsweg dürfen 20 Prozent der Wege asphaltiert sein.

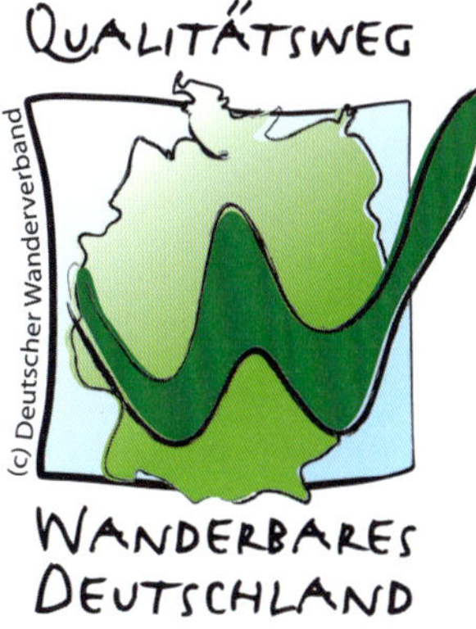

Qualitätsweg Wanderbares Deutschland

Ich habe 10 Weitwanderwege und einige Wanderregionen in 18 Kapiteln in diesem Buch zusammengefasst. Dabei bin ich immer nach dem gleichen Prinzip vorgegangen: Zunächst stelle ich den kompletten Weitwanderweg vor beziehungsweise porträtiere die Wanderregion. Dann gehe ich im zweiten Teil jedes Kapitels detailliert auf eine bestimmte Tagesetappe oder eine spezielle Tour der Region ein, damit sich jeder Wanderer ein spezifisches Bild machen kann. Ich habe dabei versucht, die Wanderstrecke möglichst unterhaltsam zu beschreiben. Auch eine Bierempfehlung meinerseits und eine Empfehlung für die Einkehr darf nicht fehlen. Ein schlauer Mensch hat einmal gesagt: „Das schönste am Wandern ist die Einkehr!"

Ein klassischer Wanderführer ist dieser Band allerdings nicht geworden. Da ich nur zertifizierte Wege ausgewählt habe, kann man (Ausnahmen bestätigen die Regel) davon ausgehen, dass alle Wege in diesem Buch durchgehend gut ausgeschildert sind. Also habe ich es unterlassen, die reine Wegführung zu beschreiben, den Weg werden Sie auch ohne mich finden. Vielmehr standen für mich Besonderheiten, Kuriositäten, Begegnungen am Wegesrand im Vordergrund.

Ich wünsche Ihnen viel Vergnügen beim Lesen und Durchblättern der Wandertouren in meinem Buch. Aber am wichtigsten ist es, direkt raus in die Natur zu gehen und selbst zu testen, wie sich das anfühlt, die schönsten Wanderwege von Nordrhein-Westfalen zu erwandern. Viel Spaß dabei!

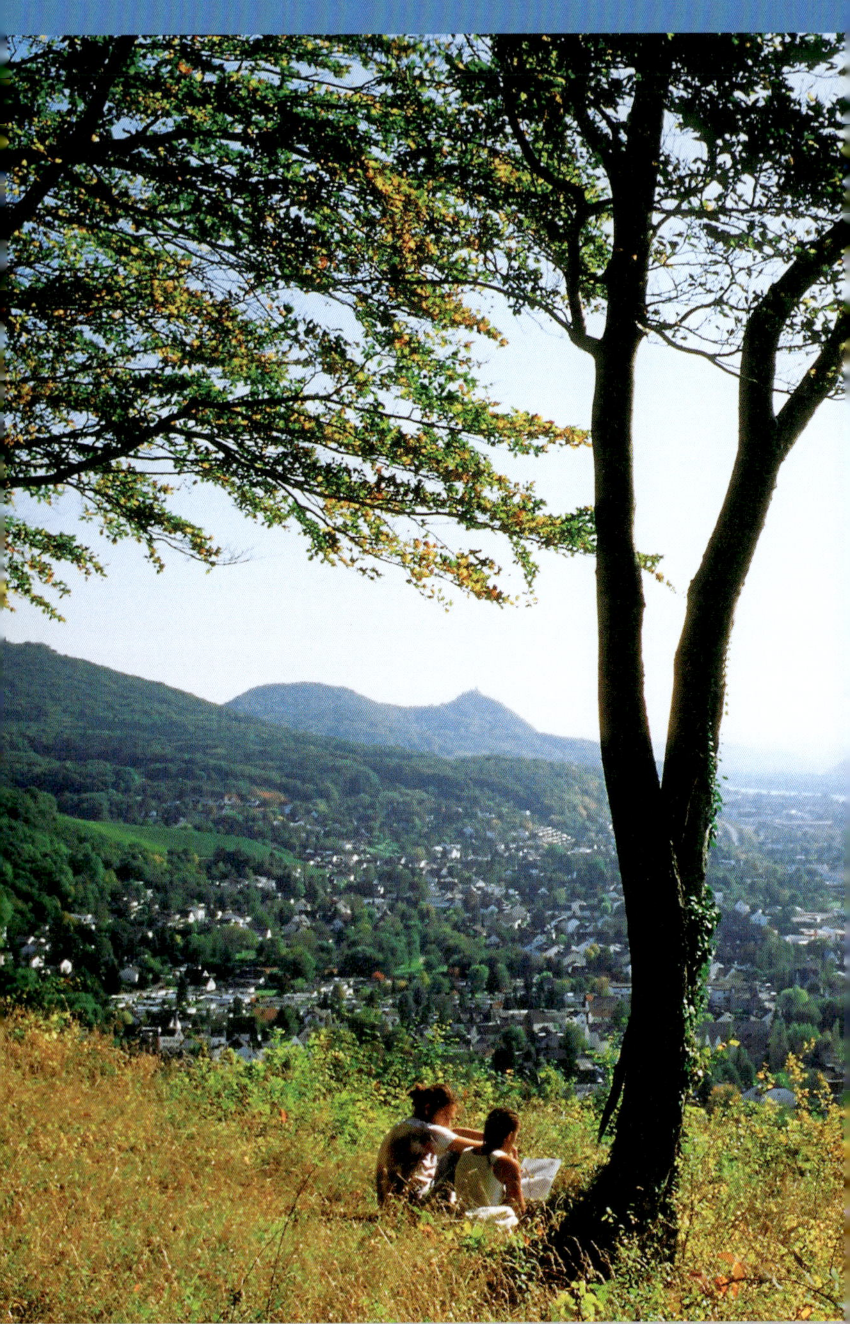

Blick auf den Rhein

WEITWANDERWEGE

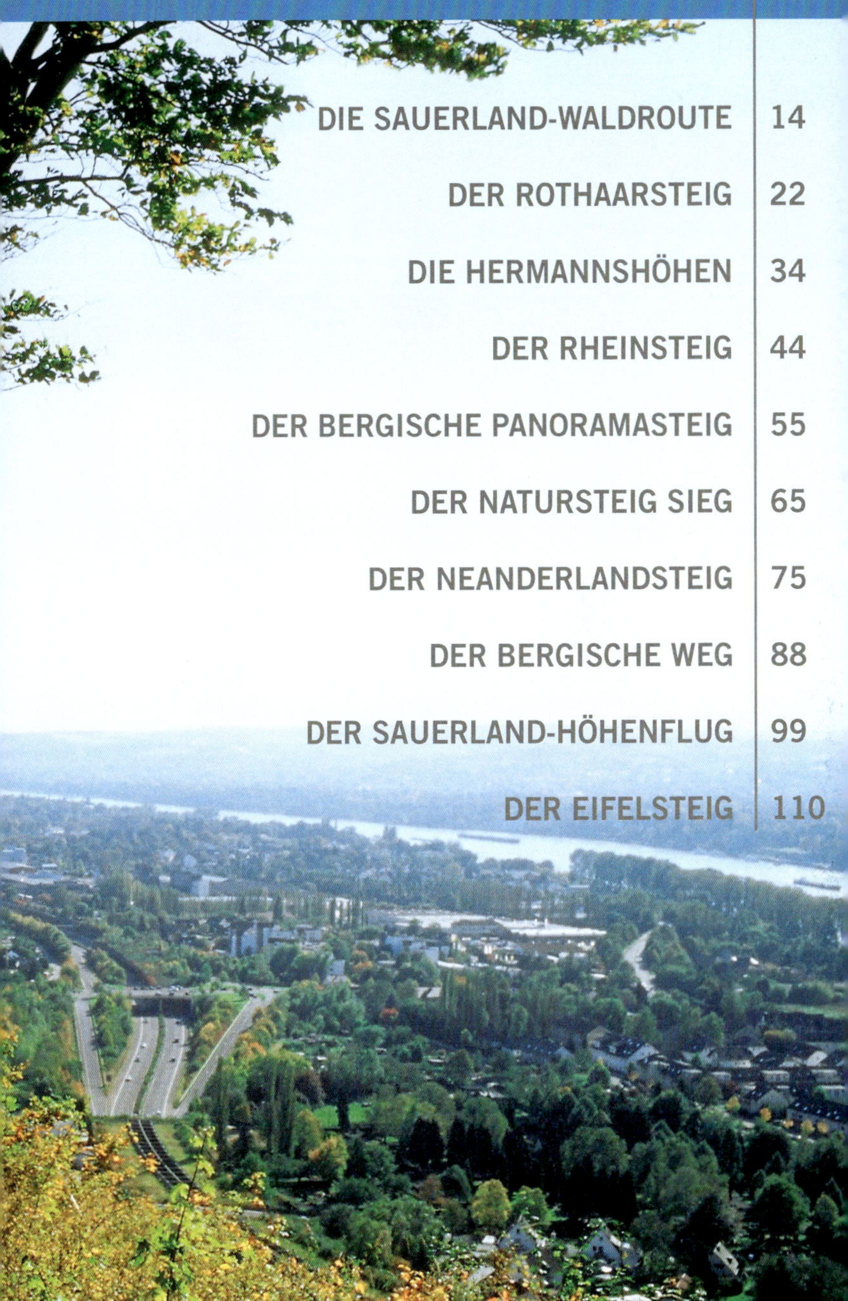

DIE SAUERLAND-WALDROUTE | 14

DER ROTHAARSTEIG | 22

DIE HERMANNSHÖHEN | 34

DER RHEINSTEIG | 44

DER BERGISCHE PANORAMASTEIG | 55

DER NATURSTEIG SIEG | 65

DER NEANDERLANDSTEIG | 75

DER BERGISCHE WEG | 88

DER SAUERLAND-HÖHENFLUG | 99

DER EIFELSTEIG | 110

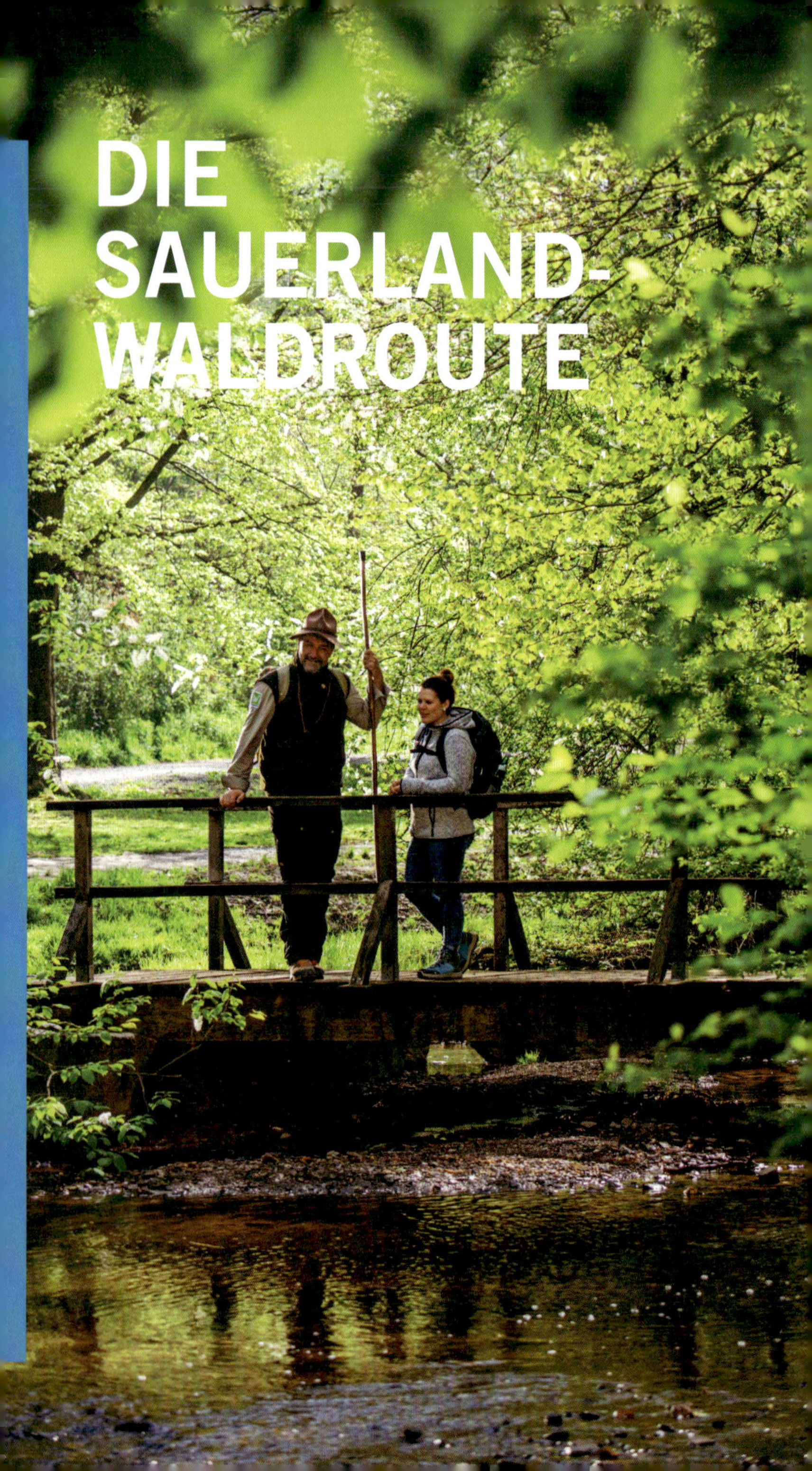

DIE SAUERLAND-WALDROUTE

Mystische Wege zwischen Iserlohn und Marsberg

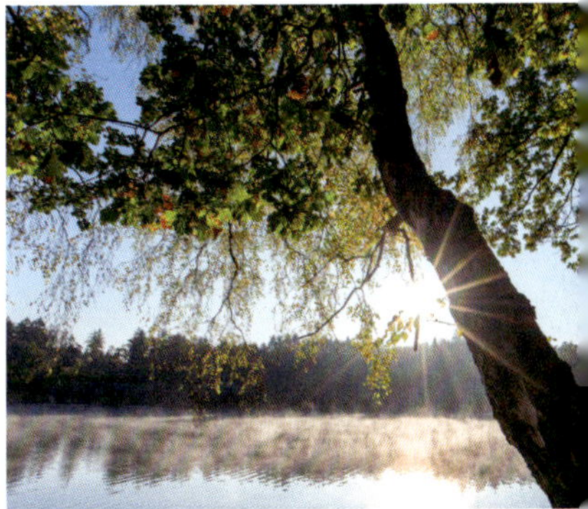
Sonnenaufgang am Hevesee

Die Sauerland-Waldroute ist ein vom Deutschen Wanderverband zertifizierter Qualitätsweg mit einer Gesamtlänge von 240 Kilometern. Damit ist die Sauerland-Waldroute, markiert mit einem weißen „W“ auf grünem Grund, neben dem Rothaarsteig und dem Sauerland-Höhenflug der dritte herausragende Weitwanderweg im Sauerland. Start der Sauerland-Waldroute ist in Iserlohn. Überraschend schnell ist man im Grünen. Über den Rupenteich, Ballotsbrunnen, den Danzturm und den Schmelzplatz erobern wir langsam die Höhen des Sauerlands. Von der Stadt Iserlohn geht es in ausgedehnte Wälder.

Dann verläuft der Weg über Hemer (mit seinem Felsenmeer), Balve, Arnsberg und den Möhnesee bis nach Warstein. Diese Stadt verbinden viele mit der Produktionsstätte eines berühmten deutschen Gerstensafts. Die Brauerei in Warstein ist eine entscheidende Wegmarke für die Sauerland-Waldroute. Denn in der Nähe scheiden sich nicht die Geister, sondern die Wege: Nord- und Südspange des Qualitätswegs. Auf der Nordspange gehen wir über Rüthen, Büren, Brilon-Alme und Bad Wünnenberg bis nach Marsberg. Über die Südspange wandern wir über Meschede, Bestwig, Olsberg und den Diemelsee bis nach Marsberg. Die letzte Etappe der Südspange werde ich später genauer beschreiben. Natürlich kann man ab Warstein die Sauerland-Waldroute auch als große Schleife wandern: über die Südroute bis Marsberg und auf der Nordspange zurück bis in die Bierstadt – oder genau andersherum.

15 sauerländische Kommunen sind an der Wegstrecke der Sauerland-Waldroute an dem Wanderwegeprojekt beteiligt. Daher gibt es auch in allen involvierten Kommunen (mindestens) ein Einstiegstor zur Waldroute. 15 Tore auf einen Streich, das schafft selbst Bayern München

Links: Im Bibertal bei Rüthen

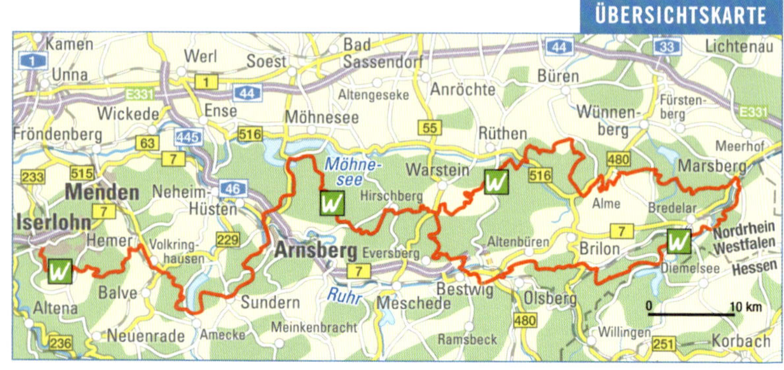

nicht. Die Sauerland-Waldroute hat eine Menge außergewöhnliche Highlights zu bieten. Bei Iserlohn erfahren wir viel über den „Mythos Wald“ und können auf großformatigen Tafeln unterschiedliche Waldroutensagen genießen. Etwas ganz Besonderes ist der „Klangwald“ in der Nähe des Möhneseeufers. Natürlich klingt jeder Wald naturgemäß wunderbar – das Blätterrauschen, das Quietschen der Äste, die Gesänge der Vögel, das gurgelnde Plätschern der Bäche – ich habe noch nie Wanderer verstanden, die mit Kopfhörerbeschallung durch den Wald rasen und sich diese Klangwelten entgehen lassen. Im „Klangwald“ am Möhnesee wird der Wind zum Komponisten und spielt auf der Windgeige. Und die Wanderer dürfen sich an der Baumharfe ausprobieren – falsch spielen ist quasi ausgeschlossen!
Außerdem sollte man sich nicht den „Walderlebnis Biberpfad“ in der Nähe von Rüthen und den „Kyrillwald“ am Sorpesee entgehen lassen. Im „Kyrillwald“ wird erlebbar, wie fragil das Ökosystem Wald ist. Aber auch über die Kraft zur Regeneration des Walds kann man sich ein Bild machen. Auf der Wanderung über die Wege der Sauerland-Waldroute spürt man, welche vielfältigen Aufgaben ein Wald zu schultern hat. Der Wald ist Jagdrevier. Zu Unrecht stehen Jäger oft in der Kritik, weil sie sich eben auch darum kümmern müssen, dass der Wildbestand eines Walds nicht überhandnimmt. Denn Rehe lieben die Rinden junger Bäume als Delikatesse – und wenn zu viele Rehe zu viele Rinden essen, droht Kahlschlag. Schließlich ist der Wald nun einmal auch ein Wirtschaftsfaktor. Egal ob der Wald dem Staat, einer Kommune oder einem Privatbesitzer gehört – Holz ist ein begehrtes Material. Wir sitzen beispielsweise alle lieber an einem Holztisch als an einem Tisch aus Kunststoff, Holzspielzeug ist beliebt und teuer und so weiter und so fort. Aber der Wald ist auch wichtig für unser Klima, er speichert

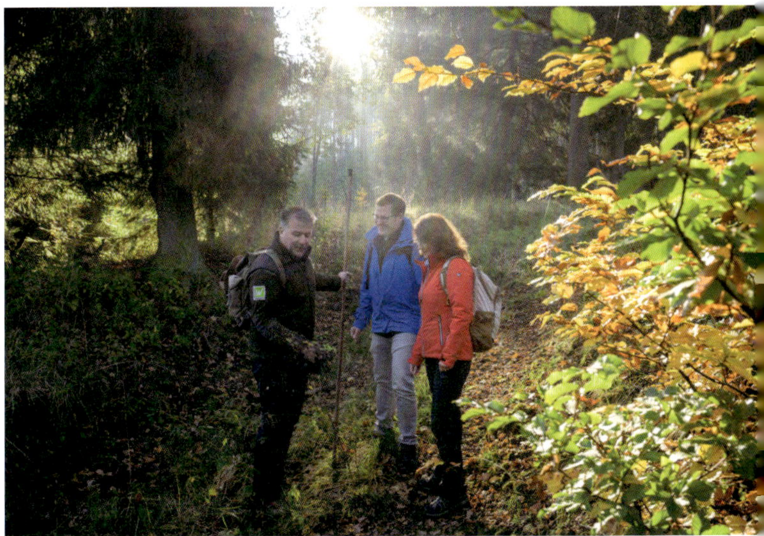

Herbst – Wald – Idylle

CO_2. Daher sind die trockenen Sommer der letzten Jahre und die daraus resultierende Borkenkäferplage eine Katastrophe für den Wald. Durch eine Waldprämie soll nun auch Holz in Wert gesetzt werden, ohne dass es gefällt werden muss.
Aber der Wald ist natürlich auch Sehnsuchtsort der Menschen und hat eine Erholungsfunktion, nicht zuletzt beim Wandern auf der Sauerland-Waldroute. Damit wir das Klima schonen, ist es ratsam, mit der Bahn zum 240 Kilometer langen Weg anzureisen: Der Startpunkt Iserlohn ist über den Wanderbahnhof des Jahres 2010 sehr gut angebunden. Zum einen über die Strecke Essen – Bochum – Hagen – Iserlohn, zum anderen direkt über die Strecke Dortmund – Schwerte – Iserlohn. Der Etappenort Balve liegt auf der Strecke von Fröndenberg nach Neuenrade. Neuenrade ist ja auch Startpunkt der Etappe des Sauerland-Höhenflugs nach Altena, die ich in diesem Buch ebenfalls beschrieben habe. Ganz entscheidend aber für die optimale Anbindung von vielen Etappenorten an die Sauerland-Waldroute ist der Sauerland-Express. Der hält in Arnsberg, Meschede, Bestwig, Olsberg, Brilon-Wald, Bredelar und Marsberg. Der Sauerland-Express fährt stündlich auf der Strecke von Hagen nach Warburg beziehungsweise Kassel. Also, worauf noch warten? Wanderschuhe an und los geht's, zum Beispiel auf der Etappe von Bredelar nach Marsberg.

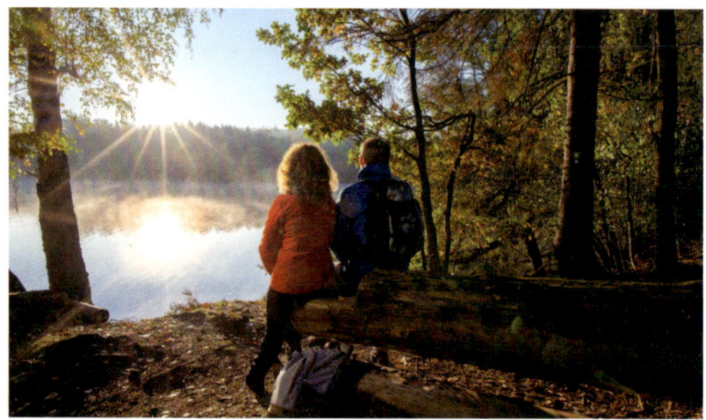

Kommen diese Wanderer noch vor Einbruch der Dunkelheit an ihr Ziel?

Die Etappe von Bredelar nach Marsberg

FÜR DIE EINEN IST ES eine schöne Tagestour im Sauerland, für die anderen die letzte Etappe auf der wahrscheinlich längsten Waldroute der Welt. Wir starten am Bahnhof Bredelar, an dem die Züge der Strecke Hagen – Arnsberg – Warburg halten. Wir wenden uns nach links und machen uns auf den Weg zur Waldroute. Kurz gehen wir an der Bundesstraße entlang, dann folgen wir links der Straße „Am Bellerstein". Am Straßenschild zur Diemeltalsperre (die wir leider nicht sehen werden) gehen wir links über die Brücke und direkt wieder links auf einen Wirtschaftsweg. Jetzt ist aber erst einmal Schluss mit der Linksgeherei, wir folgen der Markierung „X" auf einem asphaltierten Weg, der sanft aber beständig eine Anhöhe hinaufführt. Am (zunächst) höchsten Punkt erreichen wir eine Wegspinne mit Schutzhütte, es ist aber noch ein wenig zu früh, die Butterbrote auszupacken.

Wir wandern auf dem sehr schönen Waldweg halb links Richtung Padberg, der mit P1 markiert ist, nicht zu verwechseln mit den Kult-Diskotheken P1 in München, Wien und Crailsheim. Während wir bergab Richtung Diemel wandern, könnte man sich die Frage stellen, ob nicht jeder Wanderweg im Mittelgebirge eine Analogie auf das Leben ist. Immer wenn man obenauf ist, geht es verlässlich auch wieder hinunter. Wir stoßen im Tal auf eine Sitzgruppe und haben die Sauerland-Waldroute erreicht, der wir bis Marsberg folgen werden. Wir überqueren die

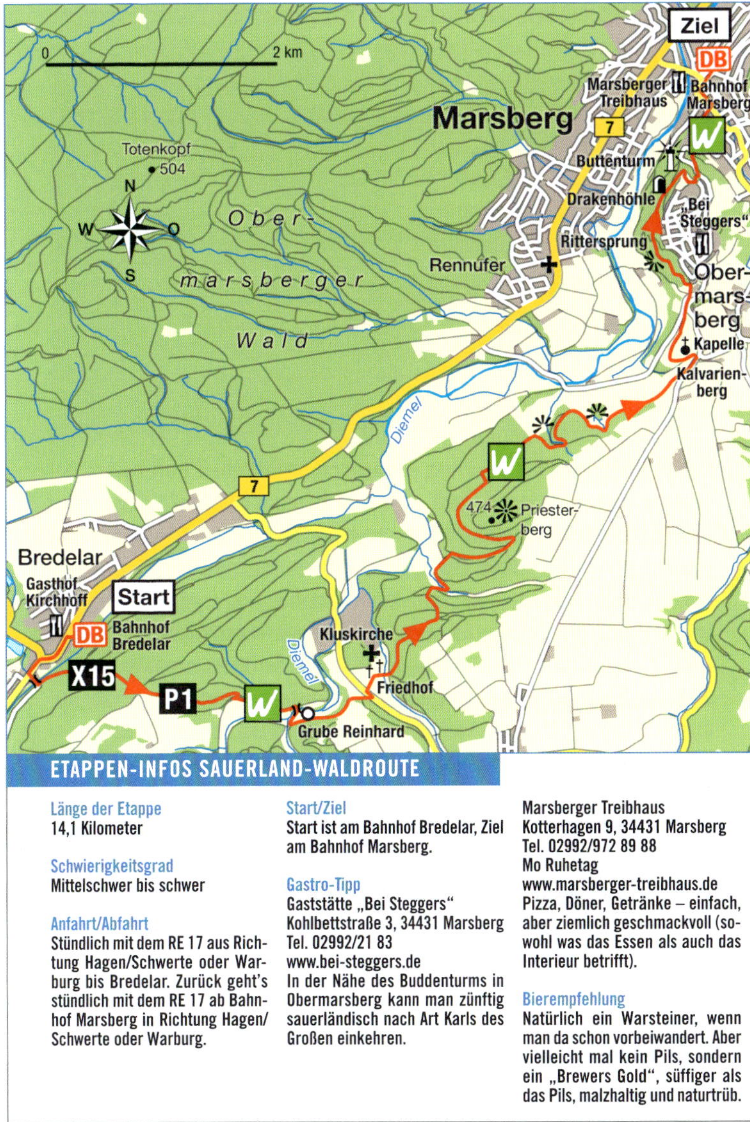

ETAPPEN-INFOS SAUERLAND-WALDROUTE

Länge der Etappe
14,1 Kilometer

Schwierigkeitsgrad
Mittelschwer bis schwer

Anfahrt/Abfahrt
Stündlich mit dem RE 17 aus Richtung Hagen/Schwerte oder Warburg bis Bredelar. Zurück geht's stündlich mit dem RE 17 ab Bahnhof Marsberg in Richtung Hagen/Schwerte oder Warburg.

Start/Ziel
Start ist am Bahnhof Bredelar, Ziel am Bahnhof Marsberg.

Gastro-Tipp
Gaststätte „Bei Steggers“
Kohlbettstraße 3, 34431 Marsberg
Tel. 02992/21 83
www.bei-steggers.de
In der Nähe des Buddenturms in Obermarsberg kann man zünftig sauerländisch nach Art Karls des Großen einkehren.

Marsberger Treibhaus
Kotterhagen 9, 34431 Marsberg
Tel. 02992/972 89 88
Mo Ruhetag
www.marsberger-treibhaus.de
Pizza, Döner, Getränke – einfach, aber ziemlich geschmackvoll (sowohl was das Essen als auch das Interieur betrifft).

Bierempfehlung
Natürlich ein Warsteiner, wenn man da schon vorbeiwandert. Aber vielleicht mal kein Pils, sondern ein „Brewers Gold“, süffiger als das Pils, malzhaltig und naturtrüb.

Diemel und kommen zur Grube Reinhardt. Wer die Schutzhütte dort erbaut hat, muss ein wahrer Visionär gewesen sein. Es ist so viel Platz unter dem riesigen Dach, dass man mit und ohne Corona-Abstandsregeln zumindest hier (auch mit einer großen Wandertruppe) die Butterbrote auspacken kann.

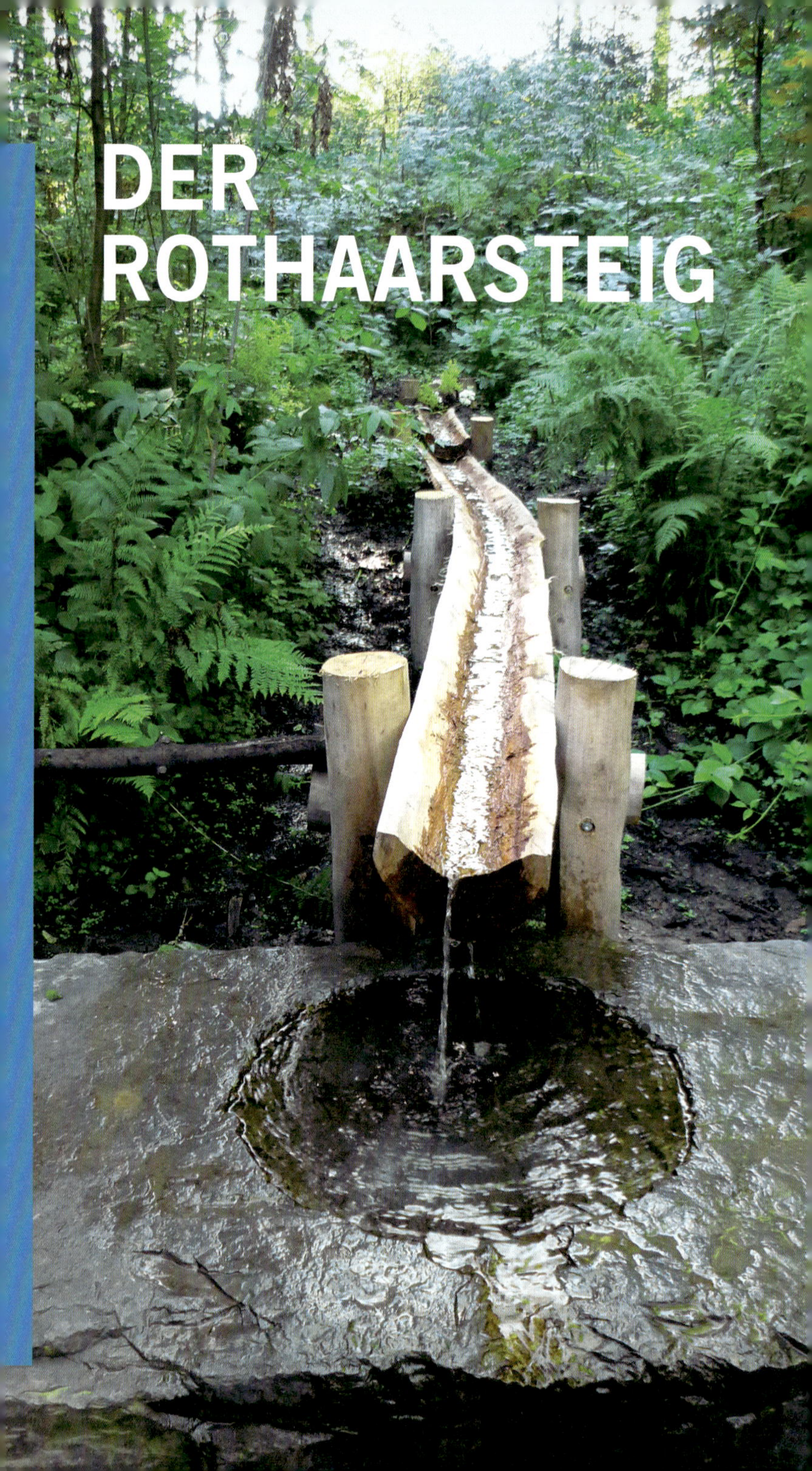
DER
ROTHAARSTEIG

Der Weg der Sinne

Am Anfang war der Rothaarsteig. Anders formuliert: Der Rothaarsteig hat die Tür für alle anderen Premiumwege in Deutschland geöffnet. Und zu einer unfassbaren Erfolgsgeschichte gemacht. Die Rothaarsteig-Story beginnt 1998, als Touristiker des Sauerlands überlegten, wie man die Region zukunftssicher machen könnte. Der Wintersport rund um Winterberg lief bombig, aber wie lange noch? Denn die Schneesicherheit nahm wegen des Klimawandels doch erheblich ab. Und der Sommer im Sauerland, nun ja, man hatte eben nur Winterberg, nicht Sommerberg. Und bei milden Temperaturen standen sie dann herum, die Skilifte, die Gastronomen drehten Däumchen. Wenn wir doch so etwas wie den Rennsteig in Thüringen hätten, davon träumten die Sauerland-Touristiker.

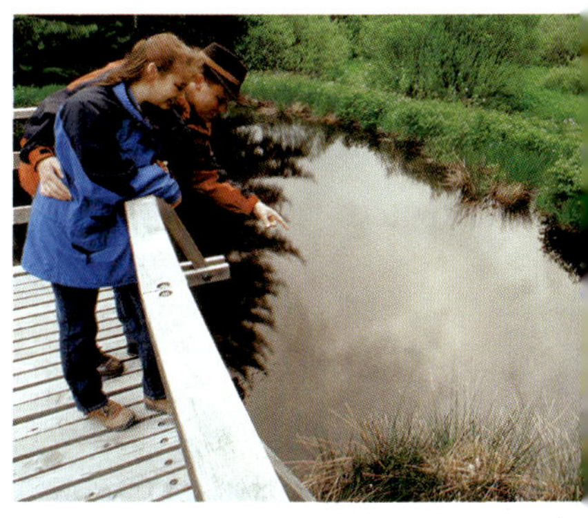

Im Edertal

Das Ergebnis der Überlegungen war der Rothaarsteig, er verband die schönsten Wanderwege zwischen Brilon und Dillenburg auf 154 Kilometern. Und dabei ist es bis heute geblieben. Ganz entscheidend für den Erfolg des Rothaarsteigs war das geschickte Marketing. Der Slogan war und ist „Der Weg der Sinne", das soll ein perfektes Wandererlebnis garantieren. Die Gastronomen rieben sich die Hände und witterten ein Sommergeschäft, und so kam es auch. War es früher keine Seltenheit, dass Wanderer an den Herbergen abgewiesen wurden (dreckige Schuhe, igitt, und dann bleiben die auch nur für eine Nacht), wurden nun die Hotelbetriebe als Qualitätsbetriebe zertifiziert. Die Gastronomen stellten sich sehr geschickt auf den Wandertourismus am Rothaarsteig ein. Es gibt nur sehr wenige Unterkunftsmöglichkeiten direkt am Steig, also gingen die Gastronomen in den Anlieger-Ortschaften dazu über, die Wandergäste zu den einzelnen Etappenorten zu shutteln. Der

Links: Die Siegquelle

ÜBERSICHTSKARTE

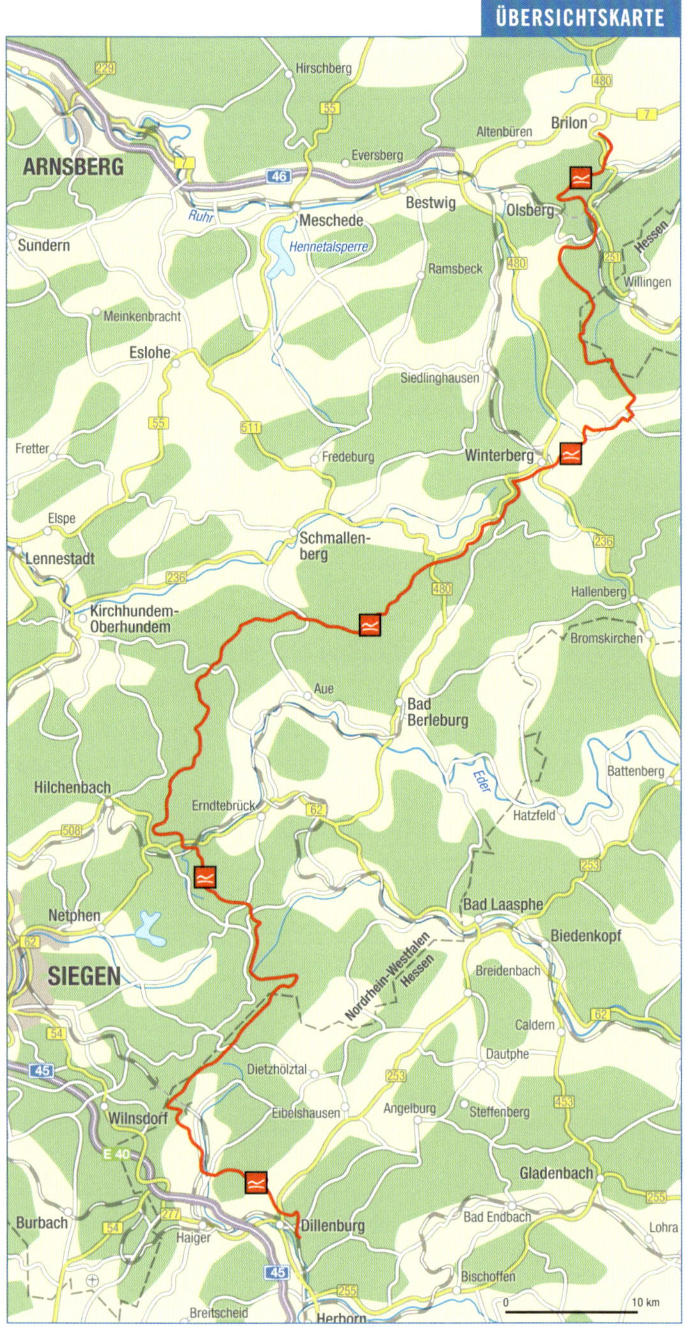

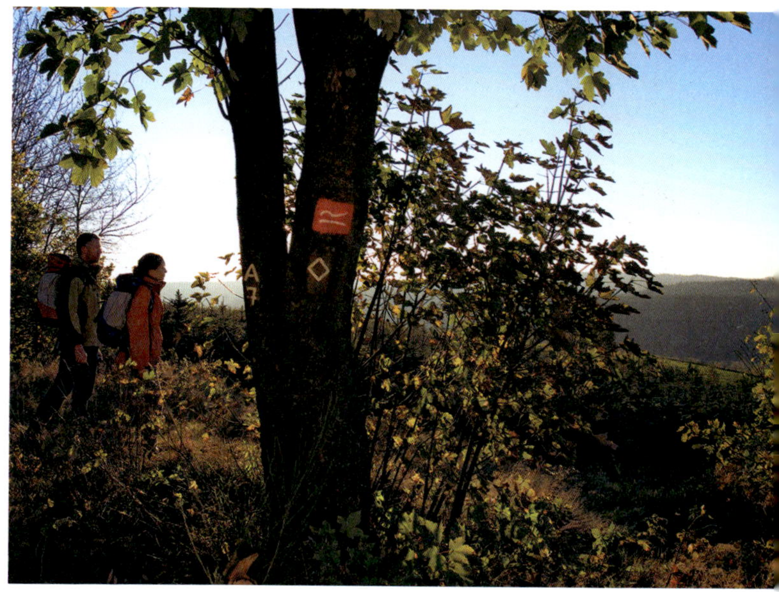

Der Rothaarsteig – perfekt markiert!

Erfolg der wander-touristischen Maßnahme war durchschlagend. In Zahlen ausgedrückt: 2,5 Millionen Euro hatte man in den Rothaarsteig investiert, dazu kommen natürlich noch jährliche Folgekosten. Aber auf der Habenseite stehen jährlich 1,5 Millionen Wandergäste, davon 300.000 Übernachtungsgäste. Jährlicher Umsatz: 32 Millionen. Da kann man als Inhaber von Immobilienfonds nur staunen.

Und warum ist nun der Rothaarsteig ein solcher Erfolg? Weil dieser Weg Maßstäbe gesetzt hat. Zunächst einmal wegen der wirklich „unverlaufbaren" Markierung, den weißen Linien auf rotem Grund. Diese Markierungen sind zumeist großflächig auf Bäumen angebracht (und Bäume gibt es nun mal reichlich am Rothaarsteig) und springen den Wanderer in ihrer Signalhaftigkeit förmlich an, sie rufen: „Hier geht es lang, du bist richtig, vertraue uns". Und auch die Wegweiser sind große Klasse und haben einen Standard in Wanderdeutschland gesetzt. Ich erfahre, wie weit es zu dem nächsten Ziel und zum Etappenende ist; mit Symbolen kann man sich orientieren, ob im Zielort ein Bus, eine Bahn, eine Gaststätte, ein Hotel wartet.

Es gibt auch jede Menge Schnickschnack am Weg, einige Skulpturen am Wegesrand zum Beispiel. Mit tollen Namen wie „Stein-Zeit-Mensch" oder „Kein leichtes Spiel". Keinen leichten Stand hatten

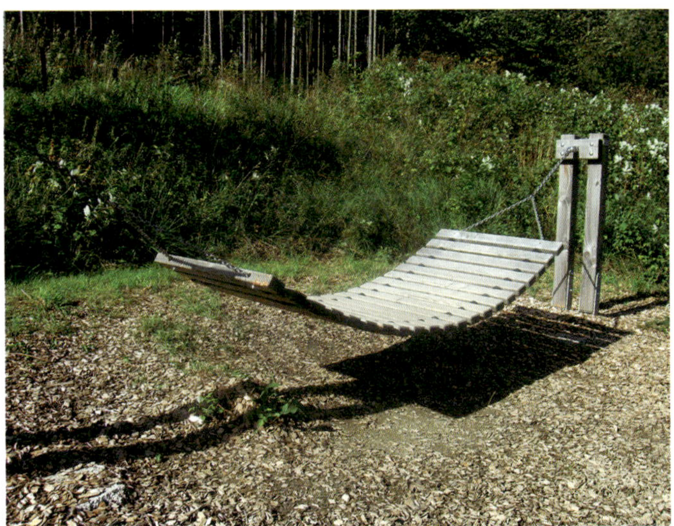

Die Sinnenhängematte

diese Skulpturen, denn die Installation der Kunstwerke wurde äußerst kontrovers diskutiert, das Zeug hat immerhin auch eine Stange Geld gekostet. Sagen wir mal so, die Dinger sind ganz okay, aber kein Wanderer kommt wegen der Skulptur „Kein leichtes Spiel" zum Rothaarsteig, sondern wegen des Wander- und Naturerlebnisses.

Und natürlich wegen der Entspannung. Und damit kommen wir zur meiner Meinung nach spektakulärsten Neuerfindung des Rothaarsteigs: die Sinnenbank. Die gewöhnliche Wanderbank war gestern, die ergonomische Sinnenbank (am beliebtesten in der Doppelbett-Ausführung) ist mehr eine Liege als eine Bank, dort kann man nicht nur die Beine, sondern auch die Seele baumeln lassen. An ausgesuchten Aussichtspunkten findet man die Sinnenbank, auf unzähligen deutschen Premium- und Qualitätswegen hat dieses Premiummöbel ebenfalls den Durchbruch geschafft. Mittlerweile ist man sogar dazu übergegangen, mehrere Sinnenbänke nebeneinander aufzustellen, denn was macht man mit Wanderern, die gar nicht mehr wegwollen, die auf gut Deutsch gar nicht mehr den Arsch hochkriegen? Dann ist man froh, wenn noch eine zweite Bank daneben steht.

Neulich habe ich am Rothaarsteig sogar eine Sinnenhängematte aus Holz gesehen. Bald wird es wahrscheinlich auch eine Sinnen-Hollywoodschaukel und einen Sinnen-Aussichtsturm geben, der Rothaarsteig ist immer wieder für eine Überraschung gut.

Die Etappe von der Ginsburg zur Lahnquelle auf dem Rothaarsteig

DIE RUINE DER GINSBURG ist der Startpunkt meiner Wanderung. Die Burg liegt ein wenig abseits des Rothaarsteigs, aber diese Burgenromantik sollte man sich nicht entgehen lassen. Die Nassauer haben die Ginsburg erbaut, und Wilhelm I. von Oranien-Nassau, genannt „der Schweiger", hat sich für kriegsentscheidende Beratungen auf die Burg zurückgezogen. Wenn er aber nur geschwiegen hat, ist aus dem Krieg wohl nichts geworden. Kurz hinter der Burg wandern wir am Jugendwanderheim Gillenberg vorbei. Da hoffe ich mal schwer, dass die Jugendlichen, die dort nächtigen, auch wirklich wandern und nicht nur Unfug und Schabernack im Kopf haben. Wir gehen abwärts und erreichen den eher unspektakulären Ort Lützel. Den Ortsnamen finde ich sehr schön: Lützel, das habe ich noch aus meinen Unterricht in Mittelhochdeutsch an der Universität behalten, „lützel" hieß im Mittelalter „klein", auch das norddeutsche „lütt" hat den gleichen Wortstamm. Wenn man sich Lützel am Rothaarsteig anschaut, dann trifft die Bezeichnung durchaus zu, eine Metropole ist Lützel auch im 21. Jahrhundert noch nicht und der Bahnhof von Lützel ist ebenfalls – ziemlich lützel. Aber der Rothaarsteig ist nicht klein, sondern führt aus dem Ort hinaus und kurze Zeit später erreiche ich die Eder. Kinder kennen den Meister Eder von Pumuckl, aber die Geografie-Kenner kennen die Eder als längsten Nebenfluss der Fulda, insgesamt 176 Kilometer lang,

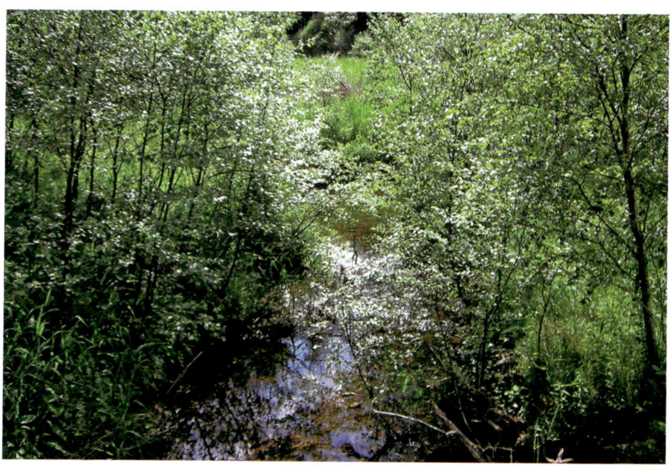

Die Eder in Quellnähe

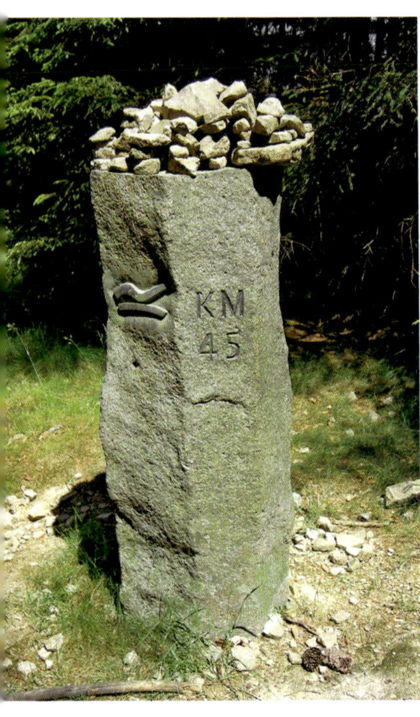

Meilenstein bei Benfe

dem aufmerksamen Wanderer immer wieder auf diesem Qualitätsweg begegnet: Der Wanderweg hat auch eine historische Komponente. In unserer Zeit dient er der Erholung und dem Freizeitvergnügen, in vergangenen Tagen war der Kammweg auf dem Rothaargebirge eine Handels- und Transportstraße. Schon vor über 500 Jahren wurde im Sauerland und in der Gegend um Siegen Erz gefördert und verhüttet. Dazu brauchte man Kohle, einen Haufen Kohle. Vor der Entdeckung und Förderung der Steinkohle im Ruhrgebiet wurde daher die Kohle jahrhundertelang in Köhlerhütten durch Holzkohle hergestellt. Und dann über einen der Kohlenwege, über den ich gerade wandere, zu den Erzhütten transportiert. Man darf sich daher die Landschaft auf dem Rothaar nicht so waldreich wie heute vorstellen. Weitestgehend kahl und baumlos muss es dort im Mittelalter gewesen sein und die Rauchschwaden der Köhlerhütten sorgten für eine unheimliche Stimmung.

Der Rothaarsteig verläuft aber nicht nur auf ehemaligen Handelswegen, er ist auch eine Wasserscheide. Auf der Westflanke des Rothaargebirges fließt alles dem Rhein zu, auf der östlichen Flanke der Weser. Und immer wieder kommt man auf dem Rothaarsteig an Grenzmarkierungen vorbei, der Kammweg war die Grenze zwischen dem kurkölnischen Sauerland und Wittgenstein, dort können also auch Grenzposten patrouilliert sein. Gewandert wurde in der Tat schon immer auf dem Rothaarsteig, nur eben nicht zum Vergnügen wie heutzutage.

An der Siegquelle treffe ich auf den Rothaarsteig-Ranger Speck und seinen Hund Nick. Matthias Speck will mich bis zur Lahnquelle auf dem Wanderweg begleiten. Mit seinem breitkrempigen Hut sieht er aus wie ein Ranger in einem amerikanischen Nationalpark. Und ähnlich ist auch sein Aufgabenbereich konzipiert. Er sorgt dafür, dass naturschutzrechtliche Vorgaben umgesetzt werden und ist Umweltferkeln auf den

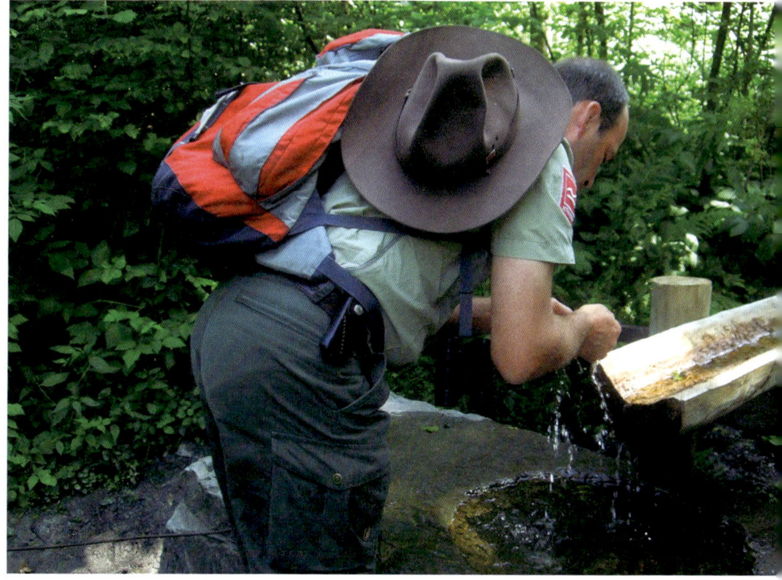

Ranger Speck testet die Siegquelle.

Fersen. Aber zu seinen liebsten Tätigkeiten gehört die Waldpädagogik: Er führt Schulklassen und Jugendgruppen am Rothaarsteig und bringt ihnen die Natur näher.

An der Siegquelle hat sich viel getan, seit ich das letzte Mal vor knapp zehn Jahren dort war. Die eingefasste Quelle wurde renaturiert und ist somit wie bei der Eder ein Quellgebiet geworden, das Rinnsal der jungen Sieg wird in einem ausgehöhlten Baumstamm abgeleitet. Ranger Speck nimmt einen tiefen Schluck Siegwasser aus der hohlen Hand, Siegwasser macht unbezwingbar. Speck muss lachen, als er von den unterschiedlichen Kommentaren zur Umgestaltung der Siegquelle erzählt: „Die meisten finden es super gelungen, aber ich habe auch schon den Satz gehört: ‚Gut, dass mein Mann das nicht mehr erleben muss ...'"

Ranger Speck führt mich auf einen Walderlebnispfad, der parallel zum Rothaarsteig verläuft. „Nur" wandern, selbst wenn es mit Premiumsiegel ist, kann auf Dauer etwas langweilig für Kinder und Jugendliche werden, deshalb hat man sich den Walderlebnispfad ausgedacht. Und auch als Erwachsener kann man so manches rund um das Thema Wald und Natur erleben. Wir kommen an der „Quellenbrille" vorbei und sehen ein Quellgebiet durch eine Art Vergrößerungsglas. Musikalisch

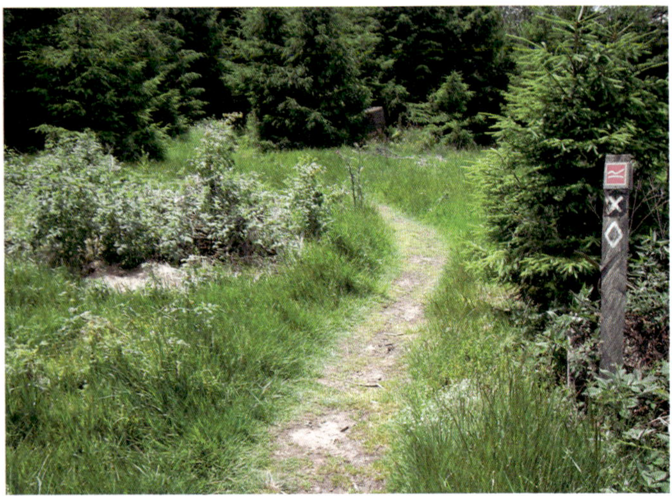

Kurz vor der Ederquelle

wird es an einem langen Baumstamm in der Horizontalen, auf dem andere Saiten aufgezogen wurden, sozusagen eine Art Baumzither. Ich versuche mich an diesem „Instrument“, aber das Ergebnis klingt nicht nach Waldmusik, eher nach Katzenmusik. Dann geht es einen kurzen Hang extrem steil nach oben, ein Seil hilft beim Hochklettern und -krabbeln. Puh, da bin ich doch schon ein wenig alt für. Schließlich darf ich noch Baumstämme erfühlen und ertasten. Wäre ich bei Ranger Speck in die Baumschule gegangen, hätte ich mich bestimmt nicht so fürchterlich blamiert: Ich erkenne wirklich keinen einzigen Baumstamm – eine glatte Sechs!

Wir wandern wieder auf dem Rothaarsteig und kommen an der Ilmquelle vorbei. An dieser unscheinbaren Quelle kann man studieren, wie das früher auch bei Sieg und Eder ausgesehen hat: Es sieht aus wie ein Dorfbrunnen. Die sauerländische Ilm ist übrigens nicht zu verwechseln mit der thüringischen Ilm, an Letzterer ist Goethe zu seinem Gartenhäuschen lustgewandert, die Ilm am Rothaarsteig dagegen mündet schon nach niedlichen zwei Kilometern in die Lahn.

Wir verlassen mit der roten Markierung des Rothaarsteigs den Kamm mit der schmalen asphaltierten Kreisstraße und gehen einen Abhang abwärts Richtung Westen. Plötzlich weitet sich der Blick und eine gigantische Aussicht auf die Höhenketten des Siegerlands öffnet sich, man kann bis nach Siegen und Kreuztal schauen. Dieser Ausblick ist ein Werk des Jahrhundertsturms Kyrill, der 2007 über Deutschland

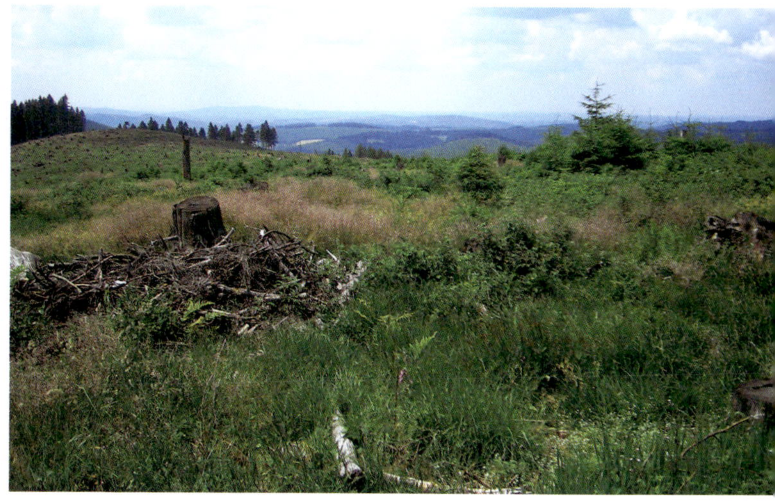

Gigantische Aussicht auf das Siegerland

fegte und besonders übel auf den Höhen des Rothaargebirges wütete. Ranger Speck zeigt auf eine Reihe von Douglasien, die oberhalb des Wanderwegs stehen geblieben sind. „Die Douglasie ist eine Überlebenskünstlerin", erklärt der Ranger. Wenn es stark stürmt, fallen die Äste der Douglasie schnell ab, nur der Stamm bleibt stehen, dadurch wird der ganze Baum aerodynamischer. So konnten die Douglasien sogar dem fürchterlichen Kyrill trotzen. Und die noch bessere Nachricht: Die Äste, die sind inzwischen schon wieder komplett nachgewachsen – der nächste Sturm kann kommen!

Wir erreichen das Forsthaus Lahnquelle in Lahnhof, ich bedanke mich bei Ranger Speck für seine Wanderbegleitung und lasse mich zu einem stärkenden Mahl am Rothaarsteig nieder. Die Lahnquelle war übrigens früher im Keller des Gasthauses zu besichtigen – das war natürlich eine clevere Einnahmequelle für den Wirt. Inzwischen geht man von mehreren Quelleinspeisungen oberhalb des Gasthauses aus. Und der Tümpel am Gasthaus, der sogenannte „Lahntopf", mit seinem brackigen Wasser scheint auch zur Lahnquelle zu gehören. Ich setze mich nach dem Essen in einen Strandkorb – auch so etwas gibt es im Siegerland: ein Hauch von Sylt am Rothaarsteig. Ich entspanne mich beim Blick über die grünsatten Weiden am Lahnhof und freue mich auf meine Übernachtung im Forsthaus Lahnquelle, eine der wenigen Möglichkeiten, direkt am Rothaarsteig zu nächtigen. Gesunde Luft und die Stille der Natur sind garantiert …

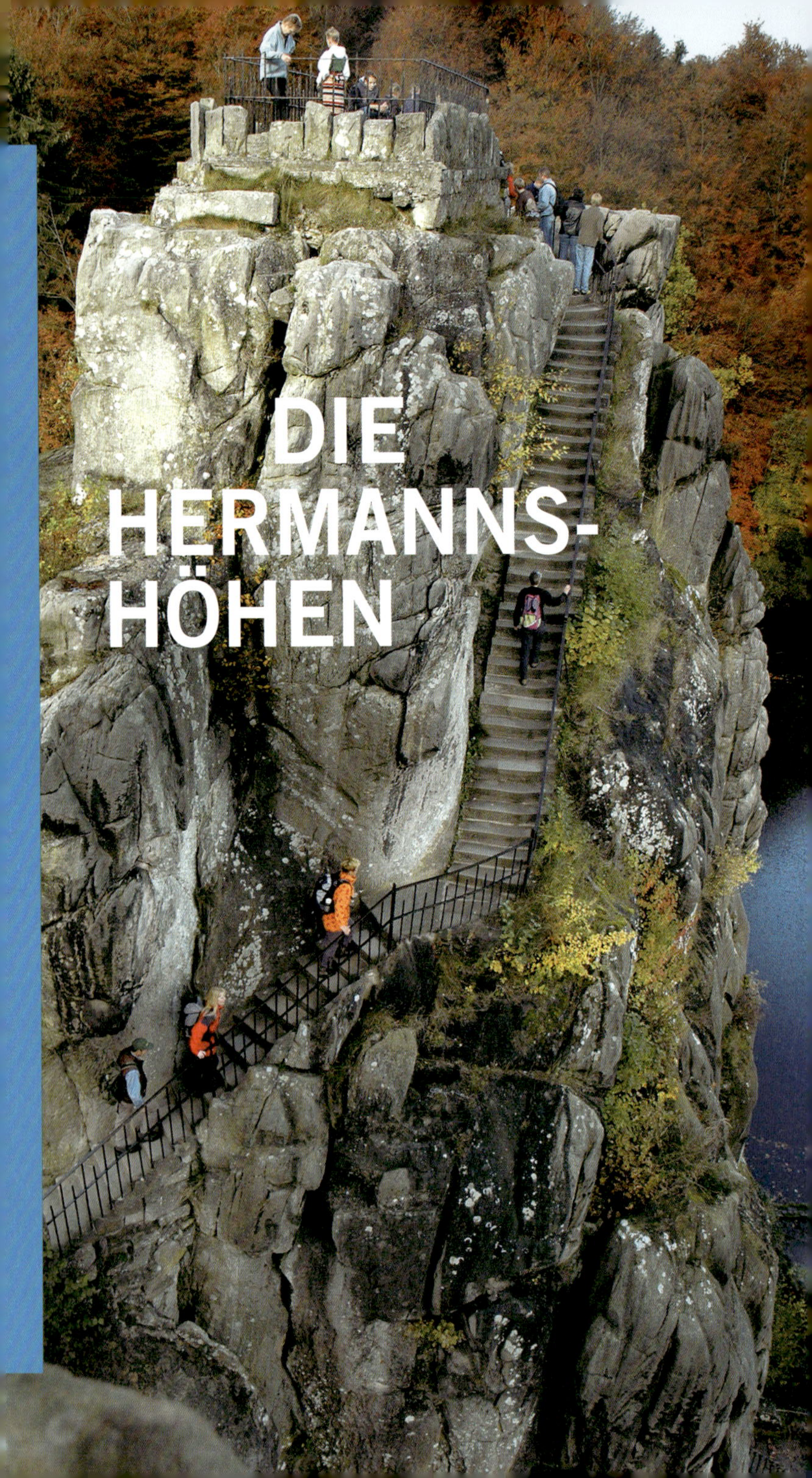

DIE HERMANNS-HÖHEN

Ein Weg und zwei Namen

Die Hermannshöhen sind unter den Weitwanderwegen in NRW ein echtes Kuriosum. Weil sie zwei Wanderwege vereinen, den Hermannsweg und den Eggeweg, die man mit Fug und Recht als siamesische Zwillinge bezeichnen kann: denn wo der Hermannsweg endet, am Velmerstot, dort beginnt der Eggeweg. Geografisch verbindet beide Wege sowieso einiges – denn die Egge ist eine altertümliche Bezeichnung für einen Bergkamm, den Bergkamm des Teutoburger Walds beziehungsweise des Eggegebirges, der sich in Form eines Viertelkreises von Rheine im nördlichen Münsterland bis hinunter nach Marsberg in Grenznähe zu Hessen zieht. Dass zwei Namen für im Prinzip

ÜBERSICHTSKARTE

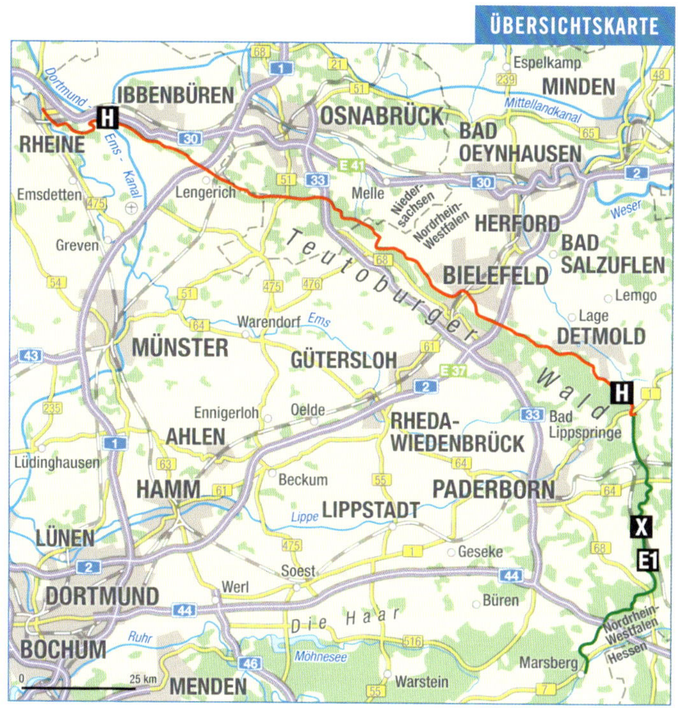

ein und denselben Wanderweg existieren, dafür gibt es historische Gründe. Denn der Hermannsweg gehörte traditionell zum Fürstentum Lippe, während der südliche Eggeweg zum Fürstbistum Paderborn gehörte, dass seit Beginn des 19. Jahrhunderts von den Preußen „eingemeindet" worden war. Daher wird der Hermannsweg vom Teutoburger-Wald-Verein betreut und gewartet, während sich der Eggegebirgsverein um den Eggeweg kümmert. Um aber die Vermarktung der beiden Wege zu erleichtern, wurde die Obermarke „Hermannshöhen" erfunden. Ganz einfache Rechnung: Hermannsweg + Eggeweg = Hermannshöhen. Quod erat demonstrandum!
Der 63 Kilometer lange Eggeweg (offiziell ist der Weg 71,5 Kilometer lang, aber vom Velmerstot bis Horn-Bad Meinberg überschneiden sich Eggeweg und Hermannsweg, die beiden Wege machen es einem nicht einfach, seufz!) wurde 2004 als erster Wanderweg der Welt mit dem

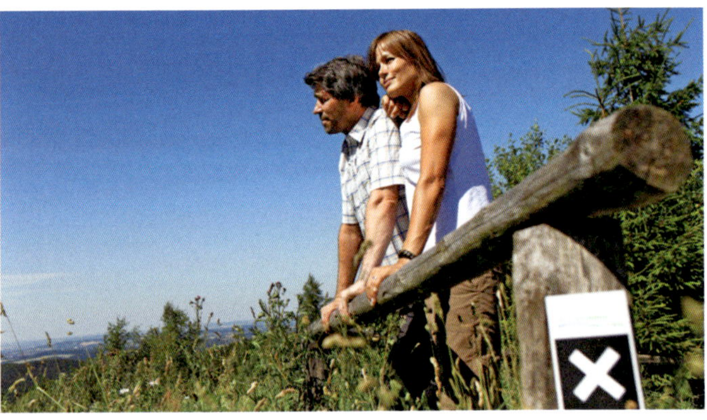

Auf dem Eggeweg

Qualitätssiegel des Deutschen Wanderverbands ausgezeichnet. Der Eggeweg ist sozusagen das Urgestein, Vater und Mutter aller nachfolgenden Qualitätswege, also das, was der Rothaarsteig für die deutschen Premiumwege war. Der Start des Eggewegs ist in Marsberg, dann geht es über Willebadessen, Bad Driburg und Altenbeken bis zum Velmerstot (dazu gleich mehr). Man darf sich das aber nicht so vorstellen, dass der Eggeweg durch die vorgenannten Orte hindurchführt, mit Einkehrmöglichkeiten links und rechts. Die Orte am Eggeweg liegen vielmehr links und rechts vom Weg, weit unten im Tal. Auf über 50 Kilometern zwischen Blankenrode und Velmerstot gibt es zum Beispiel keine einzige Einkehrmöglichkeit auf dem Eggeweg. Egal ob Appalachian Trail in den USA oder Eggeweg im Teutoburger Wald, um in die Zivilisation zu gelangen, muss man den Bergkamm und die dichten Wälder verlassen. Wandern auf dem Eggeweg, das ist überaus naturnah, auf zumeist sandigem Weguntergrund, mit immer wieder großartigen Ausblicken in die Landschaften im Westen und Osten des Eggegebirges. Und jeder Menge Wetter-Hütten. Wenn es denn schon keine Einkehrmöglichkeiten am Eggeweg gibt, so kann man doch zumindest seine Rucksackverpflegung wettergeschützt verzehren: in der Krollhütte, der Radbaumhütte, der Knochenhütte (dort fand man dereinst die Knochen von verhungerten Wanderern), der Rehberghütte und der Hakehütte.

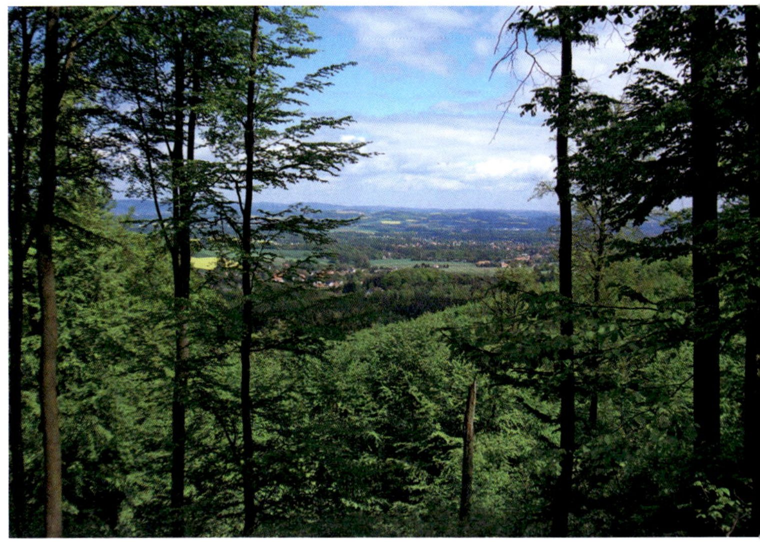

Aussicht vom Kamm des Teutoburger Walds

In Altenbeken kann man übrigens noch einen lohnenden Abstecher zu einem weiteren Qualitätsweg am Eggegebirge machen: dem Viaduktwanderweg von Altenbeken, einem Weg rund um das berühmte Eisenbahnviadukt; dazu später mehr.
Und dann erreicht man – wieder auf dem Eggeweg – den Preußischen Velmerstot, den höchsten Berg des Eggegebirges (464 Meter), und auf dem Gipfel steht der Eggeturm, das Wahrzeichen des Eggewegs. Kurz danach sieht man schon das „H“ des Hermannswegs und erreicht den nächsten Gipfel, den Lippischen Velmerstot. Einen verwunschenen Berggipfel … aber von der Königsetappe des Hermannswegs vom Lippischen Velmerstot bis zum Hermannsdenkmal werde ich später ausführlich erzählen.

Der Eggeweg ist also mittlerweile Geschichte, der kriegerische Hermann ist nun Namensgeber im Teutoburger Wald. Vom Hermannsdenkmal geht es hinab weiter auf der Egge des Teutoburger Walds, vorbei am Donoper Teich, am Bienenschmidt (sehr empfehlenswerte Einkehrmöglichkeit, es gibt nicht nur Honig dort) und dem Lönsstein nach Oerlinghausen. Von dort über die Sparrenburg oberhalb von Bielefeld, südlich an Werther (nicht von Goethe) vorbei bis nach Halle in Westfalen.
Zwischen Halle und Borgholzhausen fand ich am Hermannsweg eine wunderschöne Ode an eine der schönsten Städte der Welt:

Halle, mein Städtchen, so lieblich und traut,
Wie es so weit in die Lande schaut,
Umwebt von der Sage heimlichem Klang,
Halle, dein denk ich mein Leben lang.

Weiter geht es auf dem Hermannsweg an Bad Iburg, Tecklenburg, Lengerich, Lienen, Riesenbeck und Hörstel vorbei. Diese Orte sind auch auf den Teutoschleifen sehr gut zu erwandern, bei allen Teutoschleifen spielt der Hermannsweg eine bedeutende Rollen, ein Teilstück der Teutoschleifen ist immer identisch mit einem Abschnitt des Hermannswegs.
Am Bahnhof Rheine endet schließlich nach 156 Kilometern der Hermannsweg und damit auch die Hermannshöhen. Jetzt aber zur Königsetappe dieses Qualitätswegs …

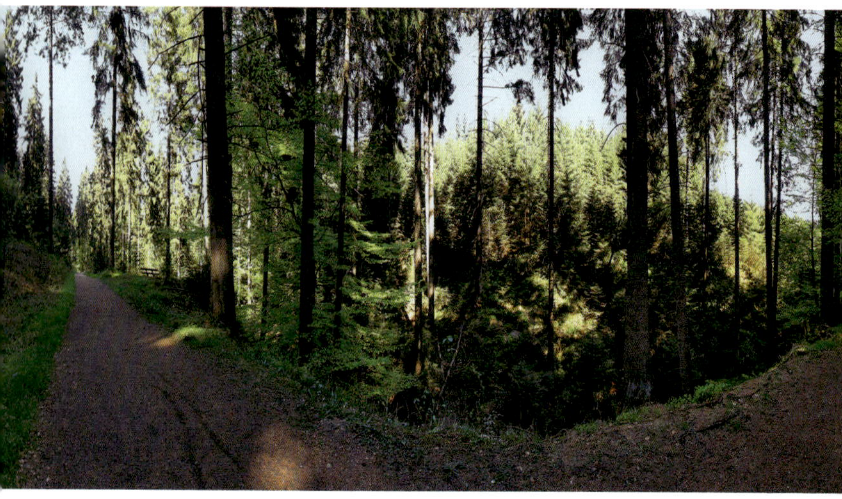

Im Silberbachtal

Auf dem Hermannsweg von Leopoldstal zum Hermannsdenkmal

DIE STRECKE VON LEOPOLDSTAL bis zum Hermann bin ich schon oft gegangen: nach dem verlorenen Spiel des 1. FC Köln in Bielefeld 1998, mit meinem Freund Markus im Jahre 2004 (dokumentiert in meinem Buch „Gesammelte Wanderabenteuer“ im Kapitel „Mountainbiker grüßt man nicht“). Das letzte Mal bin ich auf dieser Etappe 2007 mit meinem Kölner Nachbarn Robert unterwegs gewesen.
Es ist immer sehr angenehm, mit der Bahn am Haltepunkt Leopoldstal anzukommen und direkt auf die Markierung „H“ zu stoßen. Nach fünf Minuten hatten wir die Zivilisation hinter uns gelassen und stiegen bergan. Mein Nachbar Robert ist Skiwanderer, der stapft normalerweise mit Skiern im Tiefschnee bergan, da konnte ihn die Steigung im Teutoburger Wald nicht sonderlich schocken. Aber er war doch schwer beeindruckt, als wir das Gipfelplateau des (Lippischen) Velmerstot erreicht hatten. Natur pur, kein Haus zu sehen und die karge Vegetation mit zerklüfteten Sandsteinfelsen und den niedrigen Heidebüschen sowie den bunten Flechten erinnerten Robert durchaus ans Hochgebirge. Tja, alpine Wildnis mitten in Nordrhein-Westfalen, man kann schon sagen, dass der (Lippische) Velmerstot einer der schönsten Berggipfel in NRW ist.

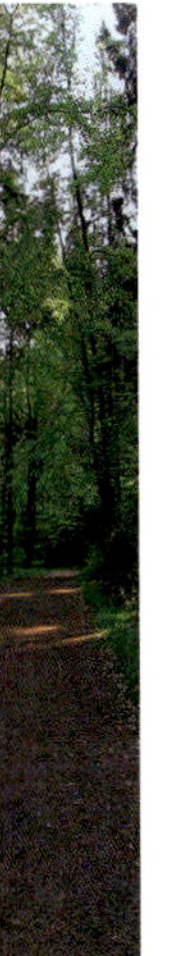

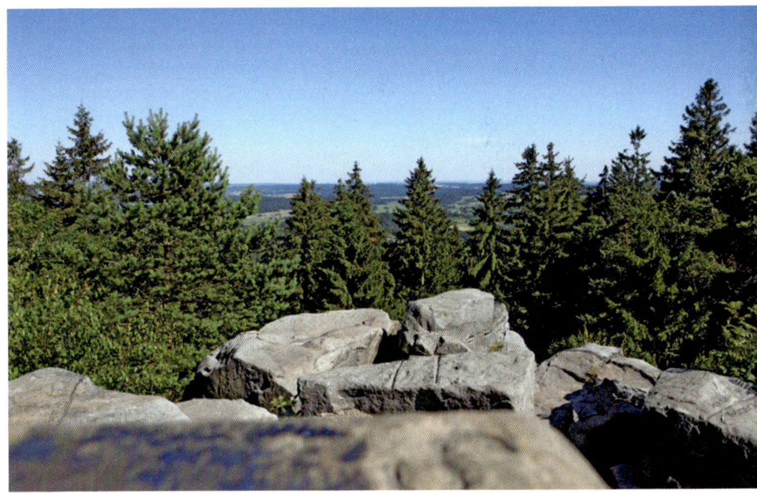

Blick vom Velmerstot

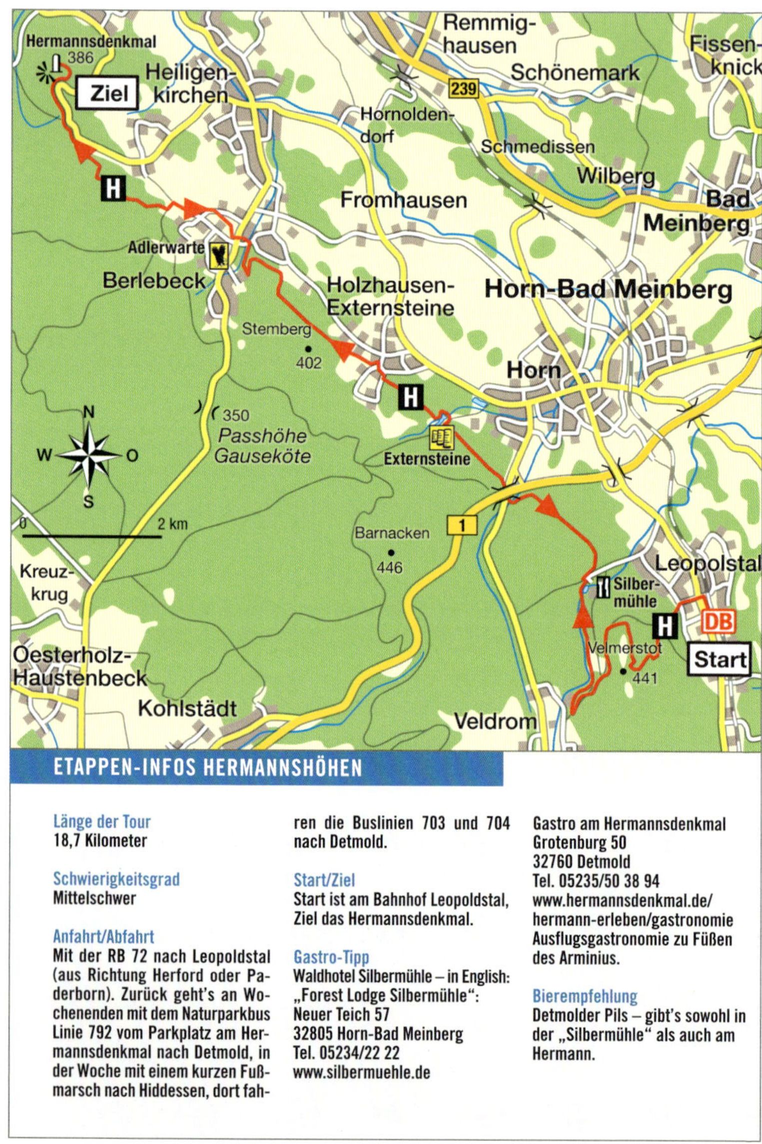

ETAPPEN-INFOS HERMANNSHÖHEN

Länge der Tour
18,7 Kilometer

Schwierigkeitsgrad
Mittelschwer

Anfahrt/Abfahrt
Mit der RB 72 nach Leopoldstal (aus Richtung Herford oder Paderborn). Zurück geht's an Wochenenden mit dem Naturparkbus Linie 792 vom Parkplatz am Hermannsdenkmal nach Detmold, in der Woche mit einem kurzen Fußmarsch nach Hiddessen, dort fahren die Buslinien 703 und 704 nach Detmold.

Start/Ziel
Start ist am Bahnhof Leopoldstal, Ziel das Hermannsdenkmal.

Gastro-Tipp
Waldhotel Silbermühle – in English: „Forest Lodge Silbermühle":
Neuer Teich 57
32805 Horn-Bad Meinberg
Tel. 05234/22 22
www.silbermuehle.de

Gastro am Hermannsdenkmal
Grotenburg 50
32760 Detmold
Tel. 05235/50 38 94
www.hermannsdenkmal.de/hermann-erleben/gastronomie
Ausflugsgastronomie zu Füßen des Arminius.

Bierempfehlung
Detmolder Pils – gibt's sowohl in der „Silbermühle" als auch am Hermann.

„Caspar David Friedrich hätte es hier gefallen", sagte Robert, der muss es wissen, schließlich ist er Künstler. Aber der olle Felsenmaler Friedrich hat ja lieber in Sachsen und auf Rügen gemalt, ins Lipperland ist der wahrscheinlich nie gekommen.

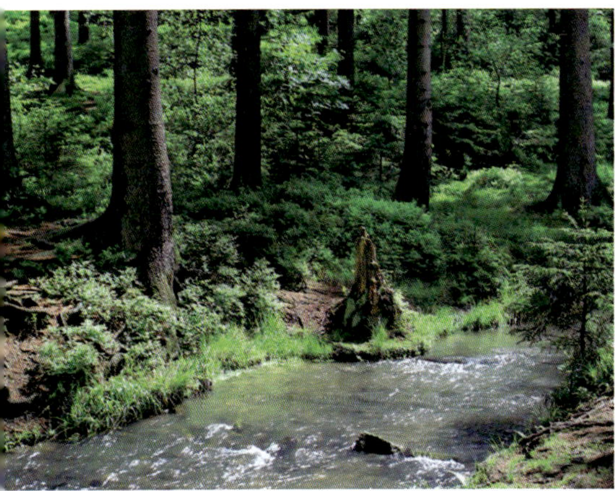

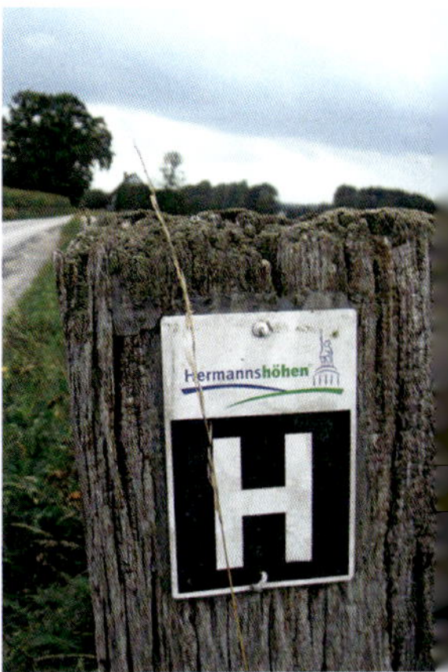

Im romantischen Silberbachtal

Vom (Lippischen) Velmerstot gingen wir durch dichte Wälder, immer dem „H“ des Hermannswegs folgend, bergab und erreichten schnell das Silberbachtal und später das Ausflugslokal „Silbermühle“. Wir fragten uns, ob der Name des Bachs und der Mühle daher rührte, dass dereinst Schatzsucher das Silberbachtal zum Klondyke des Teutoburger Walds gemacht hatten? Oder ob die Sonnenstrahlen in dem munter dahinplätschernden Bach immer so schön geglänzt haben?
Knapp zwei Kilometer hinter der „Silbermühle“ hieß es tapfer sein, Ohren und am besten auch die Augen verschließen, denn wir mussten die B 1 von Aachen nach Berlin unterqueren. Gefühlt hat diese Bundesstraße sechs Spuren und ist ausgebaut wie eine Autobahn. Aber schon bald nach dem Straßenlärm hatte uns die Natur wieder und wir wurden kurz darauf durch das nächste Highlight des Hermannswegs belohnt: die Holzhausen-Externsteine. Ein Mini-Sandsteingebirge mit einigen vereinzelten Felsenfingern, die sich skurril wie aus dem Nichts gen Himmel strecken. Quasi eine Sächsische Schweiz im Miniaturformat. „Da hätte Caspar David Friedrich ja schon doppelten Grund gehabt, zum Hermannsweg zu fahren“, meinte Robert lachend. Wir bestaunten die Felsenungetüme. So beeindruckend die Externsteine sind, so muss man doch nicht so ein Gedöns um sie machen, wie einige Esoteriker und Neonazis, die die Sandsteinfelsen für so etwas wie das deutsche Stonehenge halten, von wegen keltisches Kraftzentrum oder urgermanische Kultstätte oder so ein Quatsch.
Mich interessierte vielmehr, als wir hinter den Externsteinen weiter wanderten, wie ich meine Socken wieder trocken kriegen könnte. In

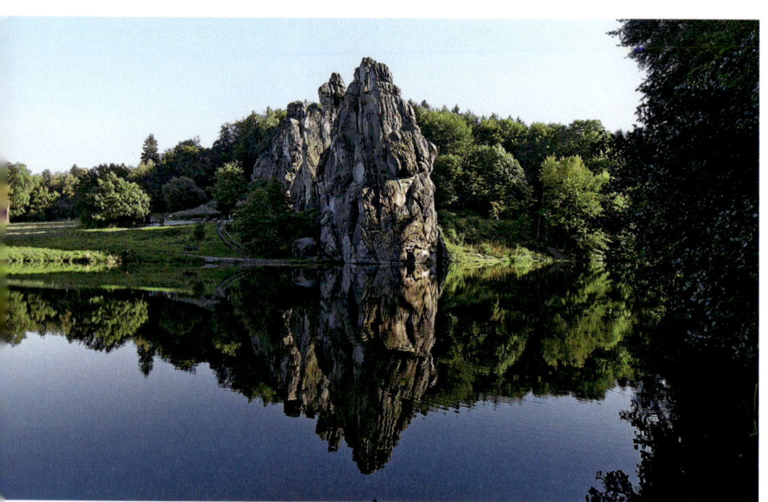

Natur pur an den Externsteinen

den Tagen vor unserer Wanderung hatte es ordentlich geregnet und der Hermannsweg war, vor allem an den schmalen, pfadigen Stellen, doch eine sehr feuchte, glitschige und matschige Angelegenheit. Robert hatte mit seinen Bergstiefeln keine Probleme, aber ich war (lang, lang ist das her) mit meinen Turnschuhen unterwegs und die dünnen Socken hatten sich durch die semitransparente Schicht des Schuhs ordentlich vollgesogen.

Wir wanderten weiter im stetigen Auf und Ab auf dem Hermannsweg und erreichten die Ortschaft Berlebeck. Dort beschlossen wir, uns die Adlershow auf der Adlerwarte anzuschauen. Eine gute Gelegenheit für mich, meine Schuhe und Socken in der Frühlingssonne zu trocknen und mich barfuß auf die Bänke der Adlershowarena zu setzen. Der Falkner (warum heißt es eigentlich in diesem Fall nicht Adlerer?) erklärte routiniert den zumeist jugendlichen Zuhörern und uns, was Adler so alles drauf haben. Ein Adler hielt sich aber nicht so ganz an die eingeübten Rituale, stürzte sich auf den Falkner, klaute ihm seine Brille und flog mit der Sehhilfe zurück auf einen Baumstamm. Tja, da stand der Falkner nun ohne Brille, viel schlimmer war aber, dass der arme Mann aus einer ziemlich tiefen Wunde neben der Nasenwurzel heftig blutete. Das hätte auch übel ins Auge gehen können! Nach der Adlershow haben Robert und ich dem Falkner dann noch geholfen, seine Brille im Dickicht wiederzufinden, denn der Adler hatte schließlich die Lust an seinem Spielzeug verloren und die Brille fallen gelassen.

Nachdem wir dieses Abenteuer glücklich überstanden hatten, machten wir uns (ich meinerseits mit halb getrockneten Socken) auf zu einem weiteren blutigen Ereignis, der Varusschlacht. Der Hermannsweg ist zwischen Adlerwarte und dem Hermannsdenkmal noch einmal ein wirklich wunderschöner Pfad. Und dann sieht man sie schon, die vielen Reisebusse, und weiß: Am Hermannsdenkmal wird den Wanderer keine absolute Einsamkeit und Stille erwarten.
In der aktuellen Forschung ist es ja schwer umstritten, ob die Schlacht zwischen dem römischen Feldherrn Varus und dem germanischen Germanen Arminius, auch Hermann genannt, überhaupt im Teutoburger Wald stattgefunden hat. Zurzeit favorisiert man die Osnabrücker Gegend bei Kalkriese als wahrscheinlicheren Standort. Aber in Kalkriese findet man nur ein Museum, nicht den riesigen Hermann, der steht südlich von Detmold in exponierter Stellung am Hermannsweg. Die Fakten: Der Sockel ist 30 Meter hoch, das Standbild des Arminius 26 Meter. Und dazu kommt noch das stattliche Schwert, sieben Meter lang. Die Aufschrift auf dem Schwert ist „Deutschlands Einigkeit – meine Stärke, meine Stärke – Deutschlands Macht." Na ja, das Ding wurde 1875 eröffnet, da war die Euphorie um das geeinigte Deutsche Reich immens, heute würde man das wohl ein wenig dezenter formulieren. Aber schade, auch dieses Bildmotiv hat Caspar David Friedrich sich entgehen lassen, er hätte doch einen schönen „Hermann über dem Nebelmeer" malen können. Nun ja, die Chance kommt nicht wieder, aber die abwechslungsreiche und landschaftlich großartige Etappe von Leopoldstal zum Hermannsdenkmal kann man ohne Bedenken immer wieder wandern.

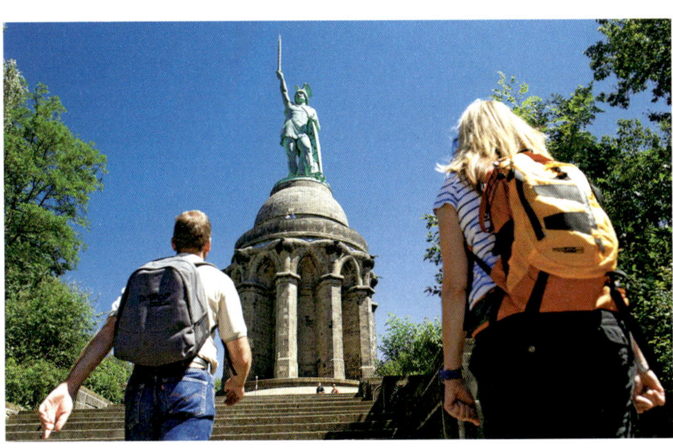

Auf zum Hermann!

DER RHEINSTEIG

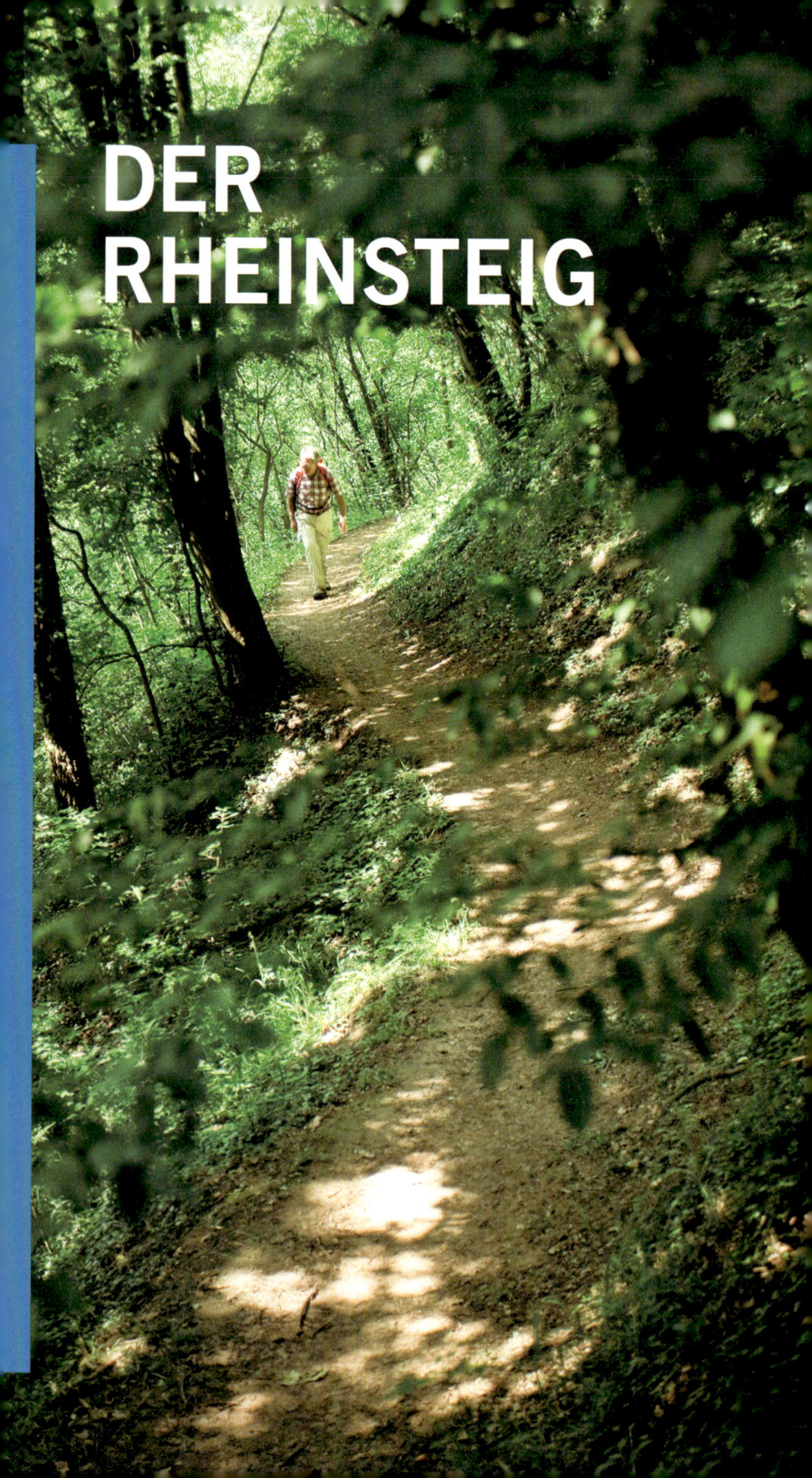

Wandern auf hohem Niveau

Nach der Eröffnung 2005 wurde der Rheinsteig sehr schnell zu einem unglaublichen Erfolg. Der 320 Kilometer lange Premiumweg begeistert sämtliche Wanderer, denn der Rheinsteig hat alle Zutaten für einen herausragenden Wanderweg, wie beim „Backe, Backe, Kuchen-Lied" sind es übrigens auch „sieben Sachen", die man braucht, um einen tollen Premiumweg zu haben:

ÜBERSICHTSKARTE

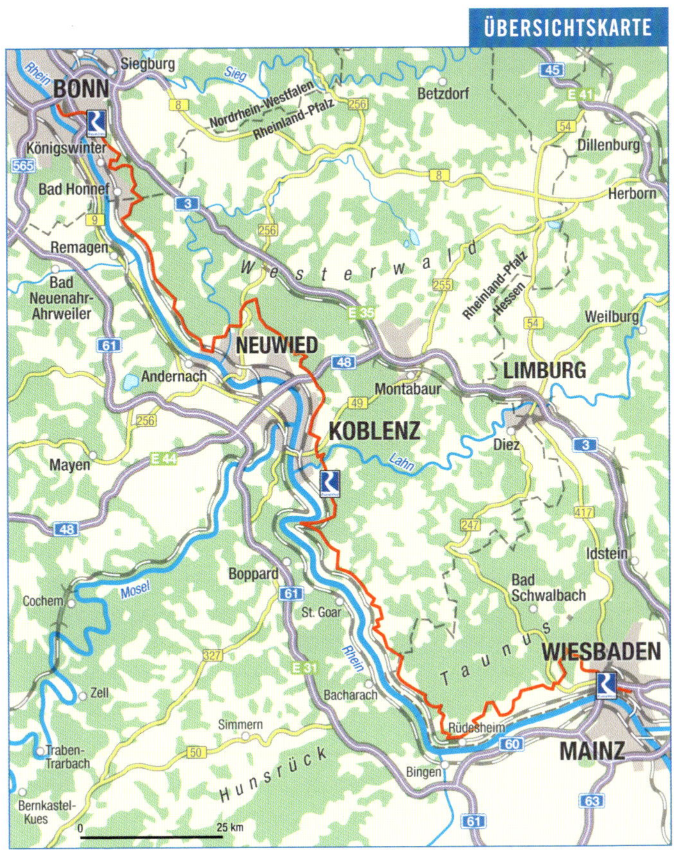

Links: Ein Premiumweg mit viel Natur

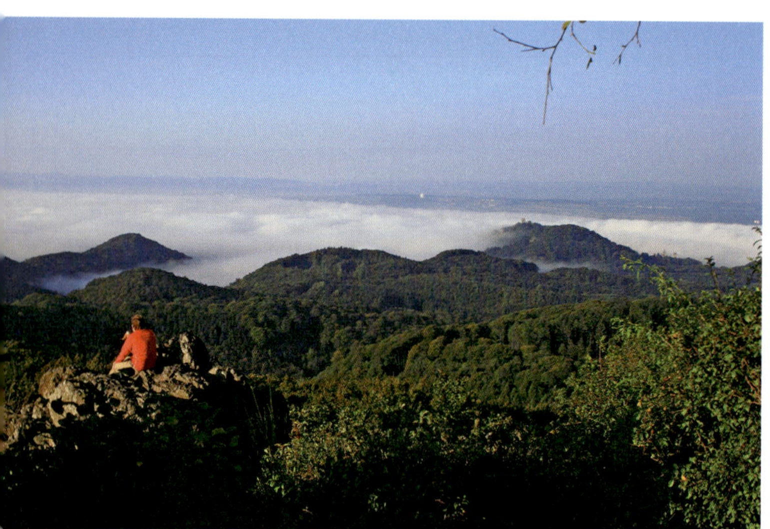

Über den Wipfeln des Siebengebirges

1. Rheinsteigzutat – die Landschaft

Warum ist es am Rhein so schön? Das fragen sich schon etliche Generationen, aber nie wurde in Zweifel gezogen, DASS es am Rhein schön ist. Der alte Vater Rhein fasziniert immer wieder aufs Neue. Und gerade der Abschnitt zwischen Koblenz und Rüdesheim hat es seit 2002 zu einem besonderen Prädikat geschafft: UNESCO-Welterbe Oberes Mittelrheintal, eine Landschaft als Welterbe, das bringt auch Verpflichtungen: So durfte unlängst die von den Bewohnern sehnsüchtig erwartete Brücke an der Loreley nicht gebaut werden. Da sind wir doch froh, dass wenigstens das Wandern auf dem Rheinsteig von der UNESCO erlaubt ist!

2. Rheinsteigzutat – Burgen und Schlösser

Was wäre der romantische Rhein, den schon William Turner fleißig porträtierte, ohne seine wunderschönen Burgen und Schlösser? Natürlich nur die Hälfte wert! Wer auf dem Rheinsteig wandert, sieht eine Menge Burgen, nicht immer wurden sie übrigens im Mittelalter gebaut, manche entsprangen den romantischen Fantasien neureicher Industrieller des 19. Jahrhunderts. Aber es ist auf jeden Fall eine Augenweide, sowohl die Marksburg bei Braubach und Schloss Sayn zu besichtigen, als auch das Katz-und-Maus-Spiel von Burg Katz und Burg Maus bei St. Goarshausen mitzuspielen.

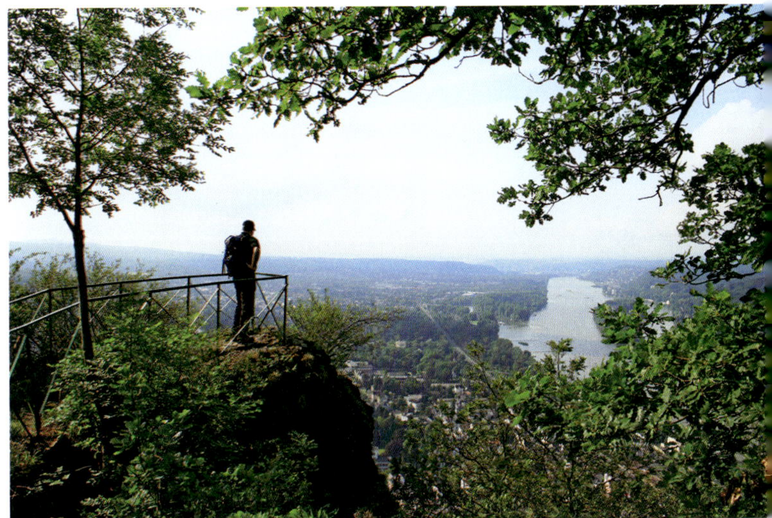

Fantastische Rheinblicke

3. Rheinsteigzutat – eine hervorragende Dichte an Hotellerie und Gastronomie

Das Rheintal ist traditionell intensiv touristisch genutzt worden. Von daher ist es relativ simpel, eine Unterkunft und einen Teller mit einer warmen Mahlzeit am Etappenziel zu erhaschen. Die Betonung liegt auf „relativ", denn prinzipiell lohnt es am Rheinsteig immer, frühzeitig zu reservieren, sonst haben die Busladungen mit den Kegelclubs aus Herne und die Drosselgassen-Fans aus Cuxhafen schon alle Zimmer belegt!

4. Rheinsteigzutat – Wein

Apropos Drosselgasse: Auch ohne Gesang- und Butzenscheibenkitsch kann man am Rheinsteig natürlich hervorragenden Wein aus hervorragenden Lagen genießen. Schon kurz hinter Bonn erwarten den Rheinsteig-Wanderer die ersten Rebstöcke. Aber besonders im hessischen Teil des Premiumwegs, im Rheingau zwischen Rüdesheim und Wiesbaden, ist man dem Weinbau als Wanderer ganz nahe.

5. Rheinsteigzutat – sportliche Herausforderungen

Der Rheinsteig ist nichts für Weicheier und ungeübte Wanderer, nur die Harten kommen in den Garten. Das liegt an der Topografie des Rheintals. Während man zum Beispiel auf dem Rothaarsteig zumeist auf der Höhe in Kammlage wandert, geht es am Rhein wie bei einer Achterbahn auf und ab. „Schuld“ sind die vielen Kerbtäler mit den Zuflüssen zum Rhein. Kaum hat man deshalb auf dem Rheinsteig einen Anstieg geschafft, muss man wieder hinunter ins Tal. Das macht den Rheinsteig zum sportlichsten und anspruchvollsten deutschen Premiumweg.

6. Rheinsteigzutat – Erreichbarkeit mit dem ÖPNV

Einen anderen Superlativ verdient sich der Rheinsteig bei der Anbindung an den Öffentlichen Personennahverkehr. Das liegt natürlich an der exponierten Lage am Rhein mit seinen Eisenbahnlinien auf beiden Seiten des Stroms. Dadurch kann der Wanderer nach jeder Etappe in den Zug steigen und den Heimweg antreten. An manchen Wochenenden hat man den Eindruck, dass im Zug zwischen Koblenz und Wiesbaden nahezu 90 Prozent Rheinsteig-Wanderer sitzen. Man könnte die Eisenbahn am Rhein auch Rheinsteig-Express nennen.

7. Rheinsteigzutat – Premiumqualitäten

Nicht zuletzt sind es natürlich die verlässlichen Vorteile eines Premiumwegs, die den Rheinsteig so beliebt machen. Die unverlaufbaren Markierungen mit dem stilisierten weißen „R“ auf blauem Untergrund und verlässliche Wegweiser machen das Wandern zum Kinderspiel – wenn eben nicht immer diese steilen Passagen wären. Aber dann entschädigen der nächste Blick auf den Rhein oder auf eine Burg und das Glas Wein in einer hervorragenden Gaststätte für die Strapazen. Der Rheinsteig, das ist wirklich Wandern auf hohem Niveau. Oder „Walking on higher Grounds“, wie es in der Übersetzung heißt.

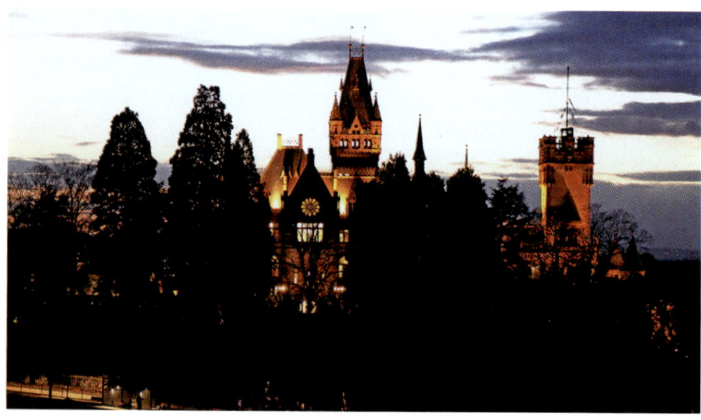

Die illuminierte Drachenburg

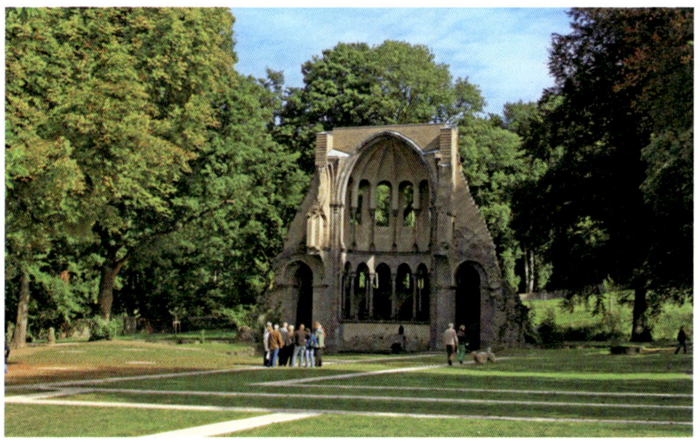

Die Ruine von Kloster Heisterbach

Die zweite Etappe des Rheinsteigs von Niederdollendorf nach Rhöndorf

ICH STARTE am Bahnhof von Niederdollendorf und schnell habe ich auf der Hauptstraße das knall-orange Zeichen des Rheinsteig-Zuwegs entdeckt. Es geht zunächst eine Weile an Straßen entlang, dann aber rasch in die Natur. Zwei Kilometer nach dem Bahnhof erreiche ich den Rheinsteig mit seiner blauen Markierung. Ich gehe rechts und stehe bald vor dem Kloster Heisterbach. Eigentlich ist es die Ruine des Klosters Heisterbach, denn schon seit über 200 Jahren sind die Mönche weg und mit den Steinen des Klosters wurde so manches profane Gebäude errichtet. Nur die Klostermauern stehen noch – und Teile der Apsis der Klosterkirche dieser ehemaligen Zisterzienserabtei. Da staunt man doch, denn wenn die Apsis schon so groß war, wie riesig war dann die Kirche? Ein wahrer Heisterbach-Dom muss das gewesen sein! Ich lasse die Klosterruine hinter mir und wandere durch einen dichten Mischwald, erst sanft, dann steiler bergan. Dann stehe ich vor einem Zaun und finde Durchlass durch eine Gittertür. Tja, das Hotel auf dem Petersberg war als Gästehaus der Bundesrepublik Deutschland, wenn die Staatsgäste kamen, öfter mal Hochsicherheitsgebiet. Die Queen war dort, Clinton ist über die Pfade gejoggt, auf denen jetzt der Rheinsteig verläuft, die schönste Geschichte gibt es aber über den russischen Präsidenten Breschnew. Der Auto-Freak bekam von Kanzler Willy

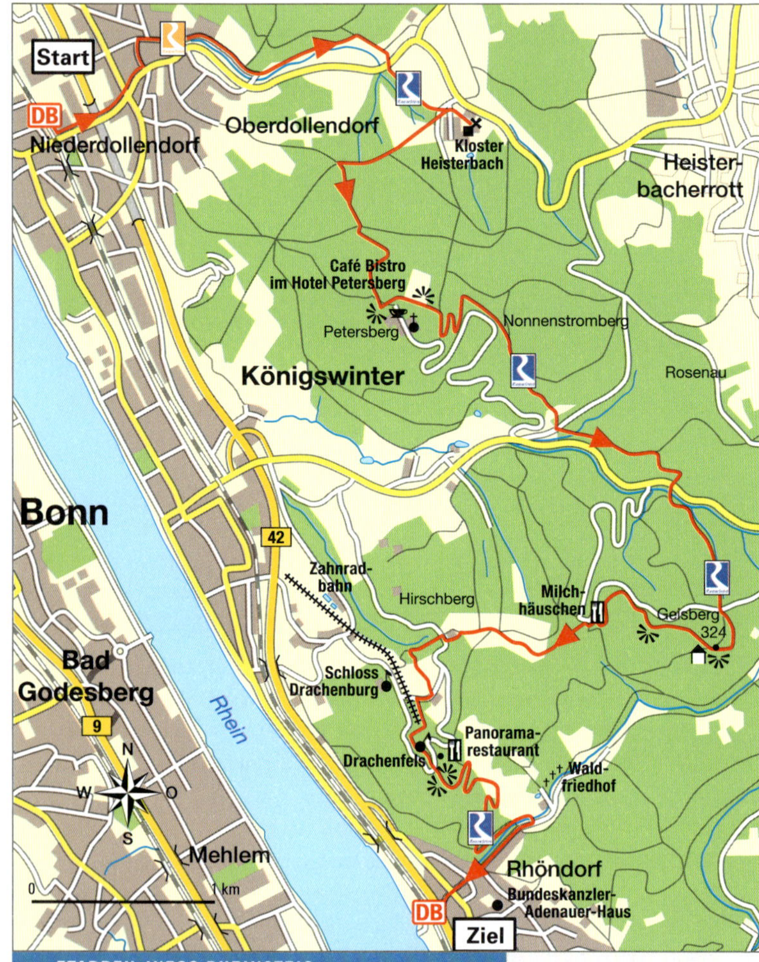

ETAPPEN-INFOS RHEINSTEIG

Länge der Etappe
14,5 Kilometer

Schwierigkeitsgrad
Mittelschwer/schwer wegen der vielen Anstiege

Anfahrt/Abfahrt
Bis Niederdollendorf mit DB Regio RE 8 und RB 27 aus Richtung Bonn und Koblenz. Zurück von Rhöndorf halbstündlich mit DB Regio RE 8 und RB 27 Richtung Bonn und Köln.

Start/Ziel
Start ist am Bahnhof Niederdollendorf, Ziel am Bahnhof von Rhöndorf.

Gastro-Tipp
Milchhäuschen, Elsigerfeld 1
53639 Königswinter, Tel. 02223/90 90 00, Mo Ruhetag
www.milchhaeuschen.de
Spezialität sind die selbst gemachten Pfannkuchen und Waffeln.

Café Bistro im Steigenberger Grandhotel & Spa Petersberg
Petersberg, 53639 Königswinter/Bonn, Tel. 02223/74-0
Fünf-Sterne-Luxus für jedermann.

Bierempfehlung
Sion Kölsch – fast 700 Jahre alte kölsche Braukunst schmeckt auch im Siebengebirge.

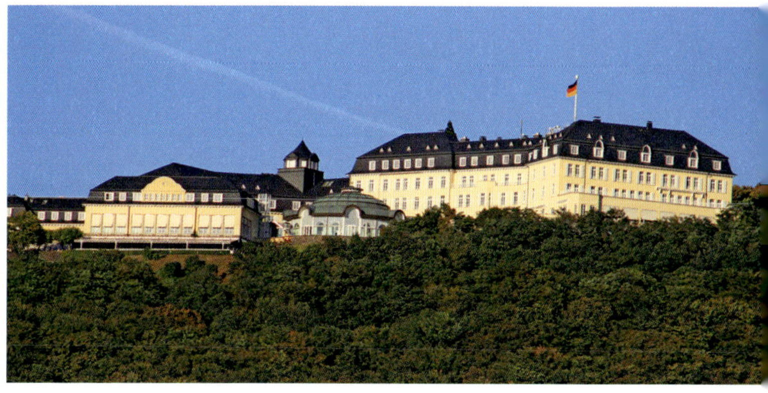

Das Hotel auf dem Petersberg

ein sportliches Mercedes-Cabrio geschenkt. Und Breschnew hat die Edellimousine bei der ersten Spritztour die Serpentinen des Petersbergs hinunter zu Schrott gefahren.
Ich gehe aber unmotorisiert weiter, das ist eindeutig besser für die Gesundheit. Es geht hinab und unterhalb des Nonnenstrombergs weiter. Es gibt übrigens, um Mißverständnissen vorzubeugen, nicht nur sieben Berge im Siebengebirge, sondern über 40 Erhebungen vulkanischen Ursprungs. Auch die sieben Zwerge waren an anderer Stelle zu Hause. Eigentlich müsste das Siebengebirge Siefengebirge heißen, wegen der feuchten Talausschwemmungen, den sogenannten Siefen. Ich überquere über eine Fußgängerbrücke eine Landstraße und dann geht es wieder ordentlich bergan. Schließlich denke ich, super, den Anstieg habe ich geschafft, da ist doch schon der breite Wanderweg zum „Milchhäuschen", aber der Wegweiser des Rheinsteigs kennt keine Gnade. Weiter geht es bergan, mit einer geschätzten Steigung von 55 Prozent, hinauf zum Geisberg, ein richtig fieser Berg. Die Belohnung dort oben ist dann der gigantische Ausblick auf das Rheintal und die umliegenden Berge des Siebengebirges, dieser Blick ist neu für mich. Das ist ein Plus des Rheinsteigs – an überraschenden Stellen verlässt er die ausgetretenen Pfade und schenkt dem Wanderer unvergessliche Momente. Etwas bin ich aber erschrocken, dass die Guillaume-Hütte auf dem Geisberg nach dem Spion der Ära Willy Brandt benannt wurde. Wahrscheinlich hat der Guillaume oben auf dem Geisberg sich vom harten Spionage-Alltag erholt oder auch über einen Kleinsender seine Spitzeleien in den Osten abgesetzt. Wer weiß? Ich wandere auf einem wunderschönen Pfad bergab und erreiche die Waldgaststätte

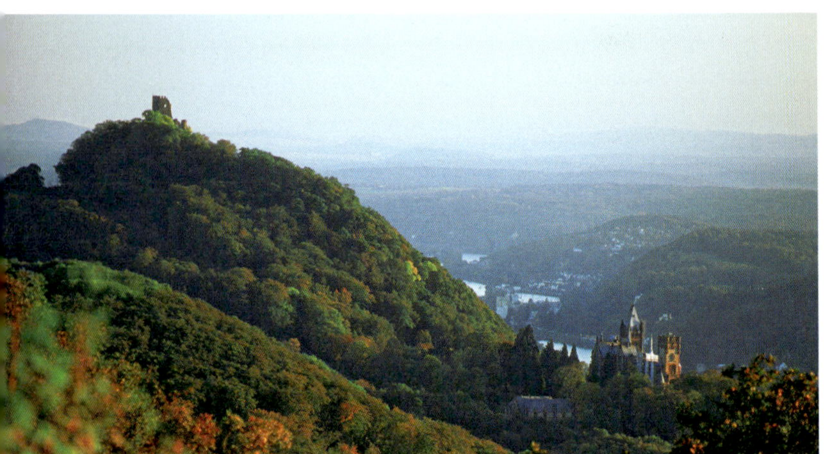

Blick auf Drachenburg und Drachenfels

„Milchhäuschen“. Ich bin sehr froh, dass man durchgehend geöffnet hat und auch andere Getränke als Milch im Angebot sind. Das „Milchhäuschen“ ist übrigens so beliebt, dass man an Sonn- und Feiertagen unbedingt reservieren sollte.

Der Rheinsteig hinter der Gaststätte führt zunächst über eine offene Fläche, schließlich kann man schon das neogotische Gebäude des Schlosses Drachenburg sehen, auch spöttisch „Neuschwanstein vom Rhein“ genannt. Diese Burg ist das Paradebeispiel für eine nicht mittelalterliche Burg am Rhein. Erbaut wurde sie in Rekordzeit Ende des 19. Jahrhunderts von einem Börsenmakler, vor einigen Jahren mit viel Geld der NRW-Stiftung restauriert und beherbergt heute eine Dauerausstellung zur Schlossgeschichte.

Die Drachenburg liegt oberhalb von Königswinter, ein Reiseziel der Fünfziger- und Sechzigerjahre, das mit dem Schunkelsong „Es war in Königswinter, nicht davor und nicht dahinter, es war gleich mittendrin, als ich auf dich reingefallen bin“ verewigt wurde.

An der Drachenburg tobt schon das Ausflugsleben des Drachenfels. Es gibt traditionell sehr viele Möglichkeiten, diesen Berg zu besteigen. Natürlich zu Fuß, wie ich das mache und alle anderen Rheinsteig-Wanderer auch. Man kann aber auch mit der minzgrünen Zahnradbahn (älteste Zahnradbahn Deutschlands) nach oben fahren, die so schön altmodisch im Design der Fünfzigerjahre nach oben zur Ruine juckelt, dass man denkt, die Passagiere müssten alle Petticoat tragen oder eine Buddy-Holly-Brille zu kariertem Anzug. Andere Drachenfels-Bestei-

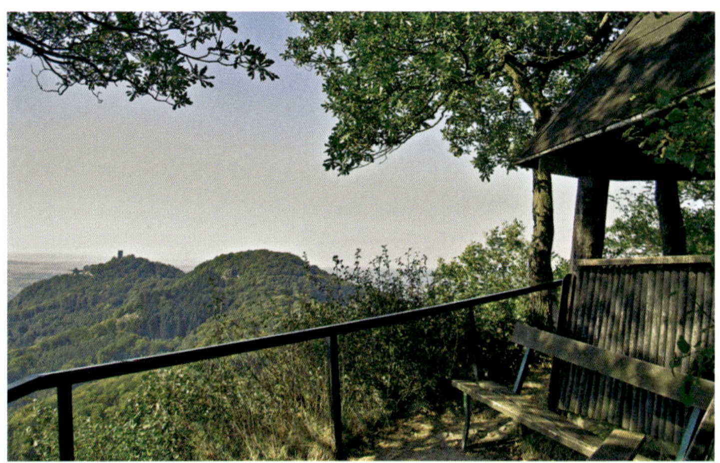

An der Guillaume-Hütte

gungsmöglichkeit, die ich als Kind geliebt habe: Man kann auf einem Esel nach oben reiten.

Ich erreiche das Plateau des Drachenfels aber natürlich auf Schusters Rappen. Und werde auf vielfältige Art und Weise belohnt. Zunächst einmal lockt die Besichtigung der romantischen Burgruine. Oder ich könnte einkehren in dem neu gestalteten Panoramarestaurant auf dem Drachenfels. Oder ich genieße den Blick auf den Rhein in nördlicher, westlicher und südlicher Richtung, von den Kölner Domtürmen über die Berge der Nordeifel bis hinunter nach Bad Honnef und den Vater Rhein. Das hat was.

Über die Preußen wird im Rheinland ja viel geschimpft, aber sie waren auch die ersten Hüter der Nachhaltigkeit. Denn der Drachenfels war jahrhundertelang ein Steinbruch, unter anderem für die Steine des Kölner Doms. Und hätten die Preußen nicht einen Steinbruch-Stopp verhängt, wäre wohl irgendwann einmal die Burgruine des Drachenfels in den Rhein gestürzt. Und der Rheinsteig hätte eine seiner schönsten Attraktionen und Ausblicke verloren.

Mühsam reiße ich mich von den Ausblicken los und gehe abwärts bis zum Waldfriedhof von Rhöndorf. Dort ist der erste Kanzler der Bundesrepublik Deutschland, Konrad Adenauer, begraben. Ich könnte nun den Rheinsteig noch weiter wandern, hoch zur Löwenburg und weiter Richtung Bad Honnef sowie der Grenze zu Rheinland-Pfalz. Aber dann müsste ich ja wieder bergan wandern, das habe ich bei der Etappe nun schon einige Male gemacht. Nein, ich bin heute ein Faultier. Das war

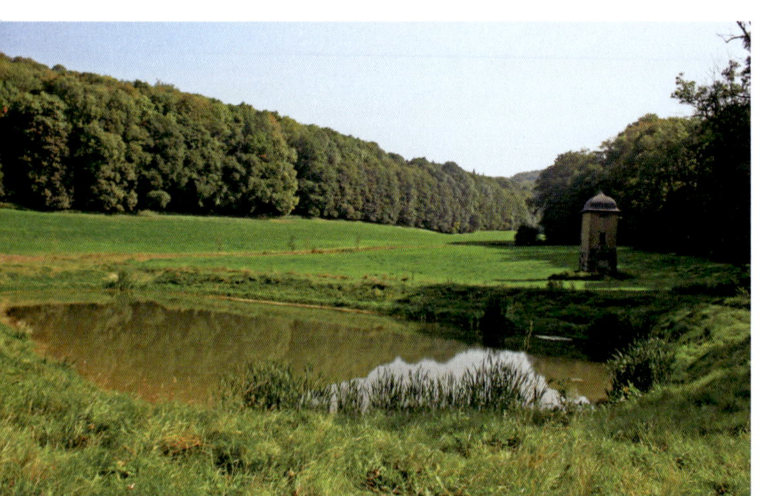

Überbleibsel aus alten Zeiten

Anfang 2005 anders, da hatte ich höllische Schmerzen im Unterleib und habe mir beim Aufstieg zur Löwenburg einen fiesen Nierenstein weggewandert. Ehrlich, nie stimmte der Satz „Du musst wandern" mehr als in diesem Jahr, als ich mir eine komplizierte Operation durch eine einfache Wanderung auf dem Rheinsteig ersparte.
Ich verlasse also den Rheinsteig und gehe mit der gelben Markierung der Zuwegungen hinunter Richtung Rhein. Plötzlich sehe ich ein Hinweisschild linker Hand zum Adenauerhaus. Das hört sich erst einmal unspektakulär an – na gut, Wohnhaus vom alten Adenauer. Ich finde es aber sehr toll dort, ein Besuch ist unbedingt zu empfehlen. Nicht nur, dass man in der kleinen Ausstellung erfährt, dass Adenauer auch ein großer Erfinder war. Der Besuch im Adenauerhaus ist auch eine Zeitreise in die Epoche des deutschen Wirtschaftswunders, alles ist original erhalten. Das komplizierte Vorhangsystem, das auch der Kanzler erfunden hat, die Boulebahn vor dem Haus, die originalen Möbel des Altkanzlers und wenn man großes Glück hat, darf man selbst das Badezimmer des „Alten" besichtigen. Dort steht sogar noch seine letzte Zahnbürste und das Rasierwasser – großartig!
Das Adenauerhaus ist das Tüpfelchen auf dem „i" dieser Etappe auf dem Rheinsteig mit viel Geschichte und Geschichten, mit viel Natur und reinen Rheinblicken. Eine überaus gelungene Ouvertüre durch das Siebengebirge liegt hinter mir und ich freue mich auf die restlichen fast 300 Kilometer Premiumweg am Rhein.

Rechts: Liebliche Landschaft

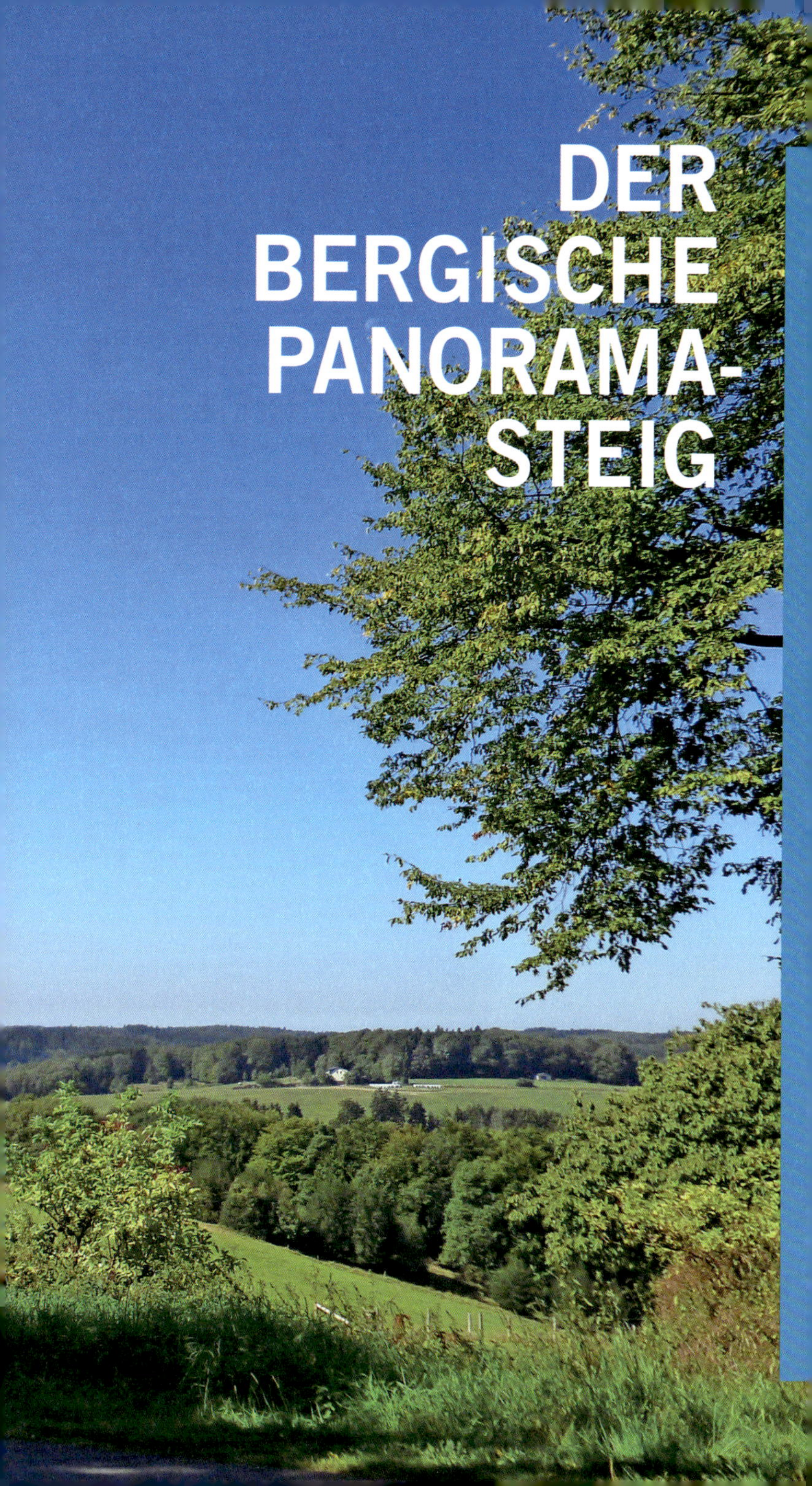
DER
BERGISCHE
PANORAMA-
STEIG

Ein Briefträger als wandelnder Wegweiser

Im Bergischen tut sich etwas. Seit einigen Jahren ist man bemüht, die Stärken des Bergischen Lands als Wanderland herauszuarbeiten. Und die größte Aufmerksamkeit beim interessierten Wanderpublikum erreicht man nun einmal durch einen Weitwanderweg. Oder am besten durch zwei Weitwanderwege. Und so wurde neben dem Streckenwanderweg „Bergischer Weg“ auch ein Rundwanderweg über 244 Kilometer konzipiert, ein Weg über die Höhenzüge des Oberbergischen, ein Weg mit Ausblicken und Einblicken, ein Panoramaweg. Und ein Weg, der 2013 auf der Wandermesse „Tour Natur“ in Düs-

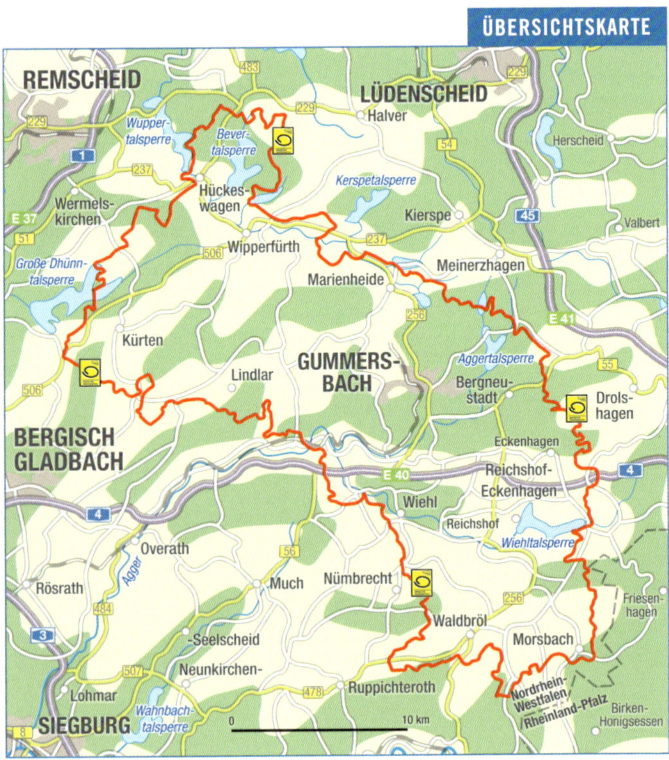

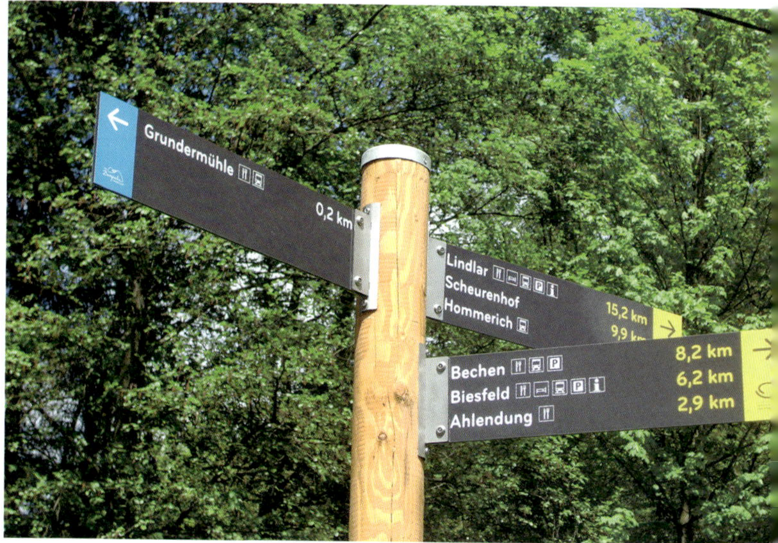

Wo soll's denn hingehen?

seldorf mit dem Prädikat „Qualitätsweg Wanderbares Deutschland" vom deutschen Wanderverband ausgezeichnet wurde.

Zunächst einmal möchte ich die Frage beantworten, was denn genau dieses Bergische Land ist. Hartnäckig hält sich ja immer noch das Gerücht, das Bergische Land heiße Bergisches Land, weil der Rheinländer das Adjektiv „bergig" eben nur mit „ess-zeh-ha" am Ende aussprechen könne – Sprachfehler sozusagen. Das ist falsch, denn die Region ist nach den historischen Wurzeln, dem Herzogtum Berg, benannt. Die Herzöge von Berg residierten auf Schloss Burg an der Wupper und herrschten über ein Territorium, das bis nach Köln-Mülheim, Duisburg und Essen reichte. Erst 1822 wurde das Bergische Land Teil des preußischen Rheinlands. Die geografischen Grenzen des Bergischen Lands sind im Westen die Kölner Bucht, im Norden die Ruhr, im Süden die Sieg und im Osten? Im Osten verschwimmen die Grenzen ein wenig zum Sauerland, da gibt es eine sehr fließende, eine sehr hügelige, eine sehr grüne Grenze.

Um zu verdeutlichen, wie das Bergische Land tickt, möchte ich eine Geschichte erzählen, die meine Tochter vor einigen Jahren in Hückeswagen erlebt hat. Sie hatte sich mit einer Freundin von einem Bauernhof in Hückeswagen zu einem Reitausflug verabredet. Man ritt durch die Wälder des Bergischen Lands, und als der Hunger kam,

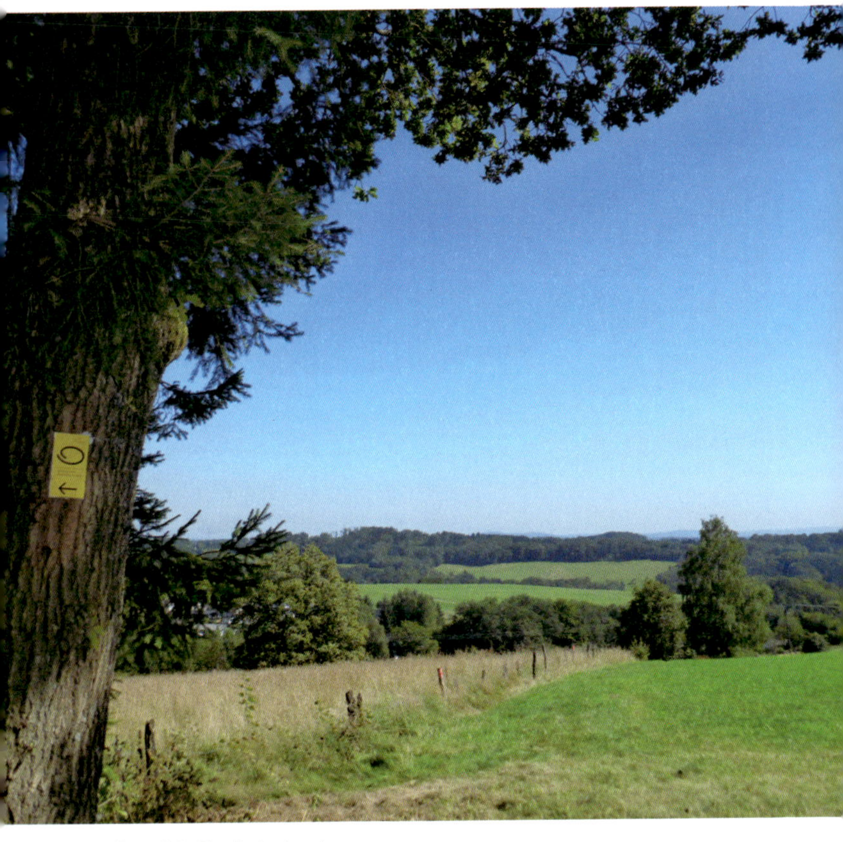

Das wilde Bergische Land

machten die beiden Rast beim McDonald's-Restaurant von Radevormwald, banden die Pferde an und gönnten sich einen Burger. Vergesst den Wilden Westen, hier kommt das Wilde Bergische Land. Und durch dieses Land verläuft der Bergische Panoramasteig, auch durch Radevormwald und Hückeswagen, auf der Suche nach den Pferden vor dem McDonald's. Weiter geht es in einer großen Runde über Wipperfürth, Marienheide, Bergneustadt, Eckenhagen, Morsbach, Waldbröl, Ründeroth bis Lindlar. Dann schließt sich die Etappe von Biesfeld nach Dhünn an, die ich im Nachgang ausführlich beschreiben werde, bevor der Bergische Panoramasteig an Wermelskirchen vorbei wieder Radevormwald erreicht. Das ist der Bergische Panoramasteig, ein Wanderweg vorbei an Höhenzügen, Tropfsteinhöhlen, Talsperren, Flusstälern. Ein Weg, um ab- und runterzuschalten …

Die Etappe von Biesfeld nach Dhünn auf dem Bergischen Panoramasteig

ICH STEIGE IN BIESFELD aus dem Bus und muss mich erst einmal orientieren. Wo beginnt er denn, der Zuweg zum Bergischen Panoramasteig? Erst einmal zur Kirche im Dorf, die soll man ja nicht nur in selbigem lassen, sondern sie bietet auch immer Orientierung. Und siehe da: Gegenüber dem Gotteshaus finde ich das erste Zuwegungsschild, gehe bergan und stoße kurz danach auf einen Wegweiser des Bergischen Panoramasteigs: Nach Dhünn, meinem Etappenziel, sind es noch schlanke 19,6 Kilometer. Schluck – das ist schon eine Menge Holz, aber es ist ja auch schön, fast ein Zehntel des gesamten Bergischen Panoramasteigs zu erwandern und zu erleben. Also geht es los. Ich wandere bergan, erst durch eine Einfamilienhaussiedlung (das Bergische Land ist sehr beliebt bei Pendlern, die in Köln arbeiten und bezahlbar im Eigenheim wohnen möchten), dann hinter einem Kinderheim auf einem tollen Wiesenpfad an Weiden entlang. Nach wenigen hundert Metern auf diesem Wiesenweg ergibt sich dann der spektakulärste Panoramablick der gesamten Wanderetappe: Ein Blick hinab ins Rheintal, ein Domblick, aber auch der Kölner Fernsehturm und die Kölnarena sind zu erkennen. Ein Aussichtsblick auf 332 Metern über dem Meeresspiegel. Wenn es nach Willi Ostermann ginge, müsste ich als kölscher Jung sofort „zu Foss nah Kölle jonn", aber

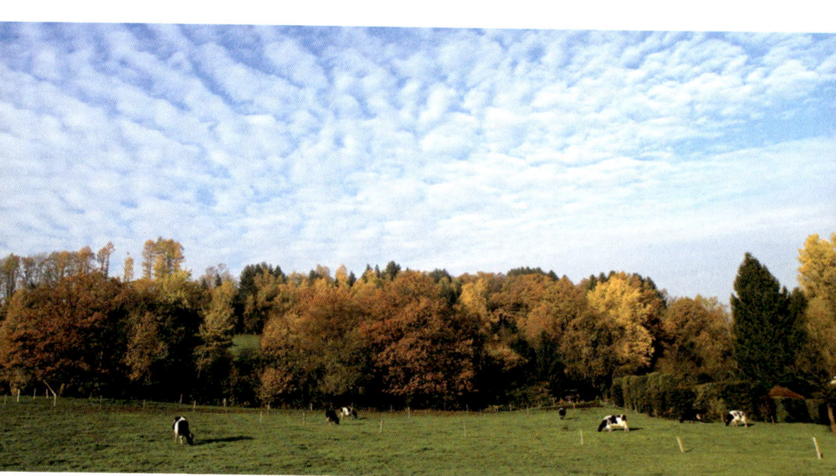

Schäfchenwolken über Kuhwiese

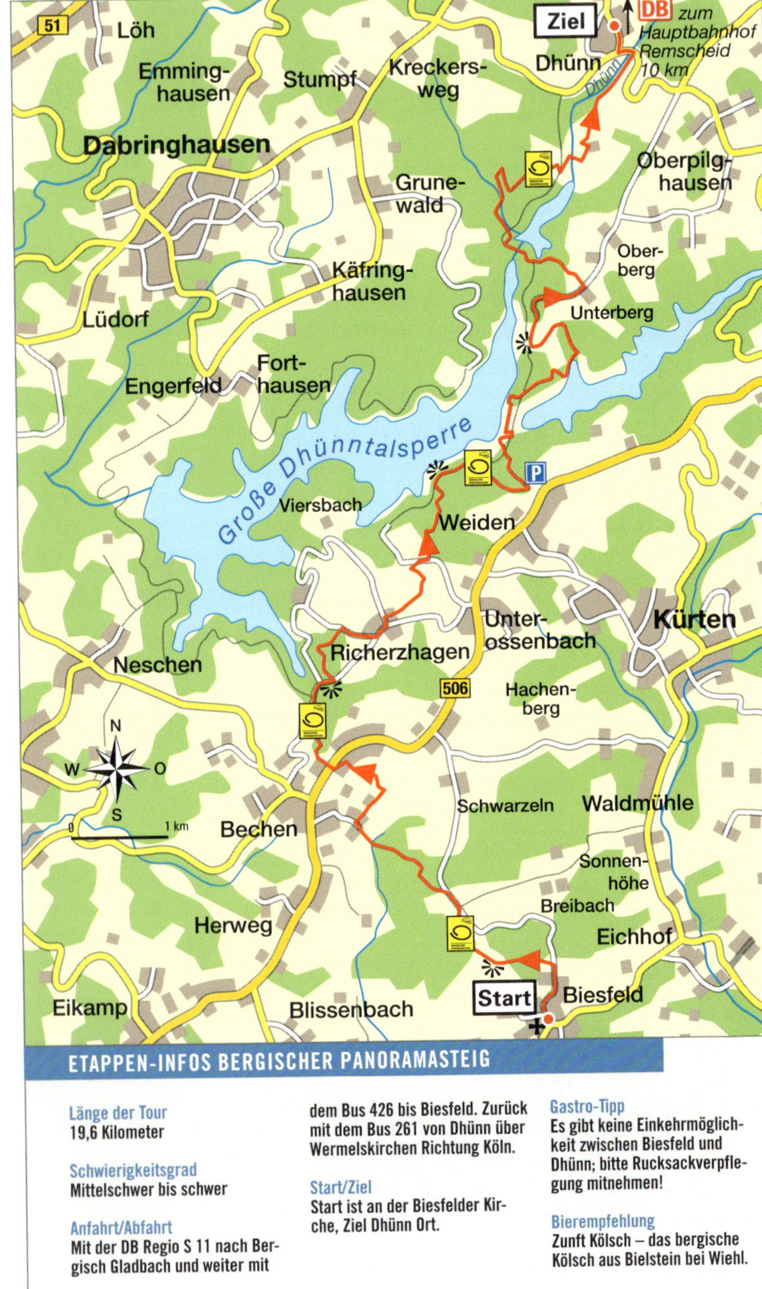

ETAPPEN-INFOS BERGISCHER PANORAMASTEIG

Länge der Tour
19,6 Kilometer

Schwierigkeitsgrad
Mittelschwer bis schwer

Anfahrt/Abfahrt
Mit der DB Regio S 11 nach Bergisch Gladbach und weiter mit dem Bus 426 bis Biesfeld. Zurück mit dem Bus 261 von Dhünn über Wermelskirchen Richtung Köln.

Start/Ziel
Start ist an der Biesfelder Kirche, Ziel Dhünn Ort.

Gastro-Tipp
Es gibt keine Einkehrmöglichkeit zwischen Biesfeld und Dhünn; bitte Rucksackverpflegung mitnehmen!

Bierempfehlung
Zunft Kölsch – das bergische Kölsch aus Bielstein bei Wiehl.

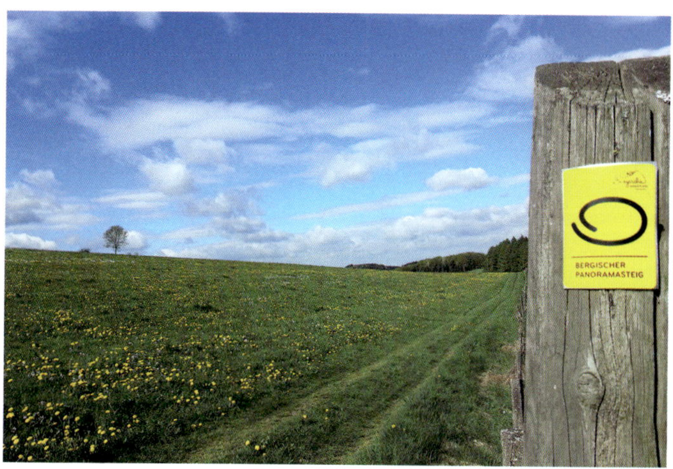

Schwarz auf Gelb

das lasse ich mal schön bleiben, will ich doch noch nach Dhünn und durch dick und dhünn. Gegenüber dem Domblick führt mich das Wegzeichen in den Wald, wo ich nach weiteren 150 Metern auf den leuchtend gelb markierten Bergischen Panoramasteig treffe. Weiter wandere ich durch den Wald, später entlang einer leicht befahrenen Straße, dann wieder linker Hand in den Wald. Sehr abwechslungsreich ist das auf den ersten Kilometern: enge Pfade, breite Wege, Fichtenwald, Mischwald, Weiden, Pferde, Kühe, Ausblicke.

Etwas weniger romantisch ist nach einiger Zeit die Durchquerung des Orts Bechen. Wieder Einfamilienhaussiedlungen, Hauptstraße, Frittenbude auf einem kleinen Platz. Aber dann geht es am Ortsausgang von Bechen hinunter in den Pastoratsweg, zu einem Haus, das wohl das alte Pastorat ist und ein typisches Haus im Stile des Bergischen Lands: mit Schiefer verkleidet und grünen Fensterläden – wunderbar. Ich bin so verliebt in das alte Pastorat, dass ich in die Hofeinfahrt einbiege, aber da kommt der Briefträger, es ist ein Donnerstag um 12.17 Uhr, der Postbote sagt: „Falsch, dort geht der Bergische Panoramasteig lang!“ Herrlich, so muss das sein, ein Briefträger als wandelnder Wanderwegweiser, da kann man sein Ziel nicht verfehlen. Ich schreite auf einem wunderbaren Wiesenweg bergab.

Ich sehe Flugzeuge im Landeanflug auf den Flughafen Köln/Bonn, im Tal erreiche ich einen Ausläufer der riesigen Dhünntalsperre. Dann geht es mal wieder bergan, wir wollen ja Panoramablicke, keine Froschperspektive. Ich genieße einen tollen Blick zurück nach Bechen (nicht im

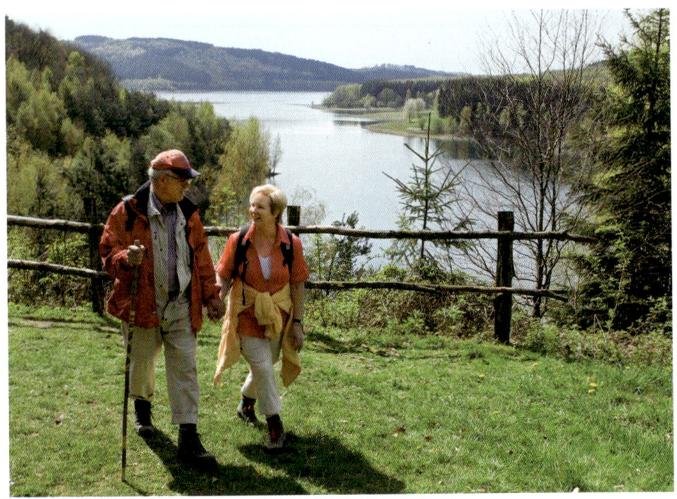

Blick auf die Dhünntalsperre

Zorn) auf einer holzrustikalen Bank. Das Design ist gediegen-rustikal, diese neuen Bänke sind eher eckig als die gemütlich-geschwungenen Sinnenbänke des Rothaarsteigs. Aber irgendwann ist jede Pause am Ende und ich wandere weiter. Ich gehe durch Richerzhagen, das ist keine wirklich schöne Ortschaft, die meisten Häuser scheinen erst in den 1960ern erbaut worden zu sein. Ich bin aber wieder mit Richerzhagen versöhnt, als auf einem Grundstück eine riesige FC-Fahne weht, jawohl, in Richerzhagen wohnen nette, gute Menschen. Hinter Richerzhagen geht es richtig los mit dieser Etappe, denn dann kann ich kilometerlang Natur pur genießen. Nach dem letzten Hof des Orts zeigt sich übrigens, dass auch (schmale und altertümliche) Asphaltwege schön sein können.

Neun Kilometer nach meinem Start an der Kirche in Biesfeld genieße ich die ersten Aussichten auf die riesige Dhünntalsperre. Das Bergische Land ist auch ein Talsperrenland. Der Wanderer auf dem Bergischen Panoramasteig sieht jede Menge Talsperren. Zumeist dienen diese Stauseen der Energiegewinnung und vor allem als Trinkwasserreservoir. Eine Freizeitnutzung wie Segeln oder Baden ist zum Beispiel an der Dhünntalsperre verboten. Man will ja kein Wasser trinken, in dem eine Edeltraud oder ein Horst geschwommen sind. Der Nachteil an den Wanderwegen rund um die Dhünntalsperre ist, dass sie relativ breit sind, damit auch die Wasserschutzfahrzeuge des Wupperverbands dort langfahren können. Ich gehe hinauf zu einem Wanderparkplatz, der ist an

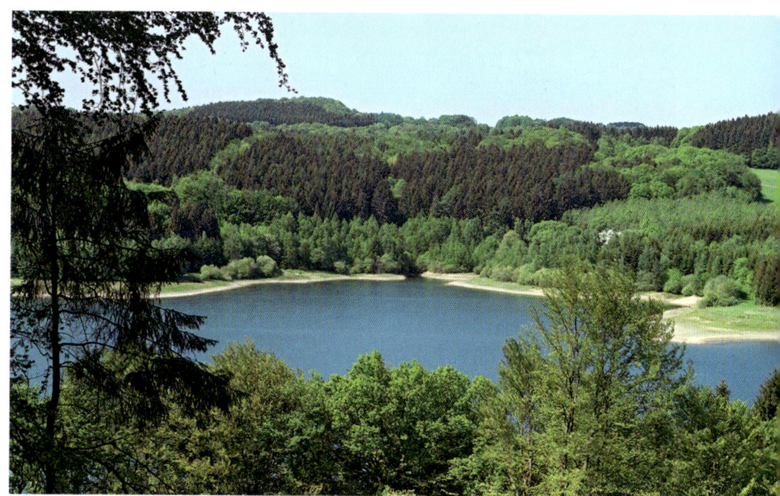

In Norwegen, in Kanada, in Alaska?

der mittelalterlichen Handelsstraße Herweg gelegen, der prosaische Name aktuell lautet: B 506. Auf dem Herweg kann man nicht mehr wandeln, also führt die gelbe Markierung des Bergischen Panoramasteigs schnurstracks hinunter zum See, bis ich das Wasserniveau erreicht habe.

Die Blicke über die stillen Wasser des Stausees sind ganz großes Kino. Ich denke: Wo bin ich eigentlich hier gelandet? In Norwegen, in Kanada, in Alaska? Nein, an der Dhünntalsperre auf dem Bergischen Panoramasteig. Ich gehe über die große Vorsperre, schade, alle Aussichtsbänke sind besetzt, langsam könnte ich mal eine kurze Rast gebrauchen. Na ja, es wird sich später schon eine Möglichkeit ergeben. Wie ein Krake breitet sich der See in die ehemaligen Seitenarme des Dhünntals. Ich gehe an einem dieser Krakenarme entlang, sehr nahe am Wasser. Mir fällt auf, dass ich schon sehr lange keine menschliche Behausung gesehen habe, das Bergische Land ist doch nicht so arg zersiedelt, wie viele meinen. Zehn Kilometer lang pur Natur – Respekt! Und wieder erhasche ich einen Blick auf die Talsperre, wo ich ihn gar nicht mehr erwartet hatte. Ich gehe durch Unterberg (der kleine Ort ist aber auf dem Berg gelegen) und dann wieder hinunter zu einem Seitenarm der Dhünntalsperre.

Ich entdecke einen traumhaften Rastplatz. Mit einem windschiefen Wetterpilz (vgl. auch das Kapitel über den Ehmsenweg) und einem ehebettähnlichen Holzpodest ist ein wunderbares Ruhe-Ensemble gelungen.

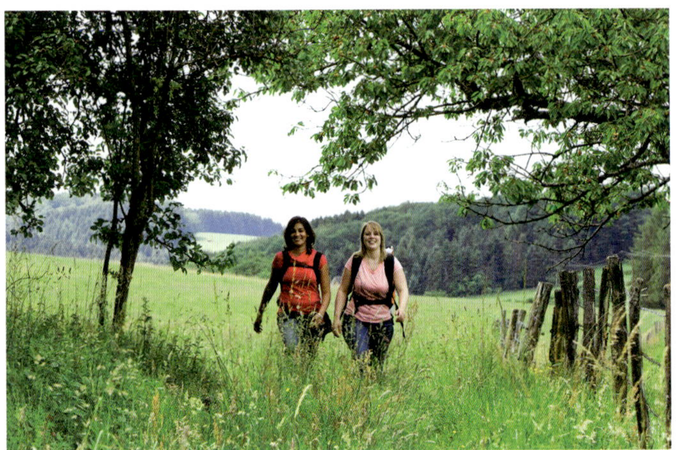

Mitten durch die ungemähte Wiese

Zeit also, die Brote, den Apfel, den Schokoriegel und das Mineralwasser auszupacken und in der Herbstsonne den Ausblick und die Entspannung zu genießen. Man muss auf diese Etappe unbedingt Rucksackverpflegung mitnehmen, die Dhünntalsperre verfügt über keinerlei touristische Infrastruktur, es ist eben ein reiner Trinkwasserspeicher.
Ein wenig muss ich eingedöst sein, als mich eine kinderreiche Familie aufweckt und daran erinnert, mal Platz zu machen auf der riesigen Wanderliege und ans Weiterwandern zu denken. Aber das war ein schöner Kurzurlaub! Ich überquere eine weitere Vorsperre, es ist die Vorsperre der kleinen Dhünn. Es geht wieder bergan und wenig später hinter einer kleinen Ansiedlung auch wieder Richtung Tal. Und in diesem Tal, einen knappen Kilometer vor dem Ziel, entdecke ich ein kleines Flüsschen – es ist die harmlose, unscheinbare Dhünn, die noch nichts davon ahnt, dass sie bald in so gigantischem Ausmaß gestaut wird. Man wundert sich immer wieder, wie so kleine Bäche eine so große Talsperre vollmachen können. Ich wandere weiter durch das Tal bis zu einem skandinavischen Möbelhaus, nein, nein, es ist nicht IKEA. Dort verabschiede ich mich vom Panoramasteig, obwohl dieser weiter Richtung Wermelskirchen durch einen märchenhaften Wald über einen sensationellen Pfad bergan geht. Das habe ich zufällig entdeckt, weil ich das Hinweisschild Richtung Dhünn City (0,3 Kilometer) am skandinavischen Möbelhaus übersehen habe. Aber das war es schon, die 19,6 Kilometer sind wie im Fluge vergangen und ich setze mich in Dhünn an die Bushaltestelle …

Rechts: Wasserspaß für Klein und Groß

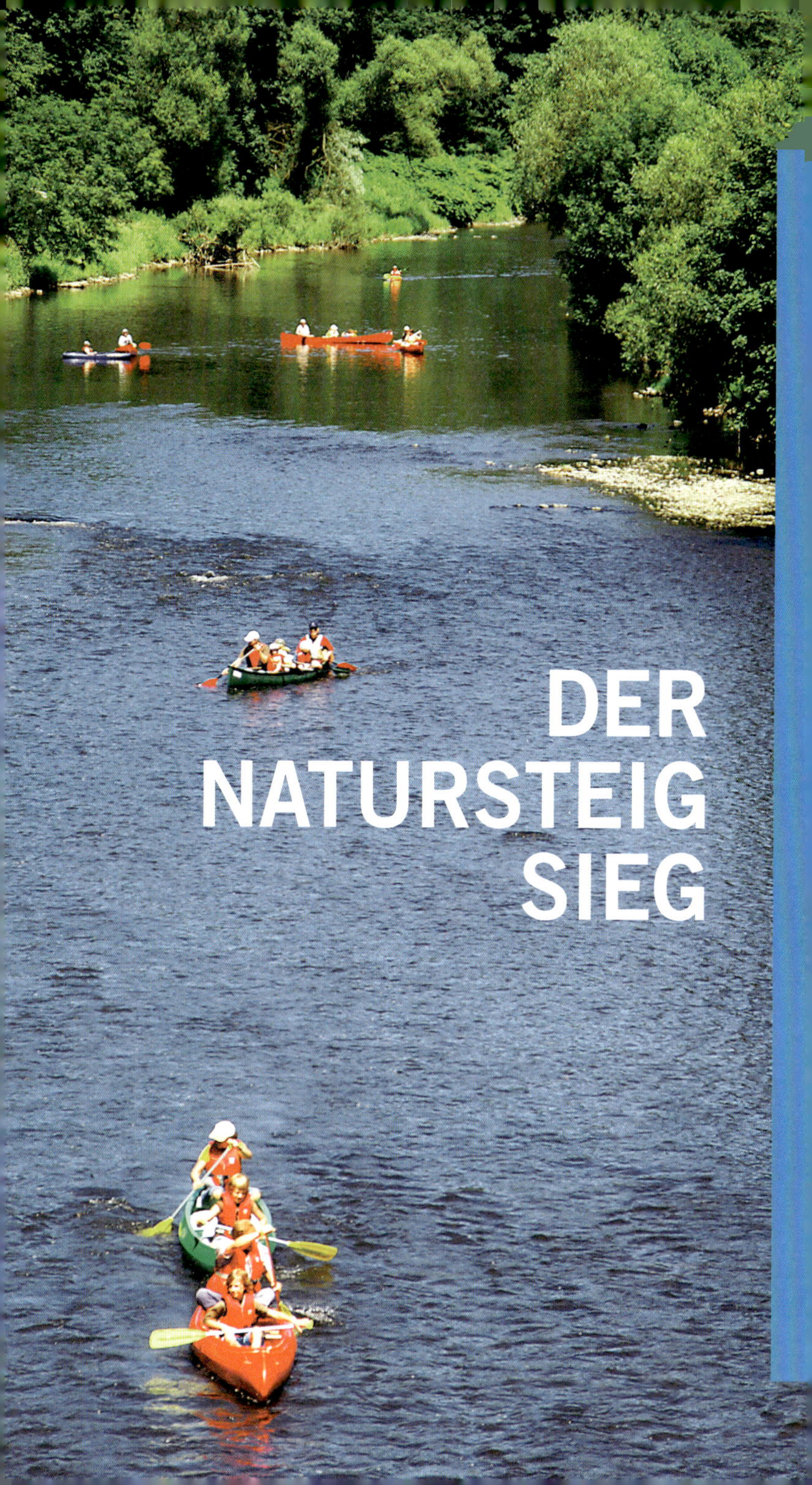
DER
NATURSTEIG
SIEG

Wandern am schnellen Fluss

Jahrelang hat man an der Sieg mit Ehrfurcht und auch ein wenig Neid auf den großen Vater Rhein und den Rheinsteig geblickt. Aber dann wurden die Ärmel hochgekrempelt und 2011 debütierte der Natursteig Sieg. Auf 115 Kilometern entstand ein grundsolider Weitwanderweg, der 2013 als Qualitätsweg vom Deutschen Wanderverband zertifiziert wurde. In einer zweiten Stufe ist der Weitwanderweg Richtung Siegquelle erweitert worden und hat aktuell eine Gesamtlänge von 200 Kilometern.

Der absolute Knaller beim Natursteig Sieg ist die großartige Erreichbarkeit der einzelnen Etappen. Es gibt keinen Weitwanderweg in NRW (und auch im restlichen Deutschland kenne ich keinen vergleichbaren Fall), der derart gut an den ÖPNV angeschlossen ist. Bei anderen, auch durchaus hochklassigen, Weitwanderwegen muss man, will man das Auto in der Garage lassen, kompliziert die Etappenorte mit Bussen anfahren, wenn das überhaupt möglich ist. Oder man muss lange Zuwege in Kauf nehmen, bis man den Hauptweg erreicht hat. Anders beim Natursteig Sieg: Ob Bahnhof Blankenberg, Merten, Herchen, Schladern oder Au, der Natursteig Sieg führt direkt an den Bahnhöfen vorbei. 1859 wurde die Siegtalstrecke von Köln-Deutz Richtung Siegen eröffnet, dafür musste die Sieg an zwei Stellen umgeleitet werden, 40 Brü-

ÜBERSICHTSKARTE

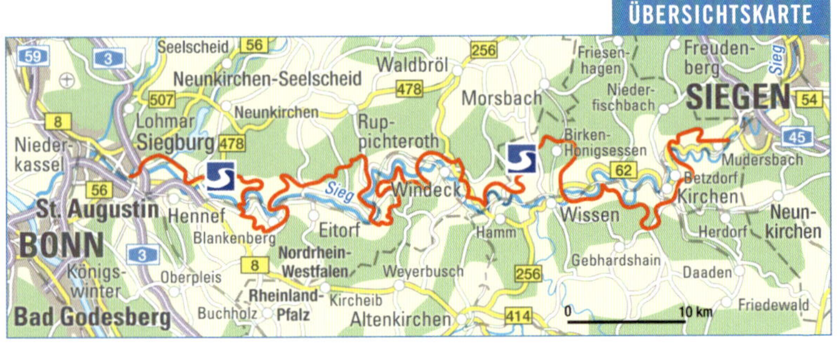

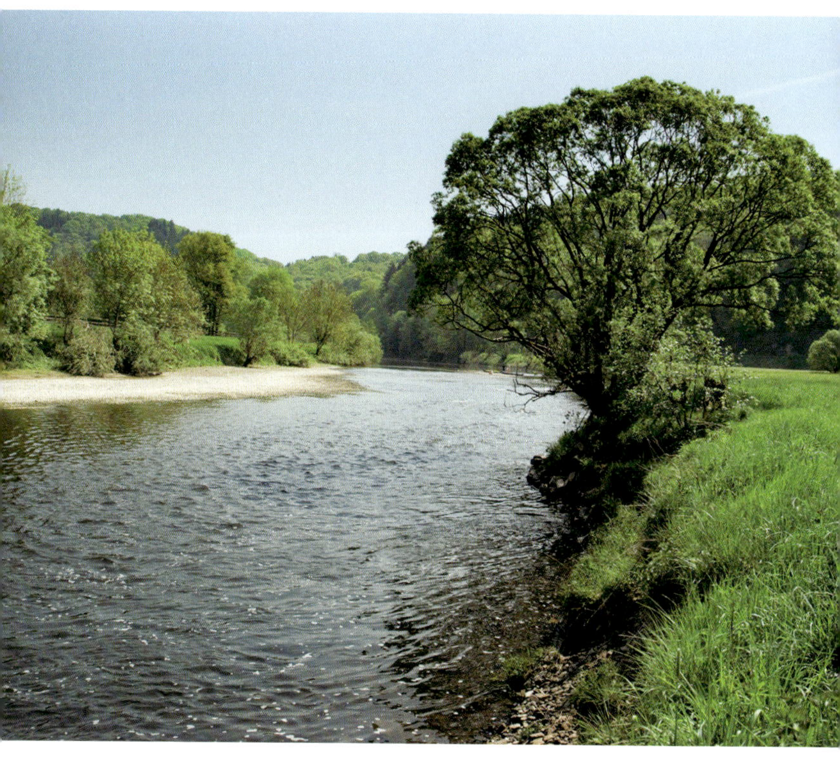

Die Sieg bei Merten

cken und einige Tunnel wurden gebaut. Auch heute noch ist die Fahrt an der Sieg entlang mit dem Zug ein pures Vergnügen. Und: Diese Siegtalstrecke ist hervorragend an das Schienennetz der Deutschen Bahn angebunden. Es fahren ein schneller Regionalexpress zwischen Köln und Siegen und eine regelmäßig (auch an Wochenenden) getaktete S-Bahn von Köln nach Au. Gerade für das Rheinland liegt der Natursteig Sieg also quasi knapp hinter dem eigenen Vorgarten – großartig! Die 200 Kilometer sind auf 14 Etappen mit Längen zwischen 11,3 und 25 Kilometern verteilt. Das hört sich relativ homöopathisch an. Aber Achtung! Der Natursteig Sieg hat es teilweise faustdick hinter den Ohren, immer wieder geht es auf die Sieghöhen, da ist der eine oder andere knackige Aufstieg dabei. Ich bin vor einigen Jahren mit einer größeren Wandergruppe die Strecke der zweiten Etappe von Blankenberg nach Hennef gegangen und da sind einige Wanderer durchaus an ihre Grenzen gestoßen.

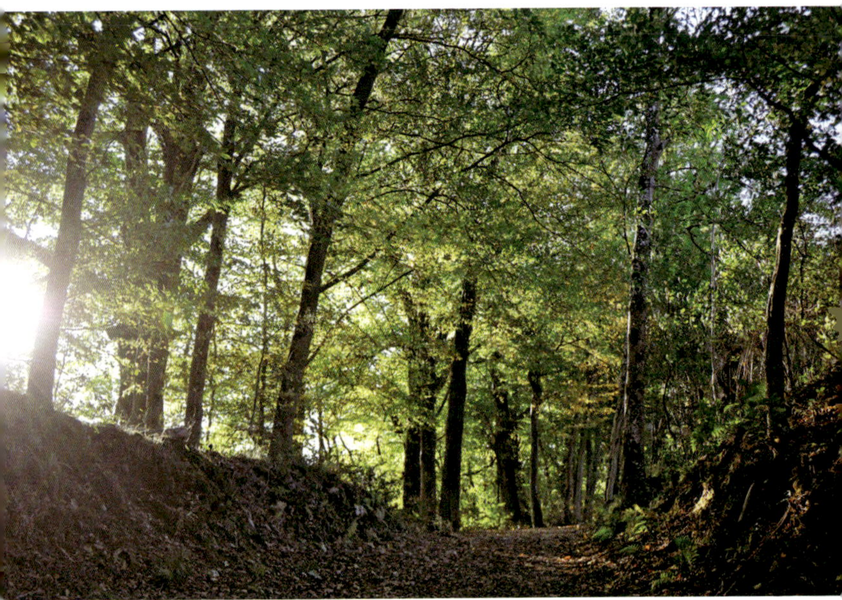

Der Natursteig Sieg bei Bidingen

Und man darf sich den Natursteig Sieg nicht als kürzeste Verbindung zwischen A und B vorstellen. Denn die Etappen sind nicht nur als Strecken konzipiert, sondern in Herchen (Etappe 6) und in Wissen (Etappe 10) gibt es auch zwei großzügig bemessene Schleifen. Für die Zukunft ist geplant, den Natursteig Sieg bis zur Quelle auf dem Rothaargebirge zu verlängern. Dann wäre der Qualitätsweg 265 Kilometer lang und hätte einen Anschluss an den Rothaarsteig. Auf der Homepage (www.naturregion-sieg.de/wandern/natursteig-sieg) des Steigs lässt sich verfolgen, wann es losgeht mit der Verlängerung bis zur Siegquelle.

Beim Namen der Sieg denkt man natürlich immer sofort an den Erfolg, den Gewinn, den Triumph, natürlich ist auch der Natursteig Sieg ein Erfolg, Gewinn und Triumph für die Region. Aber eigentlich, so habe ich es zumindest bei Wikipedia gelesen, leitet sich die Sieg vom keltischen Wort „Sikkere“ ab, das „schneller Fluss“ bedeutet. Unser „versickern“ kann man ebenfalls auf diesen keltischen Urbegriff zurückführen. Interessant. Auch die Seine in Frankreich ist wohl ein „schneller Fluss“, hat den gleichen keltischen Wortursprung. Da hätte man beim Anblick von Siegburg, dem Paris an der Sieg, auch selbst drauf kommen können …

Die dritte Etappe auf dem Natursteig Sieg von Merten nach Blankenberg

ES GIBT EINE KARDINALFRAGE beim Wandern: In welche Richtung sollen sich die Schritte des Wanderers wenden? Beim Jakobsweg ist das klar, der kennt nur ein Ziel: Compostela. Bei allen anderen Wegen hat man die Wahl. Nach West oder nach Ost, nach Nord oder nach Süd? Der Natursteig Sieg wird in der Regel in West-Ost-Richtung beschrieben, von Siegburg in Richtung Au.

Daher verläuft die dritte Etappe normalerweise von Blankenberg nach Merten, ich empfehle allerdings, wenn man diese Etappe als Tagesetappe gehen möchte, die umgekehrte Richtung – und das hat dramaturgische Gründe. Denn: Das Finale der Tour mit dem Pfad im Ahrenbachtal, der Stadt Blankenberg samt Burg und den Weg wieder hinunter an die Sieg ist so spektakulär, dass es verschenkt wäre, dieses Feuerwerk schon am Anfang zu verschießen.

Allerdings – auch der Beginn dieser Etappe ist ein Paukenschlag, zumindest wenn man mit der Bahn anreist, und das ist bei dieser Etappe unbedingt zu empfehlen. Von der S-Bahn-Station Merten verläuft ein 900 Meter langer Zuweg zum Natursteig. Achtung: nicht den 1,9 Kilometer langen Zuweg nehmen, der führt den Wanderer in Richtung Hennef, das ist auch schön, aber heute haben wir nun mal etwas anderes vor. Ich finde, diese 900 Meter vom Bahnhof Merten in den Ort Merten, das ist definitiv einer der schönsten Zuwege, die ich je gesehen habe. An einem gurgelnden Bach geht es oberhalb der Bahnstrecke entlang – der absolute Hammer!

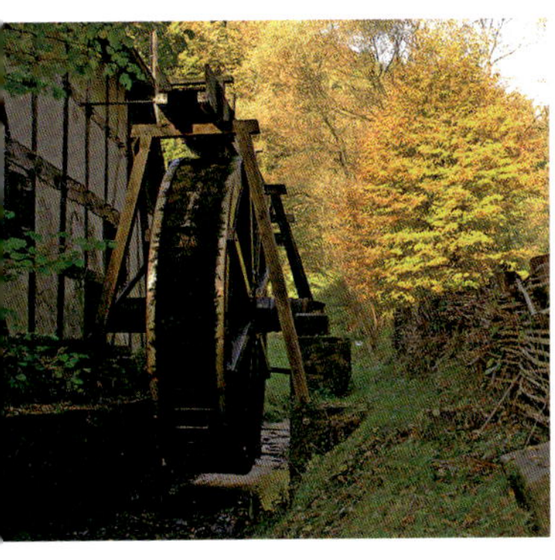

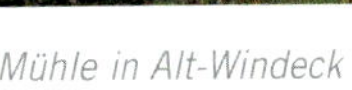

Mühle in Alt-Windeck

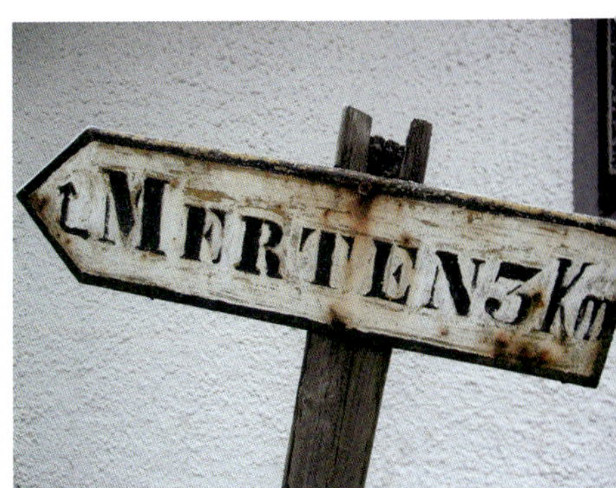

Bald erreicht

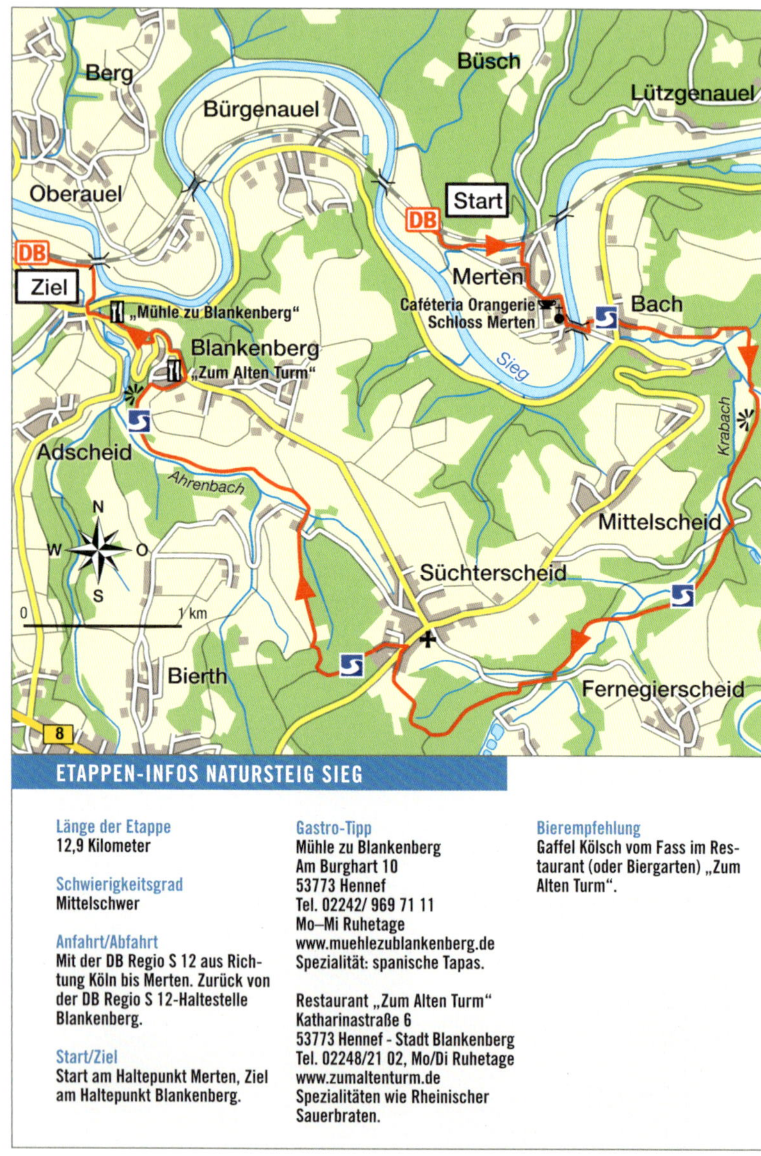

ETAPPEN-INFOS NATURSTEIG SIEG

Länge der Etappe
12,9 Kilometer

Schwierigkeitsgrad
Mittelschwer

Anfahrt/Abfahrt
Mit der DB Regio S 12 aus Richtung Köln bis Merten. Zurück von der DB Regio S 12-Haltestelle Blankenberg.

Start/Ziel
Start am Haltepunkt Merten, Ziel am Haltepunkt Blankenberg.

Gastro-Tipp
Mühle zu Blankenberg
Am Burghart 10
53773 Hennef
Tel. 02242/ 969 71 11
Mo–Mi Ruhetage
www.muehlezublankenberg.de
Spezialität: spanische Tapas.

Restaurant „Zum Alten Turm“
Katharinastraße 6
53773 Hennef - Stadt Blankenberg
Tel. 02248/21 02, Mo/Di Ruhetage
www.zumaltenturm.de
Spezialitäten wie Rheinischer Sauerbraten.

Bierempfehlung
Gaffel Kölsch vom Fass im Restaurant (oder Biergarten) „Zum Alten Turm“.

Allerdings geizt auch Merten selbst nicht mit seinen Reizen. Merkwürdig, mal liest man, in Merten gäbe es ein Schloss, mal heißt es, dort sei ein Kloster zu finden. Die Lösung des Rätsels: Auf einem zentralen Gelände in Merten befand sich seit dem 13. Jahrhundert ein Nonnen-

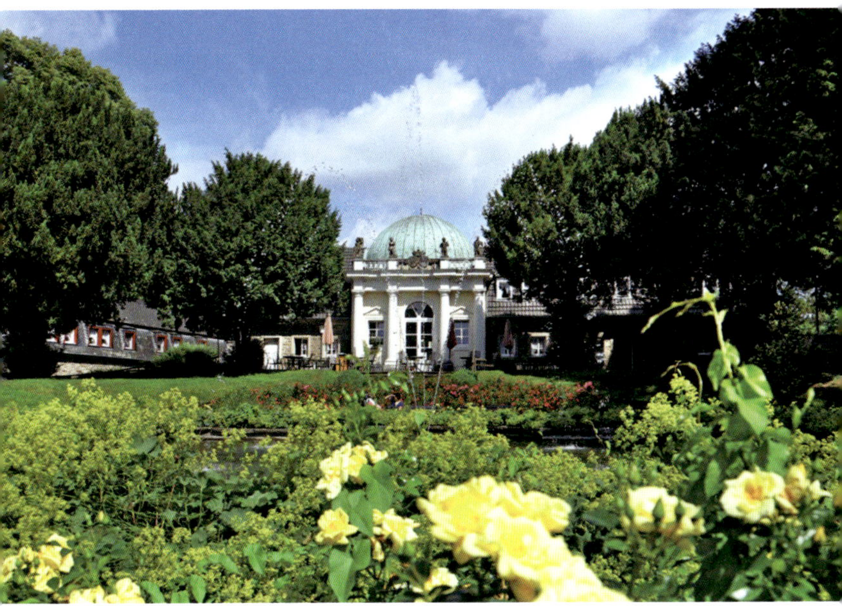

Orangerie und Schlossgarten in Merten

kloster, das aber 1803 im Zuge der Säkularisation aufgegeben wurde. Das Gelände übernahm dann rund 100 Jahre später ein Adliger mit dem einprägsamen Namen Graf Felix Droste zu Vischering von Nesselrode-Reichenstein (der muss eine sehr längliche Visitenkarte gehabt haben) und machte das Kloster zum – Schloss. Auch die Orangerie, in der heute ein Café untergebracht ist, ließ der Graf erbauen.

Ich wandere an den Mauern des Klosters/Schlosses, dann am Friedhof vorbei, schließlich der blauen Markierung des Natursteigs Sieg folgend auf einem Pfad hinter den trutzigen Kirchenmauern. Das hat Charme, denn zur Rechten blicke ich auf die steil aufragenden Kirchenmauern, links schaue ich einen steilen Abhang hinunter und im Tal schimmert – die Sieg.

Ich überquere die Sieg auf einer Straßenbrücke und dann geht es erst einmal ein kurzes Stück auf der Straße entlang, ich folge der Markierung des Natursteigs, bis ich in die Straße „Zum Krabach" einbiege. So geht es gemächlich das Tal bergan, zunächst auf einem asphaltierten Weg, dann auf einem Fahrweg. Neben der blauen Markierung des Natursteigs Sieg begleitet mich ein ähnlich gestaltetes Logo in feurigem Rot. Das ist der Dreitälerweg, einer der neuen Erlebniswege Sieg.

Ich erreiche eine Kreisstraße, dort geht es rechts weiter, dann links talaufwärts durch den Wald. Aber es häufen sich die tollen Ausblicke auf den Krabach. Ich quere den Bach im Verlauf einer Talsenke und beneide die Entspanntheit der grasenden, gescheckten Kühe auf den sattgrünen Weiden. Das Tal öffnet sich, und ich gelange auf die nächste Straße, die Kreisstraße K 19. Nun, ein unberührter Dschungel ist diese Landschaft links und rechts der Sieg nicht, da muss man schon die ein oder andere Straße überqueren und entlang wandern. Aber dann geht es wieder scharf links in den Wald hinein, oberhalb des Krabachs, immer höher schraube ich mich, es geht „naufi“, wie der Österreicher sagt. Über mir hört es sich eher an wie Krabat, nicht wie Krabach, überall Raben oder Krähen, die schreien und krächzen. Ich wusste gar nicht, dass die Sieghöhen so alpin sind, als ich den „Gipfel“ des Bergs in einem dichten Buchenwald erreiche, schreie ich erleichtert: „SIEG!“ Das passt doch schön zum Natursteig. Ich wandere weiter über Wiesen und Weiden und sehe die ersten Häuser eines Orts, der aber eigentlich noch nicht Blankenberg sein kann, obwohl die Kirche des Orts trutzig wie eine Burg aussieht. Ich komme nach Süchterscheid und überquere die Hauptstraße, dann geht es kurze Zeit später einen steilen Berg hinunter. An einem Querweg zeigt ein Wegweiser den Weg, ein Wegweiser, nein, nicht vom Natursteig Sieg, sondern ein Wegweiser des Bergischen Wegs. Bis Hennef sind der Bergische Weg und der Natursteig Sieg sozusagen Zwillinge, der Wegverlauf ist absolut identisch.

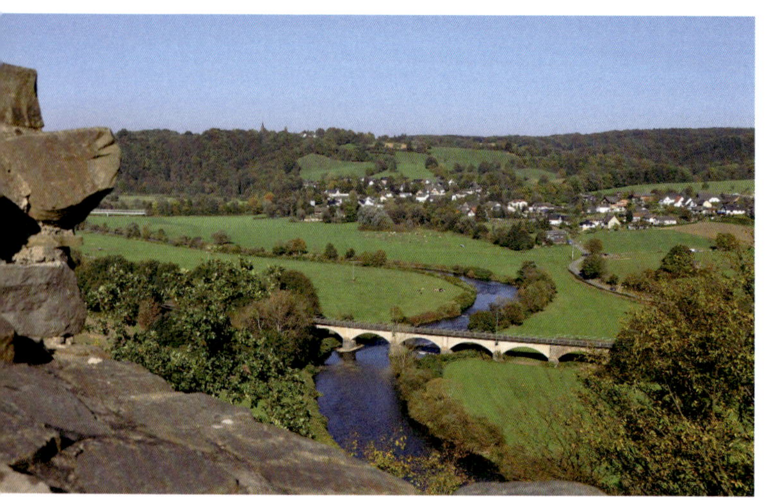

Blick von Burg Blankenberg

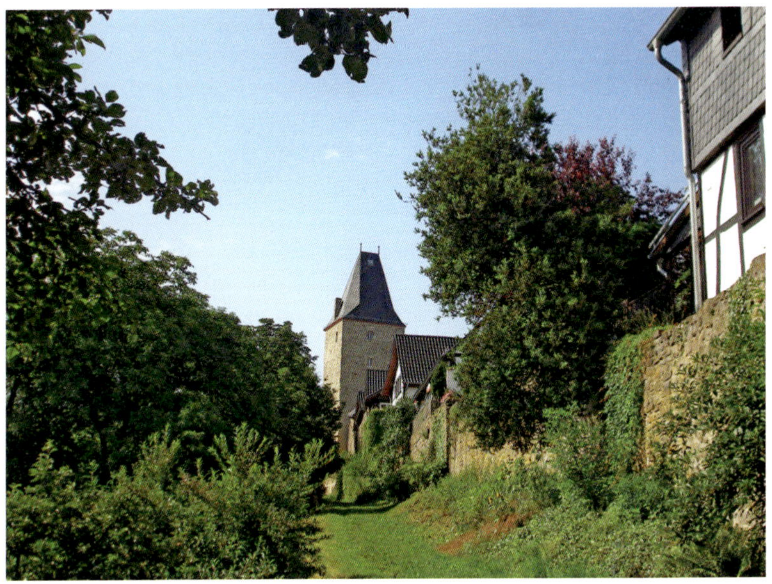

Ein Spektakel: der Pfad an der Stadtmauer

Es geht auf einem asphaltierten Wirtschaftsweg an einem Bauernhof vorbei und kurze Zeit später jubiliert mein Wandererherz, denn ich darf auf einem wunderschönen Pfad im Ahrenbachtal gehen. Erst auf der Halbhöhe, dann verläuft der tolle Weg unten am Bach – das ist Wanderglück pur! Ich genieße die Eindrücke der Talwanderung, bis ich eine mächtige Mauer erreiche: die mittelalterlichen, wehrhaften Stadtmauern von Blankenberg. Bevor man an der Mauer entlanggeht, sollte man noch einen Blick gen Westen riskieren. Da kann man nämlich bis ins Rheintal sehen, bis Siegburg mit der Abtei auf dem Michaelsberg. Es ist ein Spektakel, auf dem schmalen Pfad des Natursteigs Sieg an der Stadtmauer entlangzugehen. So haben sich die meisten deutschen Städte im Mittelalter eingemauert, davon ist aber nicht mehr viel übrig geblieben, die Städte wuchsen und sprengten ihre Mauern. Nur die kleine Stadt Blankenberg wollte, konnte und musste nicht mehr wachsen, also ist das Stadtbild inklusive Mauer bis heute erhalten. Es ist eigentlich kurios, dass Blankenberg immer noch Stadt heißt mit seinen rund 600 Einwohnern. Die offiziellen Stadtrechte hatte das Schmuckstück nur von 1245 bis 1805. Aber noch heute ist Blankenberg, obwohl eigentlich „nur" Ortsteil der Stadt Hennef, eine sogenannte „Titularstadt".

Ich gehe durch das Katharinentor, das Entree nach Blankenberg. Gleichzeitig ist in dem Tor ein Turmmuseum untergebracht, in dem einiges aus der Heimatgeschichte Blankenbergs gezeigt wird. In der benachbarten Gaststätte „Zum alten Turm" bekomme ich ein Belohnungsbier: Kölsch vom Fass oder Andechser – da fällt die Auswahl schwer.

Nach einem kurzen Stadtrundgang gehe ich wieder durch das Katharinentor und setze meine Wanderung auf dem Natursteig Sieg fort. Durch eine Art Pforte passiere ich die Stadtmauer und gehe an einer herrlichen Streuobstwiese vorbei. An einer Art natürlicher Aussichtsterrasse öffnet sich ein Ausblick auf das Siegtal und die Sieg. Am Ende der Streuobstwiese dann das nächste Highlight: die Burg von Blankenberg, erbaut im 12. Jahrhundert von den Grafen von Sayn. Die Sayner Grafen hatten sich ganz unbescheiden das „Kulturprogramm" der Wartburg zum Vorbild genommen und förderten den Minnegesang, also sozusagen die Opernszene des Mittelalters.

Dann muss ich Blankenberg Lebewohl sagen, der S-Bahn-Fahrplan ist unerbittlich. Ich wandere bergab, größtenteils auf einem Pfad oberhalb der Straße, schließlich dann hinunter zur Sieg. Dort verlasse ich den Natursteig Sieg und nehme den gut ausgeschilderten Zuweg an einem Feld entlang zum S-Bahnhof Blankenberg, den man (scheinbar) schnell erreicht hat. Scheinbar, weil ich auf dem Bahnsteig in Richtung Merten und Siegen stehe, ich will aber nach Köln. Und für den Bahnsteig nach Köln muss man locker fünf Minuten extra einplanen, denn auf den gegenüberliegenden Bahnsteig gelangt man nur über eine Brücke. Mit hängender Zunge und dank eines netterweise wartenden Zugführers erreiche ich in allerletzter Sekunde die S-Bahn.

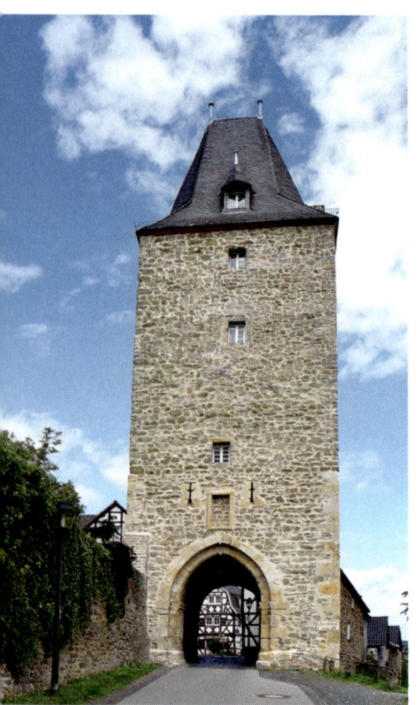

Das Katharinentor

Die Etappe ist eine schöne Mischung aus Wäldern, Tälern und weiten Ausblicken. Und über all dem schwebt natürlich der Hauch der Geschichte, der einen in Merten und Blankenberg umweht.

Rechts: Blühendes Rapsfeld

DER NEANDER-LANDSTEIG

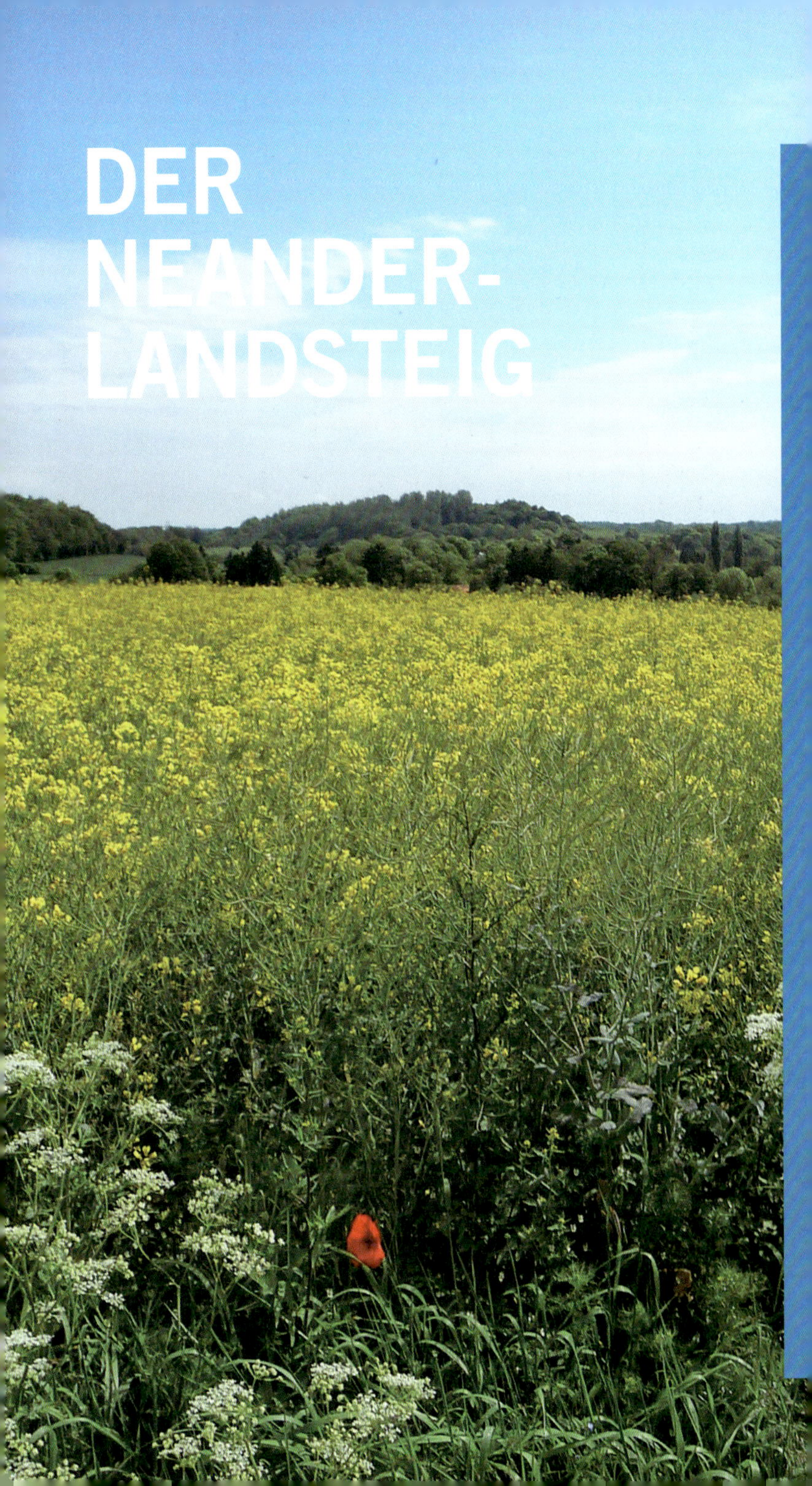

Der ehrliche Weg um die Ecke

Wie hört sich folgender Wanderwegename an? „Einmal rund um den Kreis Mettmann". Hm, nicht so sexy, oder? Das hat man auch im Kreis Mettmann erkannt und daher zunächst einmal beschlossen, sich Neanderland zu nennen. Den Fundort des Steinzeitmenschen, das Neandertal südlich von Mettmann, das ist weltweit ein Begriff. Aber der Name Neanderland wirkt nicht nur nach außen, auch nach innen wirkt er Wunder. Denn man muss wissen, dass die Verwaltungseinheit „Kreis Mettmann" eine ziemliche künstliche Geschichte ist. Unter dem Dach des Kreises vereinen sich Städte und Gemeinden wie Erkrath, Hilden, Wülfrath, Velbert, Ratingen, Monheim. Als ich auf dem Neanderlandsteig zuletzt eine Etappe wan-

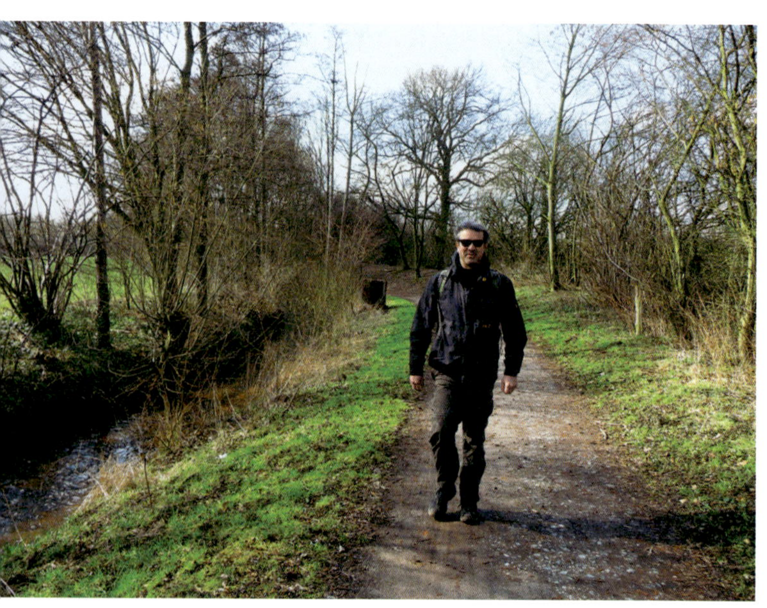

Der Autor unterwegs im Neanderland

ÜBERSICHTSKARTE

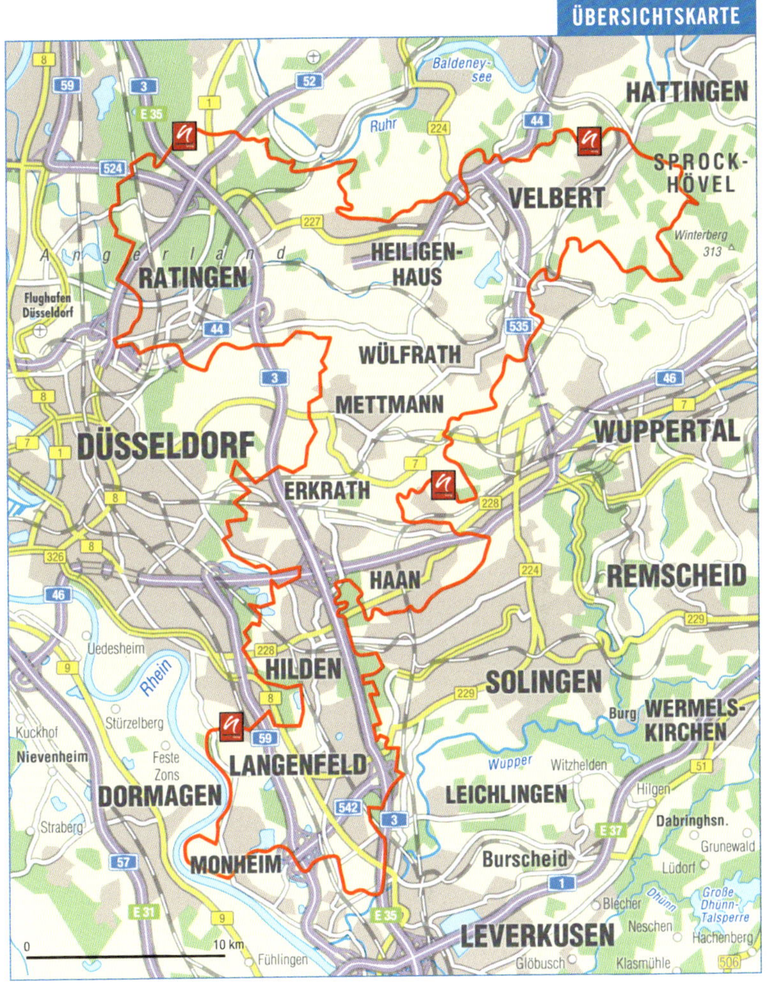

dernd eröffnete, erklärte neben mir eine Frau aus Erkrath: „Was hatten wir schon früher mit Mettmann zu schaffen? Aber seit es das Neanderland gibt, fühle ich erstmals Zusammengehörigkeit, so etwas wie Heimat im Kreis." Eine neue Heimatverbundenheit, das ist doch etwas Wunderschönes.

Um das neue Neanderland touristisch aufzuwerten, wurde schnell an einen Weitwanderweg gedacht. Doch wo sollte der verlaufen? Kreuz und quer durch den Kreis? Schwierig, weil alles so dicht besiedelt ist. Dann kam man auf die Idee, mit dem Neanderlandsteig mehr oder we-

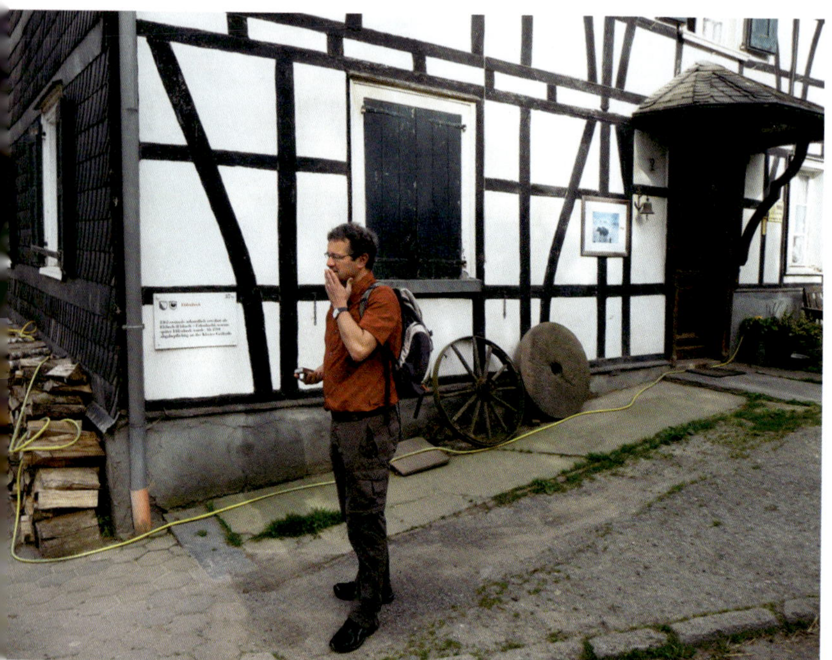

Am Hofgut Ellerbeck

niger den Grenzen des Kreises zu folgen. Das Interessante am Kreis Mettmann ist aber, dass es keinen anderen Kreis in Deutschland gibt, der so viele Großstädte als Nachbarn hat. Im Uhrzeigersinn gibt es die Städte Düsseldorf, Köln, Leverkusen, Solingen, Wuppertal, Hattingen, Essen und Duisburg, die direkt an den Kreis Mettmann angrenzen. Und der Neanderlandsteig macht immer wieder Ausflüge in die grünen Außenbereiche dieser Städte. Umgekehrt bieten sich durch diese Nähe wunderbare Naherholungsmöglichkeiten für die Bewohner der acht Städte. Fragen Sie mal einen Kölner, ob der weiß, dass seine Stadt eine gemeinsame Grenze mit dem Kreis Mettmann hat. Das weiß kein Domstädter (ich wusste es auch nicht, bevor ich mich in die Geografie der Region eingearbeitet hatte).

Der Neanderlandsteig ist 230 Kilometer lang, unterteilt in 17 Etappen. Das sind 230 sehr unterhaltsame Kilometer. Ich skizziere mal kurz einige Highlights des Neanderlandsteigs:

- In der Urdenbacher Kämpe erlebt man ein vogel- und vegetationsreiches Naturschutzgebiet, das durch einen alten Rheinarm zusammengehalten wird. Im Haus Bürgel, einem jahrhundertealten Hofgut,

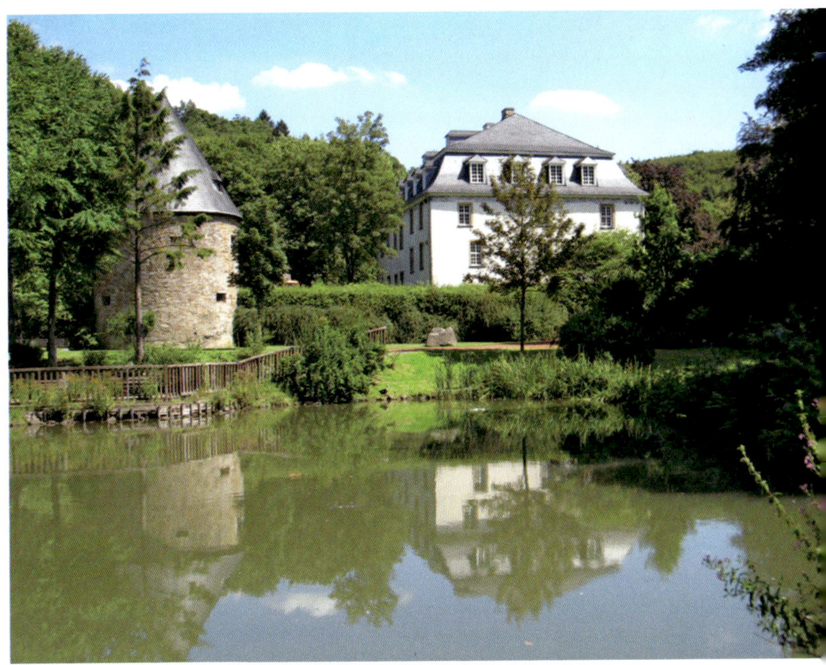

Schloss Hardenberg in Neviges

kann man die Geschichte dieses wunderbaren Fleckens Erde von den Römern bis zur Gegenwart studieren.

- Im Raum Monheim hat man Gelegenheit, Vater Rhein bei seiner Arbeit zuzusehen. Ob auf der Rheinpromenade von Monheim oder auf verwunschenen Treidelpfaden, einer der mächtigsten Ströme Europas lässt beim Neanderlandsteigwanderer keine Langeweile aufkommen.
- Im romantischen Ittertal zwischen Haan und Solingen erwandert man die ehemalige Kottenwirtschaft am kleinen Itterbach. In den Kotten wurde jahrhundertelang die Wasserkraft für die Metallverarbeitung genutzt. Auch die Messermacher nutzten diese Mühlen für ihr Handwerk.
- Die Ortschaften, die der Neanderlandsteig durchquert, können durchaus gefallen. Ob das Gruiten oder Düssel mit seinen verträumten Fachwerkhausgassen ist oder die Pilgerstadt Neviges mit dem berühmten Dom aus Waschbeton oder Velbert, die Schlösserstadt. Für einen Kölner wie mich, der viel zu selten über den Tellerrand der Domstadt geschaut hat, alles großartige Entdeckungen.
- Die Ohligser Heide ist vor allem Autofahrern von der gleichnamigen Raststätte auf der Autobahn A 3 bekannt. Weniger bekannt dürfte sein,

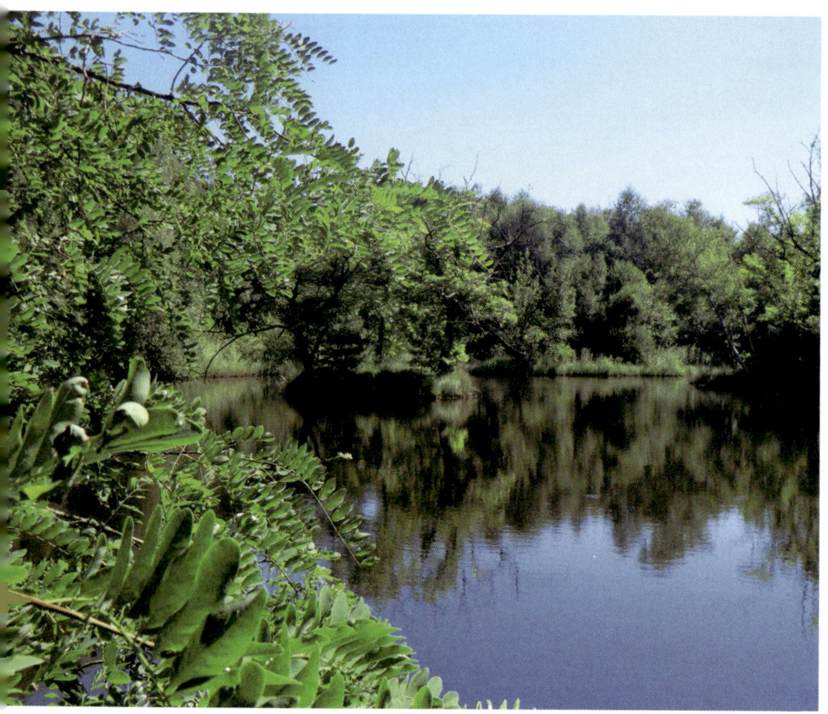

Oase der Ruhe

dass diese Heide mit einem großen Waldbestand wirklich äußerst sehens- und erlebenswert ist.

• Die Niederbergischen Landschaften des Neanderlandsteigs haben mich immer wieder positiv überrascht. Ich kannte vorher eher das Oberbergische rund um Gummersbach, nun kenne ich auch als Neanderlandsteigwanderer die Elfringhauser Schweiz in Hattingen (Achtung, das ist schon Westfalen, da geht man zum Lachen in den Keller, Entschuldigung, kleiner Scherz), ich habe die Düsselquelle gesehen und ich habe staunend vor der Windrather Kapelle bei Neviges gestanden.

Der Neanderlandsteig ist bestimmt nicht der schönste Weitwanderweg von NRW, dafür ist er zu laut, dafür ist der Kreis Mettmann zu sehr besiedelt, zu viele Verkehrsknotenpunkte laufen in dieser Region zusammen. Aber der Neanderlandsteig ist ein ehrlicher Weg und er ist ein Weg „um die Ecke" für die kleine Wochenend- und Feierabendwanderung, ohne lange Anreise, dafür aber mit hohem Erlebniswert.

Die Etappe von Gruiten nach Düssel auf dem Neanderlandsteig

DA DER NEANDERLANDSTEIG ein großer Rundwanderweg ist, kann man gar nicht sagen, wo er anfängt oder wo er aufhört. Ganz subjektiv fängt der Neanderlandsteig für mich in Gruiten an und die erste Etappe geht von Gruiten nach Düssel. Warum das so ist? Nun, zunächst einmal ist Gruiten ein toller Startpunkt für eine Wanderetappe. Alle Etappen des Neanderlandsteigs sind mit öffentlichen Verkehrsmitteln, meistens Bus oder S-Bahn, zu erreichen. Aber Gruiten ist ein richtiger Bahnknotenpunkt. Von Köln, Wuppertal und Düsseldorf ist man ruckizucki in Gruiten, wenn man nett zum Zugführer eines ICE von Köln nach Berlin ist, hält vielleicht auch ein ICE in Gruiten.
Direkt an der Gleisunterführung stoßen wir auf den Neanderlandsteig. Ich bin mit Friedhelm Reusch unterwegs, der ist Vater und Mutter zugleich für den Neanderlandsteig. Er hat jede einzelne Etappe ausgetüftelt, ist unzählige Alternativrouten gegangen, hat sich mit Grundstückseigentümern gestritten, vertragen und geeinigt, hat sich mit der

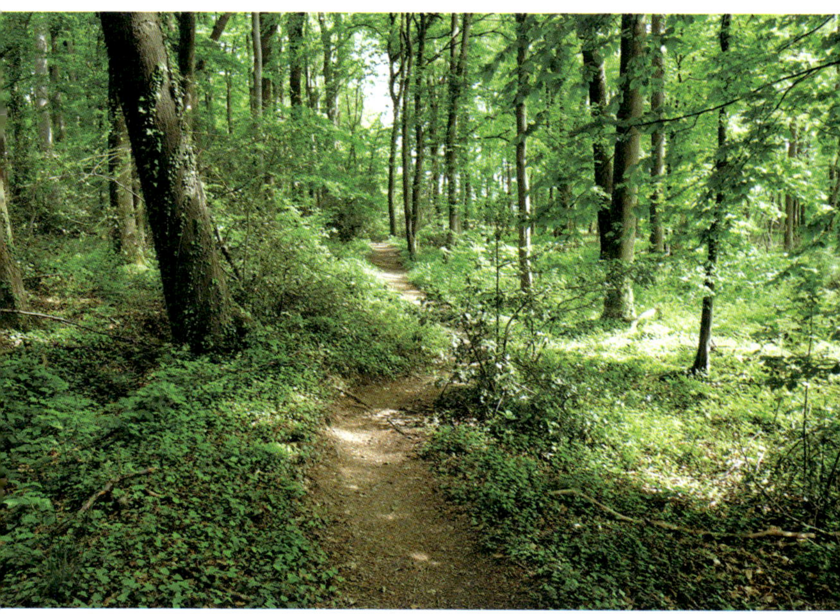

Idyllischer Waldpfad

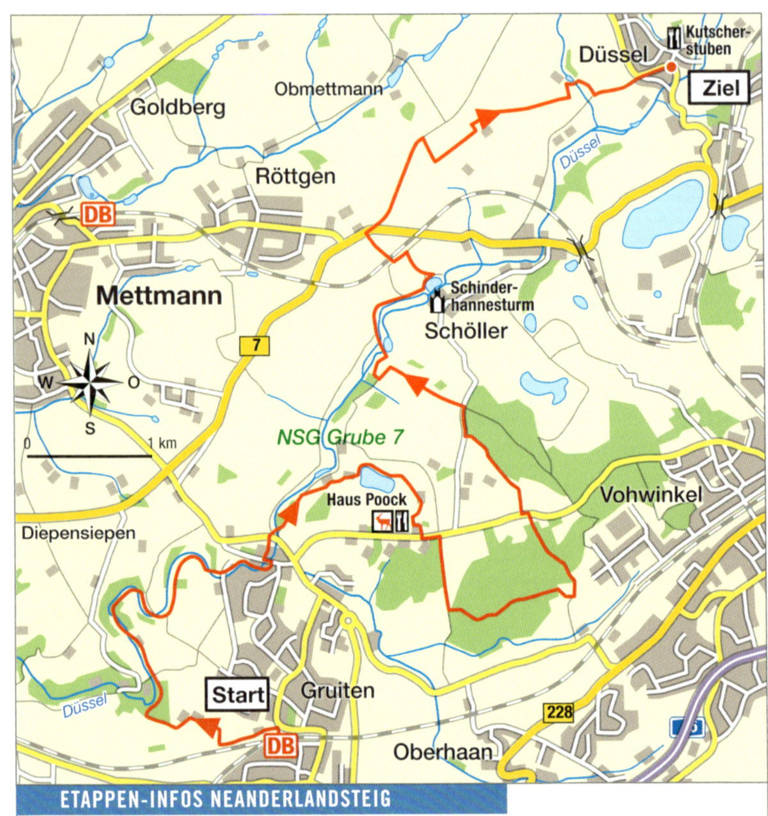

ETAPPEN-INFOS NEANDERLANDSTEIG

Länge der Etappe
18,6 Kilometer

Schwierigkeitsgrad
Mittelschwer

Anfahrt/Abfahrt
Am besten mit DB Regio RB 48 oder S 8 aus Richtung Düsseldorf, Köln und Wuppertal nach Gruiten. Von Düssel kann man mit dem Bus 641 nach Wuppertal-Vohwinkel zurückfahren, von dort geht es dann mit der DB Regio S 8, S 9, RE 4 und RB 48 weiter.

Start/Ziel
Start ist am Bahnhof in Gruiten, Ziel im Zentrum von Düssel.

Gastro-Tipp
Haus Poock
Osterholzer Straße 83
42781 Haan, Tel. 02104/969 20
Mo/Fr Ruhetage
www.hotel-poock.de
Nette Einkehrmöglichkeit mit angeschlossenem Mini-Tierpark.

Kutscherstuben
Dorfstraße 6
42489 Wülfrath-Düssel
Tel. 02058/782 28 09
www.kutscherstuben-wuelfrath.de
Urige Einkehrmöglichkeit direkt am Neanderlandsteig in einem fast 400 Jahre alten Fachwerkhaus.

Bierempfehlung
Ein Frankenheimer Alt. In einem Ort, der Düssel heißt, sollte man auch Bier aus Düsseldorf trinken. Und seitdem ich als Kölner altersmilde gegenüber der wunderschönen Landeshauptstadt am Rhein geworden bin, finde ich, dass Altbier gar nicht sooooo schlecht schmeckt.

Bauernschaft und der Jägerschaft auseinandergesetzt. Man kann sagen, dass er jeden Stein am Rande des Neanderlandsteigs kennt.

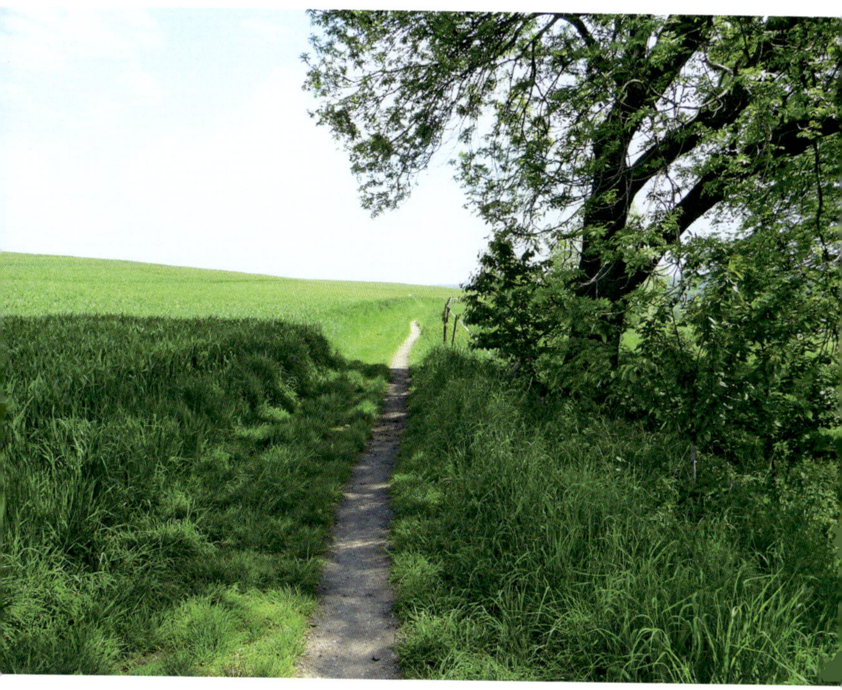

Wandergenuss in Vollendung

Wir verlassen das Bahnhofsgelände und wandern wenige 100 Meter später auf einem fantastischen Pfad an einem Feld entlang hinunter zum Fluss Düssel. Das ist schon toll, wie schnell man das Bahnhofsremmidemmi hinter sich lässt und in die Natur abtaucht. Wir passieren den altmodischen Bauernhof Ellerbeck. Es geht etwas langsam vorwärts, weil wir uns dem mehr als gemächlichen Schritttempo einer Schar von Rindviechern anpassen müssen. Es ist so etwas wie der Almauftrieb an der Düssel im Gange.

Wir erreichen die Düssel. Wenn wir nun Richtung Westen gehen würden, wären wir nach fünf Kilometern im „richtigen" Neandertal. Reusch erklärt, dass das Neandertal einen landschaftlich besonders reizvollen Abschnitt bezeichnet, einen tief eingeschnittenen Talabschnitt des Düsseltals. Aber wir schenken uns heute das Neanderthal Museum und die Neanderthal Fundstelle und gehen auf lauschigen Pfaden an der Düssel entlang, bis wir Gruiten erreichen. Das verstehe ich nicht, ich dachte, wir hätten den Ort Gruiten mit seinem Bahnhof hinter uns gelassen? Das war das „neue" Gruiten, nun erreichen wir

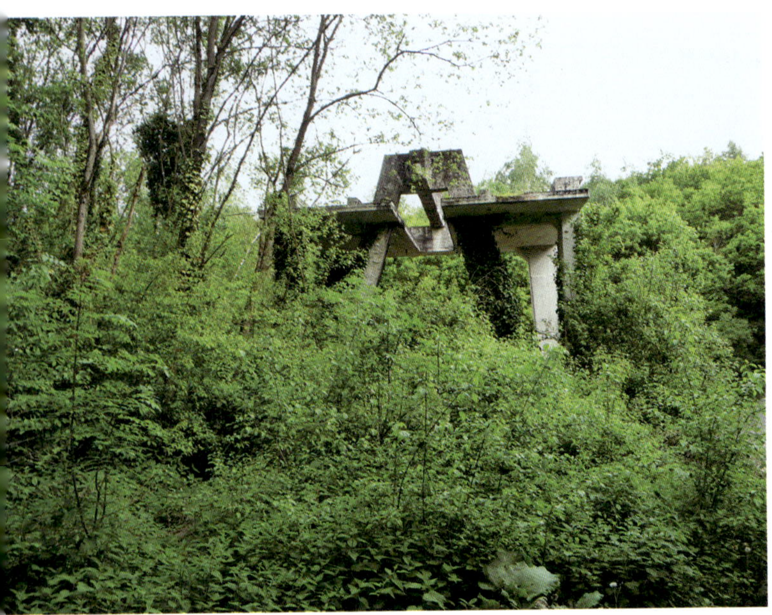

Industrierelikt an der Grube 7

das alte Gruiten, Gruiten Dorf, ohne Übertreibung wahrscheinlich eines der schönsten Dörfer von Nordrhein-Westfalen. Es liegt etwas abseits, dieses Dorf von Gruiten, so abseits, dass man früher sagte: „In Gruiten, wo de Hönner mit de Fötte tüten." In Gruiten Dorf reiht sich ein historisches Fachwerkhaus an das andere. Wenn man alle Infoschilder an den Häusern liest, kommt man gar nicht vorwärts. Pars pro Toto sei hier nur das Haus am Quall erwähnt – ein urtümliches, trutziges Fachwerkhaus. Dort kann man sich, sofern man sich traut, sogar trauen lassen. Hinter Gruiten Dorf geht es in ein Naturschutzgebiet, das Grube 7 heißt. Dort wurde lange Jahre Kalkstein abgebaut. Man kann als Relikt der Vergangenheit unter anderem noch eine weiße, zugewucherte Abladestation zwischen den Bäumen entdecken. Das Ding sieht aus wie ein riesiges Insekt auf vier Beinen. Aber viel reale und sehr schützenswerte Flora und Fauna hat sich mittlerweile im Naturschutzgebiet Grube 7 ausgebreitet: Kreuzkröte, Gartenrotschwanz und Hirschzunge. Hinter der Grube 7 geht es bergan durch einen Wald, später an einem Feld entlang, dann durch einen kleinen, aber feinen Tierpark, der zum Haus Poock gehört. Dort kehre ich mit Reusch ein, die gesamte Etappe von Gruiten nach Düssel ist 18 Kilometer lang, da muss man sich die

Kräfte gut einteilen und eine Einkehr während einer Wanderung ist einfach Pflicht, da pflichtet mir auch Friedhelm Reusch bei.
Gestärkt wandern wir weiter und erblicken nach einiger Zeit wieder die Eisenbahnstrecke zwischen Gruiten und Wuppertal in einem weiten, offenen Tal. Nun ist die Stadt an der Wupper ganz nah, so nah, dass wir in einem Waldstück nur einen knappen Kilometer vom Wuppertaler Großgefängnis Simonshöfchen entfernt auf dem Neanderlandsteig daherwandern. Ich habe ein wenig Angst, dass gleich die Dalton-Brüder in gestreiften Leibchen um die Ecke sausen, aber ich habe ja Reusch an meiner Seite, den Mann, der schneller als sein Schatten schießt.
Es geht weiter und wir passieren eine Bushaltestelle mit dem schönen Namen Neu-Amerika; man kommt ganz schön rum auf dem Neanderlandsteig. Wir überqueren eine Landstraße und gehen an einem Feld entlang, zwei junge Rehe hüpfen aufgeschreckt aus dem Gebüsch Richtung Wald, wer kann denn auch ahnen, dass ihre Ruhe durch die Wanderer gestört wird? An einem asphaltierten Wirtschaftsweg geht es den Berg hinunter Richtung „Quarter Horse Ranch". Reusch weist mich darauf hin, dass ich nicht auf dem breiten Weg gehen soll, der „richtige" Neanderlandsteig verlaufe doch auf einem Pfad am Feldrand, direkt neben dem asphaltierten Weg. Tja, der Neanderlandsteig soll ja vom deutschen Wanderverband als Qualitätsweg zertifiziert werden, da muss man – wo möglich – jeden Meter Asphalt sparen. Wir

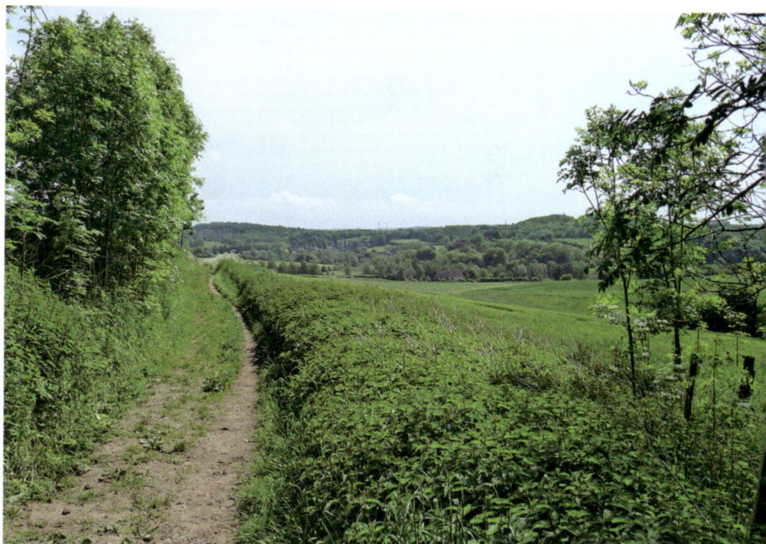

Pfad am Feldrand

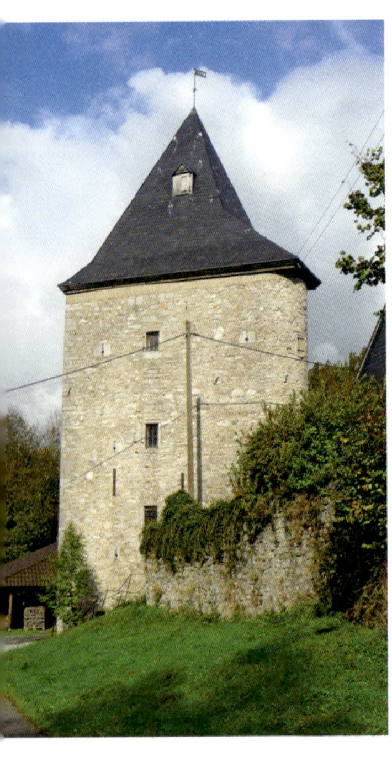

Turm in Schöller

gehen wieder hinunter zu einer alten Bekannten – der Düssel – und erreichen diese auf einem sehr engen Weg. Normalerweise liebe ich wie jeder Wanderer diese schmalen Pfade, aber wenn einem ein Pferd entgegenkommt und der Pferdebesitzer den Gaul nicht so hundertprozentig unter Kontrolle hat, dann wird es auch auf dem schönsten Wanderpfad ein wenig eng und ungemütlich. Aber Reusch und ich zwängen uns an dem Vierbeiner vorbei, es ist warm, es riecht gut und dann wandern wir auf einem wirklich herrlichen Talabschnitt an der Düssel. Auenvegation, die schmale Düssel, die wir Richtung Quelle bergan gehen, ein schmaler Pfad, was braucht man mehr zum Wanderglück?

Immer wieder schimmert ein trutziger Turm durch die Bäume an der Düssel, es ist der Schinderhannesturm von Schöller. Warum heißt Schöller Schöller und nicht Langnese? Reusch weiß es nicht. Aber er weiß, warum der Schinderhannesturm Schinderhannesturm heißt. Weil da mal ein Räuber gefangen gehalten wurde, aber Gott sei Dank nicht der Schinderhannes. Denn leider muss man ja sagen, dass dieser Schinderhannes-Kult etwas problematisch ist, weil der historische Schinderhannes eben kein netter deutscher Robin Hood war, sondern ein antisemitischer Schwerverbrecher. Na ja, wenn es nach mir ginge, könnte man den Turm von Schöller gerne in Neanderlandsteigturm umbenennen, das wäre doch eine schöne Sache.

Wir verlassen das Düsseltal, werden aber am Ende der Tour noch ein Wiedersehen feiern. Es geht einen schönen Wiesenweg bergan und schnell haben wir die Höhe erreicht. Das ist ein Vorteil des Neanderlandsteigs: Um aus einem Tal auf die Höhe zu gelangen, muss man kein Bergsteiger sein, schon nach wenigen Höhenmetern kann man sich als Neanderlandsteig-Messner fühlen. Wir wandern weiter auf einer breiten Straße, das ist die Alte Kölnische Landstraße, dereinst ein verkehrsreicher Handelsweg nach Köln über die Bergkämme des Niederbergischen Lands.

Langsam geht es wieder bergab ins Düsseltal und wir sehen die ersten Häuser von Düssel, stilecht im Bergischen Stil erbaut: Fachwerk, Schiefervertäfelung und dazu die charakteristischen grünen Fensterläden aus Holz. In Düssel sind wir an der Düssel angelangt. Flussabwärts gibt es auch ein Dorf an der Düssel, das ist mittlerweile sogar Landeshauptstadt von NRW. Das Dorf Düssel, in dem wir unseren Wandertag auf dem Neanderlandsteig beenden, ist von anderer Größe. Klein, aber fein mit vielen Fachwerkhäusern und einer netten Wasserburg, in der wir ein Gasthaus vorfinden. Nun, wir wären ja Halunken, wenn wir diese gelungene Wanderetappe nicht mit einem Belohnungsbier ausklingen lassen würden. Ein Prosit auf den Neanderlandsteig!

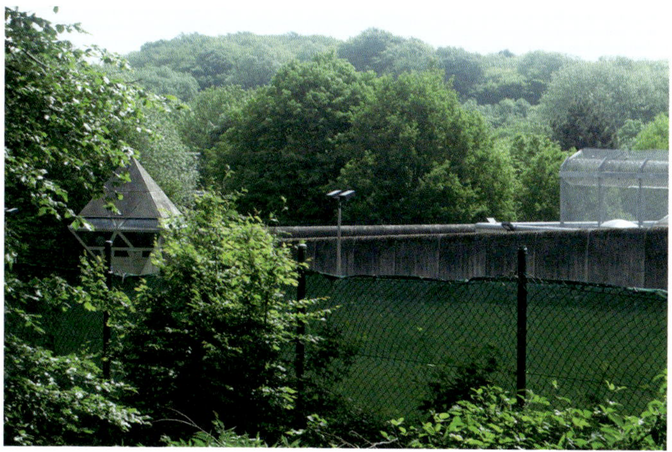

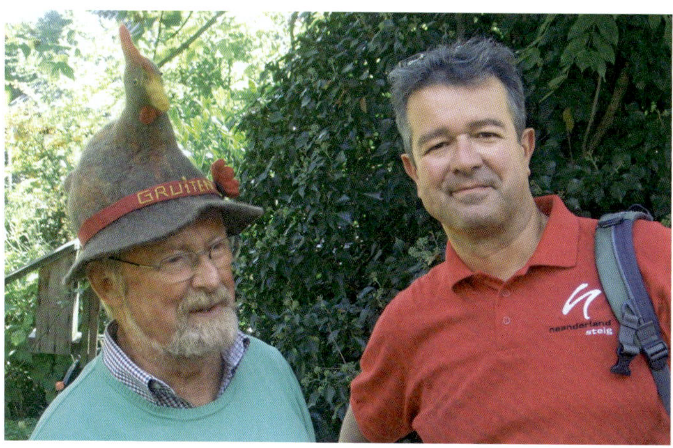

Oben: Wuppertaler Gefängnis; unten: Gruiten-Bewohner

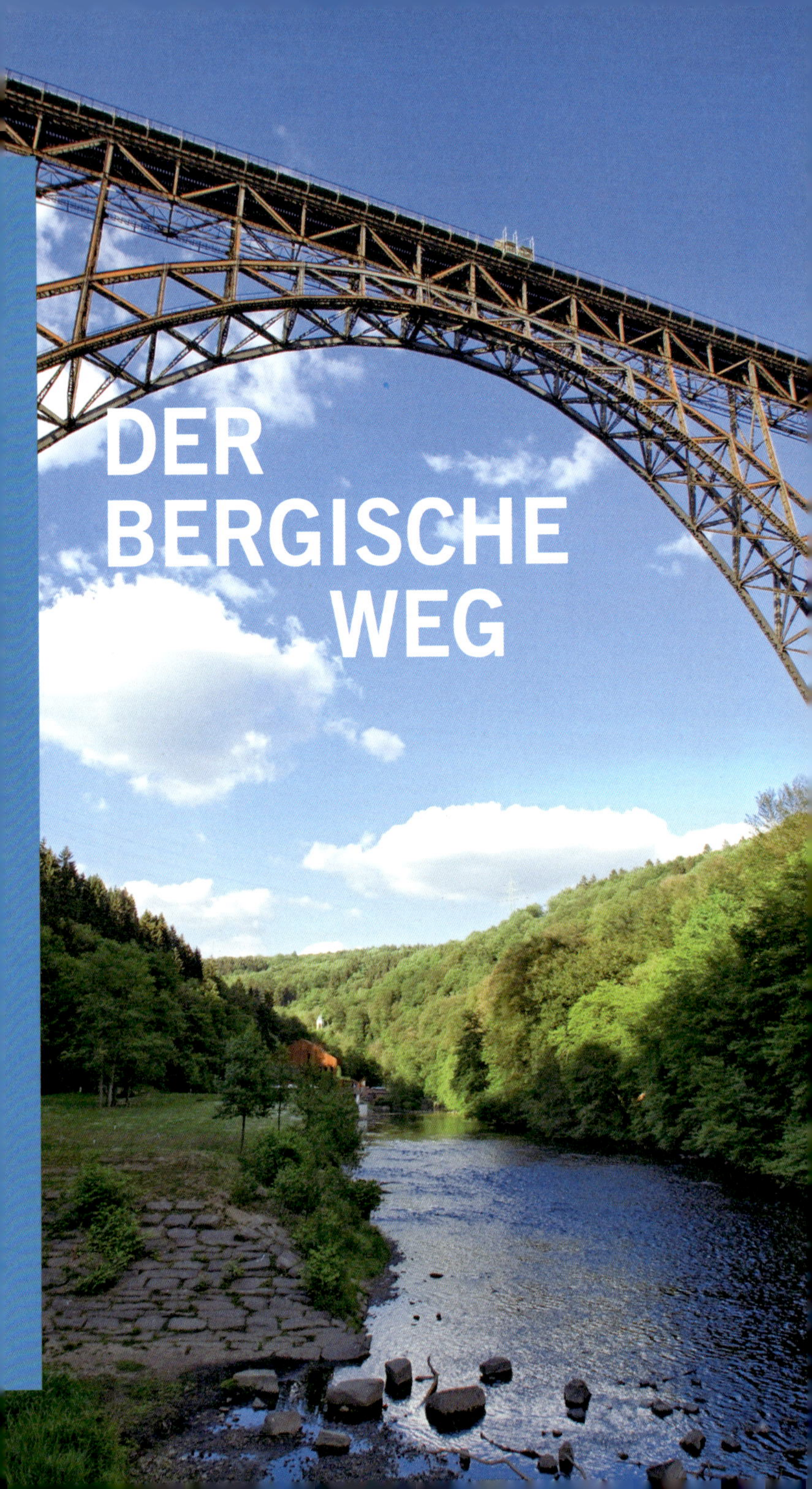

DER BERGISCHE WEG

Männerwandergeburtstag mit rosa-grünen Servietten

Ich finde, der Bergische Weg ist eine Art Neben-Rheinsteig. Denn auch der Bergische Weg orientiert sich mehr oder weniger am Verlauf des Rheins in Süd-Nord-Richtung – mit dem großen Unterschied, dass der Bergische Weg in gebührender Entfernung zum Fluss der Flüsse verläuft: an der Westflanke des Bergischen, genau dort, wo das Rheintal anfängt hügeliger bis bergig zu werden. Die Regionen, Orte und Landschaften, die man auf diesem 258 Kilometer langen Weitwanderweg durchwandern kann, sind in jedem Fall spannend, interessant, einfach schön.

Es geht los in Essen, der Stadt mit der größten Milliardärsdichte in Deutschland. Klar, (Ex-)Stahlbarone und ALDI-Gründer sind in der Stadt ansässig, die zuletzt 1955 mit Rot-Weiss Essen die deutsche Meisterschaft feiern durfte. Das war jetzt gemein, ich weiß. Auf jeden Fall braucht eine Stadt mit so vielen Superreichen natürlich auch einen gescheiten Jachthafen. Und so wurde vor rund 80 Jahren der Baldeneysee angestaut, sozusagen der Lago Maggiore von NRW, und

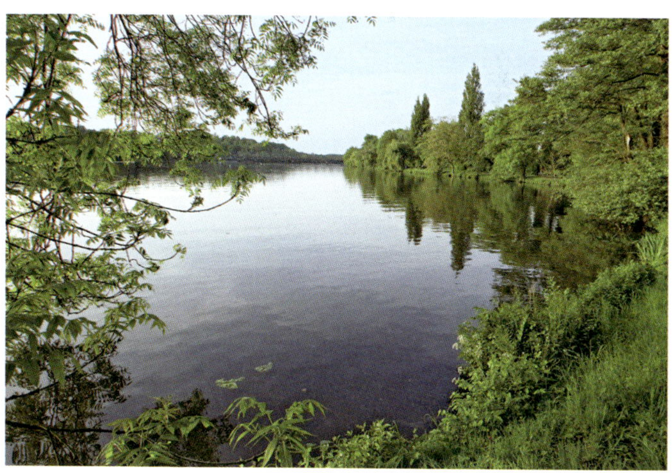

Der Baldeneysee
Links: Imposantes Bauwerk – die Müngstener Brücke

ÜBERSICHTSKARTE

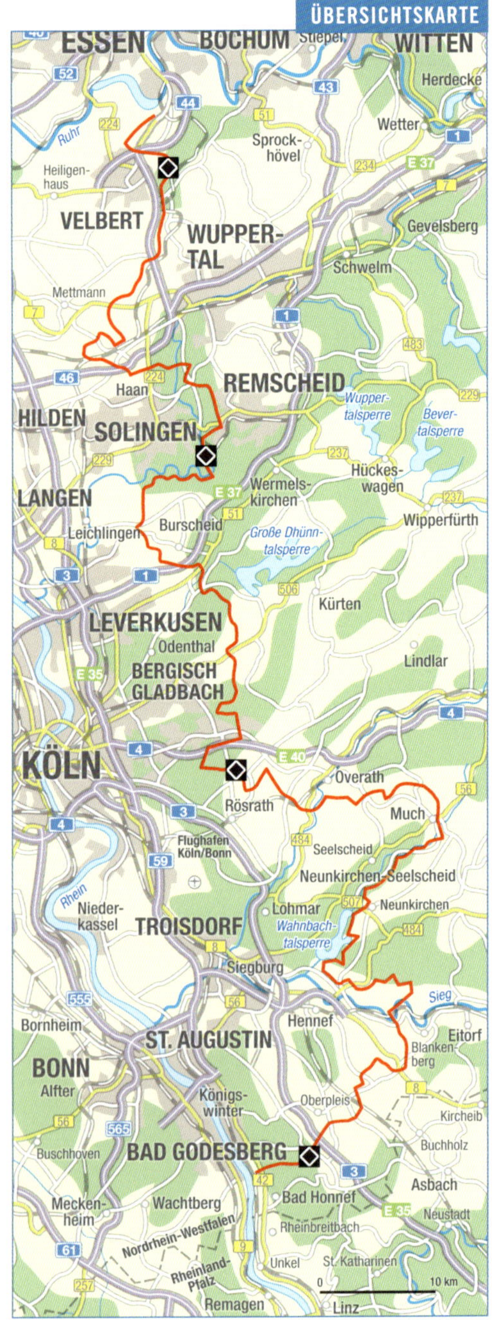

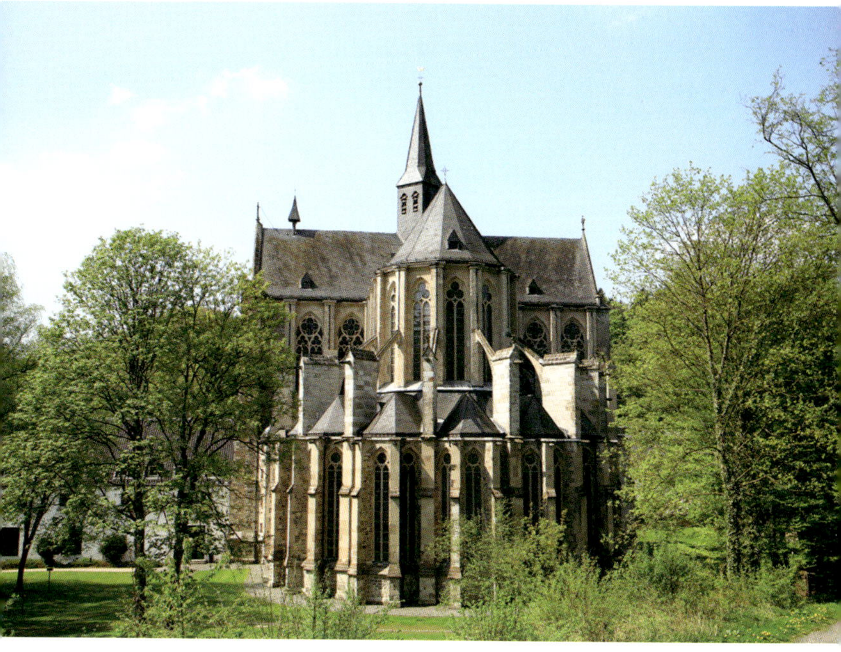

Der Altenberger Dom

natürlich ist der Weg entlang dieses Sees schon das erste Highlight des Bergischen Wegs. Weiter geht es hinauf zur Schlösserstadt Velbert, wo der Bergische Weg auf den Neanderlandsteig stößt, die bis zum Ittertal bei Solingen eine nahezu identische Wegführung haben.
Auf dem Bergischen Weg durchwandert man daher auch die Pilgerstadt Neviges, man sollte dort aber nicht nur zum Dom pilgern, sondern unbedingt auch eine Partie Minigolf spielen. Denn die Minigolfbahn am Schloss Hardenberg in Neviges bietet quasi Champions-League-Niveau, schließlich haben dort die Hardenberg Pötters in den letzten 25 Jahren 19 (!!!) Deutsche Meisterschaften geholt.
Von Neviges geht es weiter nach Düssel und Gruiten, diese Etappe habe ich im Kapitel über den Neanderlandsteig beschrieben (s. ab S. 81). Dann macht der Bergische Weg eine große Schleife um Solingen und erreicht dabei das Tal der Wupper. Den Abschnitt von der Müngstener Brücke bis Rüden werde ich gleich noch ausführlich würdigen. Knapp 20 Kilometer hinter dem Hundedenkmal Rüdenstein ist Altenberg die nächste Zwischenstation. Der Dom von Altenberg ist nicht wie der in Neviges aus Beton, sondern ein beeindruckendes gotisches Bauwerk,

das sich hinter dem Kölner Dom keineswegs verstecken muss. Die nächste Etappe des Bergischen Wegs führt bis nach Bensberg, dem Stadtteil von Bergisch-Gladbach. Von dort hat man fantastische Blicke ins Rheintal hinunter nach Köln. Bergisch-Gladbach ist übrigens nicht nur Heidi-Klum-Stadt, sondern auch eine der kulinarischen Hochburgen Deutschlands. Im Schloss Bensberg zaubert Spitzenkoch Wissler Gourmet-Köstlichkeiten auf den Teller. Also, auf der entsprechenden Etappe des Bergischen Wegs ruhig einmal die Stulle und Rucksackverpflegung weglassen und die Sterneküche genießen!
Dann geht es südlich von Bensberg durch meinen geliebten Königsforst, das Naherholungsgebiet meiner Kindheit östlich von Köln, nach Hoffnungsthal ins Sülztal. Schließlich hoch auf den Lüderich, einen Berg mit einer alten Bergwerkstradition. Das hatte ich bis vor wenigen Jahren nicht gewusst, dass auch so nahe an Köln Bergbau getrieben wurde. Schließlich endet die Etappe, die in Bensberg gestartet ist, in Overath. Vielmehr muss man das in der Vergangenheitsform formulieren: Sie ENDETE. In den ersten Auflagen dieses Buchs habe ich kritisiert, dass man auf dem Bergischen Weg den Wanderern eine Etappe zumutete, die weit über 30 Kilometer lang ist. Ich schlug vor, an diesem Punkt nachzubessern, und siehe da, es hat funktioniert. Aktuell ist die ehemalige Monsteretappe geteilt, von Bensberg nach Rösrath

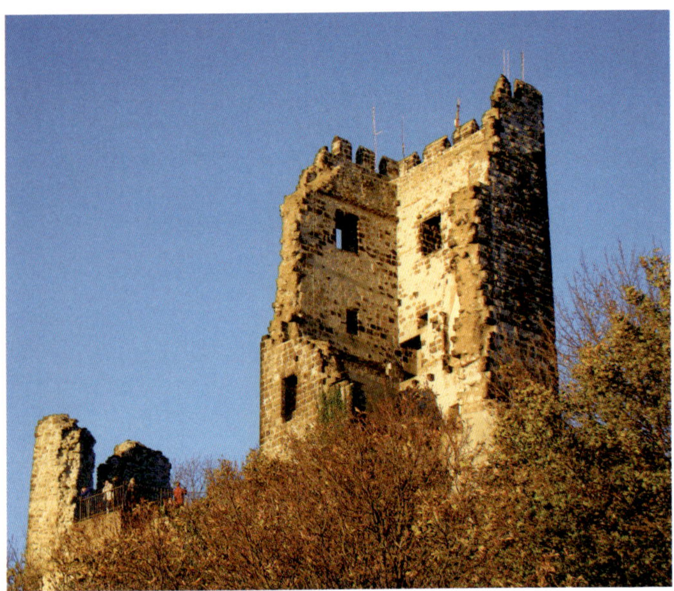

Die Ruine auf dem Drachenfels

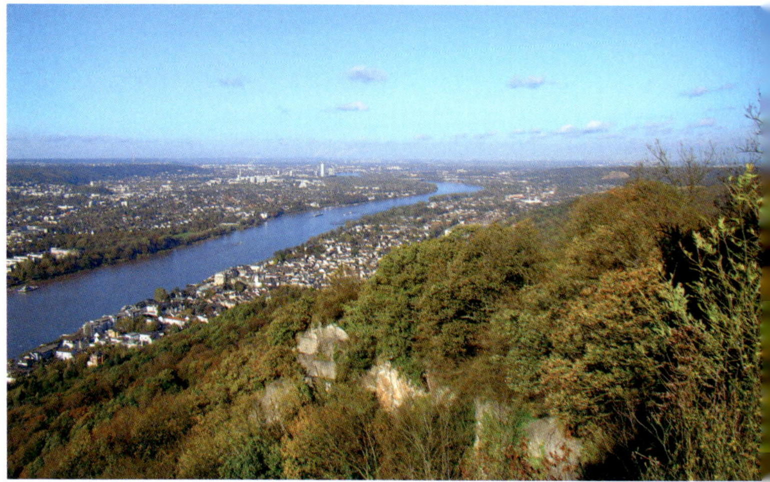

Blick vom Drachenfels

und dann weiter von Rösrath nach Overath. Schön, wenn Wanderliteratur etwas bewirkt.

Von Overath geht es über Much und Neunkirchen-Seelscheid an der Wahnbachtalsperre entlang nach Hennef. Dort vereinigt sich in einer Partnerschaft auf Zeit der Bergische Weg mit dem Natursteig Sieg. Den schönen Abschnitt von Blankenberg bis unterhalb von Süchterscheid habe ich ausführlich in meinem Kapitel über den Natursteig Sieg beschrieben (s. ab S. 69). Dann marschiert der Bergische-Weg-Weitwanderer, wenn die Schuhe noch halten, über Uckerath zum Drachenfels am Rhein. Dort besteht dann Anschluss an den Rheinsteig. Und zur Belohnung gibt es einen fantastischen Blick über den Rhein.

Von Essen zum Drachenfels, von der Ruhr an den Rhein, vom Ruhrgebiet ins Rheinland – und dazwischen jeden Menge Wandererlebnisse im Bergischen Land. Ich finde, dass der Bergische Weg ein tolles Projekt ist, auch gerade deswegen, weil er mit seinen gesamten 258 Kilometern der längste Weitwanderweg in NRW ist. Denn Rheinsteig und Eifelsteig, die beide über 300 Kilometer lang sind, verlaufen ja nicht komplett auf dem Gebiet des bevölkerungsreichsten Bundeslands. Die Qualitäten des Bergischen Wegs liegen auf der Hand: Eine hohe Erlebnisdichte und eine sehr gute Markierung. Die orangen Wegmarken sind sehr gut sichtbar und die Wegweiser zahlreich und übersichtlich gestaltet. Das hat auch der Deutsche Wanderverband honoriert und 2013 den Bergischen Weg als Qualitätsweg zertifiziert.

Der Abschnitt des Bergischen Wegs von Solingen-Schaberg nach Rüden

MEIN BESTER FREUND MARKUS, den ich seit unserem gemeinsamen Studium kenne, hat mal wieder Männerwandergeburtstag gefeiert. Das macht er jedes zweite Jahr, dann werden nur seine männlichen Freunde eingeladen (kann ein Mann eigentlich überhaupt echte „Freundinnen" haben?) und dann geht es auf Wanderschaft. Wir hatten uns für eine Tour an der Wupper entschieden, denn wir wollten nicht über den Jordan, aber über die Wupper gehen. Wir waren eine lustige Wandermännertruppe mit acht gestandenen Mannsbildern zwischen 40 und 60. Im besten Mannesalter also, wie man so schön sagt. Normalerweise bevorzugt Markus Wandertouren mit einer hohen Frequenz von Einkehrmöglichkeiten, da Männer öfter mal großen Durst haben. Nun war es aber schon Januar und da haben viele Gaststätten im Bergischen Land geschlossen. Also hatte Markus vorgesorgt …
Wir fuhren mit dem Zug nach Solingen-Schaberg, beziehungsweise mit dem Bus, dem sogenannten Schienenersatzverkehr bis Krahenhöhe. Dann ging es hinunter Richtung Wupper, dort stießen wir auf den Bergischen Weg. Und dann sahen wir es, dieses technische Wunderwerk,

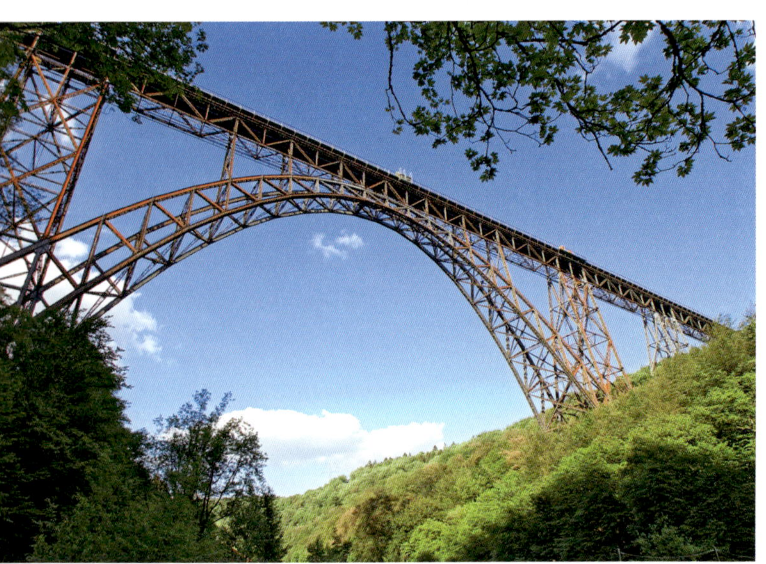

Die höchste Eisenbahnbrücke Europas

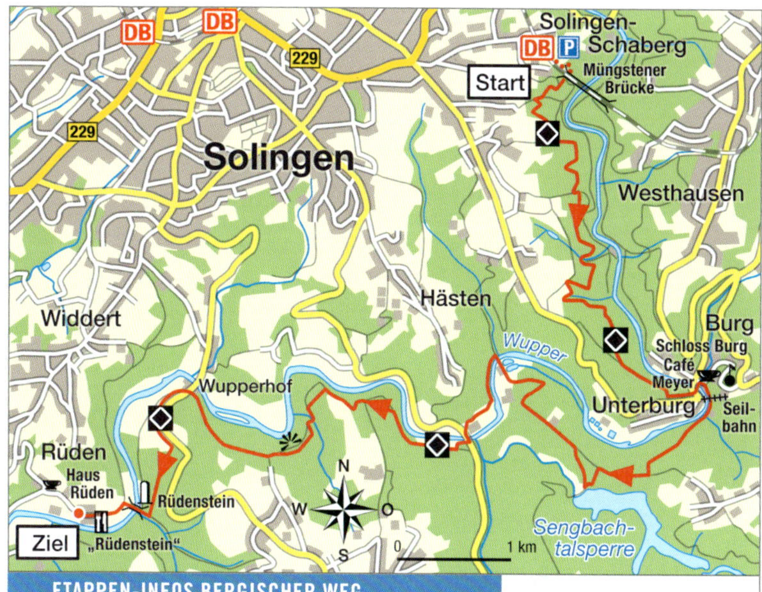

ETAPPEN-INFOS BERGISCHER WEG

Länge der Etappe
15,5 Kilometer

Schwierigkeitsgrad
Mittelschwer

Anfahrt/Abfahrt
Da es eine Streckenwanderung ist, empfiehlt sich die Anreise mit der S 7. Ab Rüden fährt dann der Bus 697 zurück nach Solingen-Mitte.

Start/Ziel
Start ist an der Müngstener Brücke, Ziel in der Ortschaft Obenrüden an der Wupper.

Gastro-Tipp
Café Meyer
Schloßbergstraße 4
42659 Solingen
Tel. 0212/244 32 75
cafe-meyer.de
Ich empfehle die urige Bergische Kaffeetafel – das ist eine Art sehr spätes Frühstück, nicht nur mit den berühmten Waffeln, sondern auch mit Schwarzbrot, Leberwurst und Käse. Danach muss man zwei Tage lang keine Nahrung mehr zu sich nehmen.

Gaststätte „Rüdenstein“ und Haus Rüden. Beide Häuser mit gediegener bergischer Küche; wir haben unsere Waffeln in der Gaststätte „Rüdenstein“ genossen:

Gaststätte „Rüdenstein“
Obenrüden 72, 42657 Solingen
Tel. 0212/81 23 14
Mo/Di Ruhetage
www.ruedenstein.de

Haus Rüden
Untenrüden 39, 42657 Solingen
Tel. 0212/81 86 58
Mi/Do Ruhetage
www.hausrüden.de

Bierempfehlung
Bergisches Landbier vom Fass in der Gaststätte „Rüdenstein“.

die mit 107 Metern höchste Eisenbahnbrücke Deutschlands, über die wir mit dem Zug gefahren wären, wenn sie nicht gerade mal wieder reparaturbedürftig wäre und wir zudem noch aus Richtung Wuppertal gekommen wären, egal – von unten ist die Müngstener Brücke allemal schöner und beeindruckender, als wenn man mit dem Zug drüberfährt. Obwohl wir gerade erst mal einen guten Kilometer gewandert waren, entschieden wir: Jetzt wird gerastet! Weil die Schutzhütte plus der tolle Blick auf die Müngstener Brücke einfach unschlagbar waren. Und

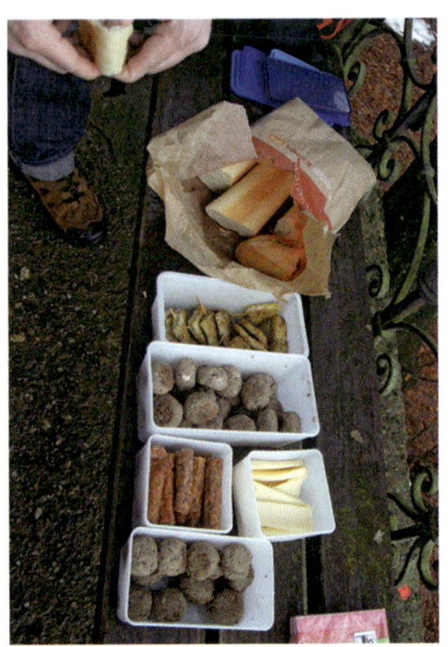

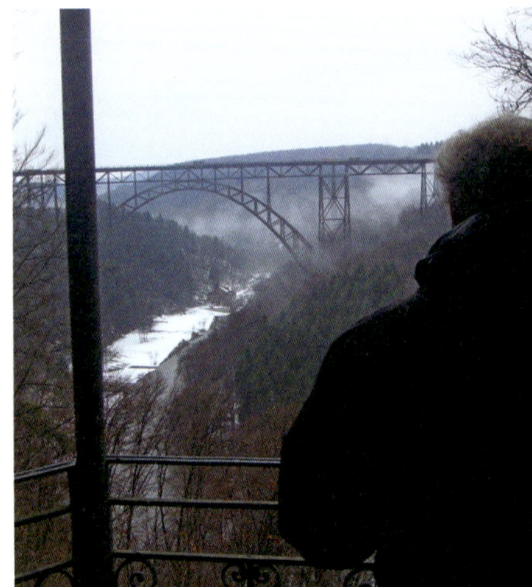

Tolle Rast beim Männergeburtstag

dann packte Markus aus: Selbst gemachte Frikadellen, Mettwurst, selbst gemachte Curry-Hähnchen-Spieße, Käse, Brot – und dazu noch sensationelle rosa-grüne Servietten. Wir schlugen uns ordentlich den Bauch voll, weil wir den armen Markus ja nicht weiter das schwere Zeug schleppen lassen konnten.

Es gibt einige schöne Geschichten rund um die Brücke, die wir beim Kauen und Schwatzen weiterhin fest im Blick hatten. Angeblich wurden zum Beispiel genau eine Million Nieten für die Brücke gebraucht (also die Arbeiter waren spitze, diese Metalldinger sind gemeint) und die millionste Niete soll als Hauptgewinn golden gewesen sein. Wir beschlossen, im Sommer noch mal wiederzukommen und kletternd in den Metallstreben der Brücke diese verdammte goldene Niete zu finden.

Schließlich waren wir alle einigermaßen gesättigt und die Tupperdosen waren leer. Nur: Wo war das Bier? Also machten wir uns auf den Weg, auf den Bergischen Weg. Wir wanderten oberhalb der Wupper und konnten immer wieder durch die Bäume das Wasser glitzern sehen. Der Winter, der die Bäume baumlos macht, hat ja auch Vorteile. Wir erreichten das Dorf Burg an der Wupper. Das Dorf Burg an der Wupper ist nicht zu verwechseln mit Burg an der Wupper, denn das Dorf Burg an der Wupper liegt unten an der Wupper, während Burg an der Wupper auf einer felsigen Anhöhe oberhalb der Wupper zu finden ist. Alle Klarheiten beseitigt? Auf jeden Fall waren wir derart unterhopft, dass gar nicht daran zu denken war, hoch zur Burg zu gehen oder sich bei

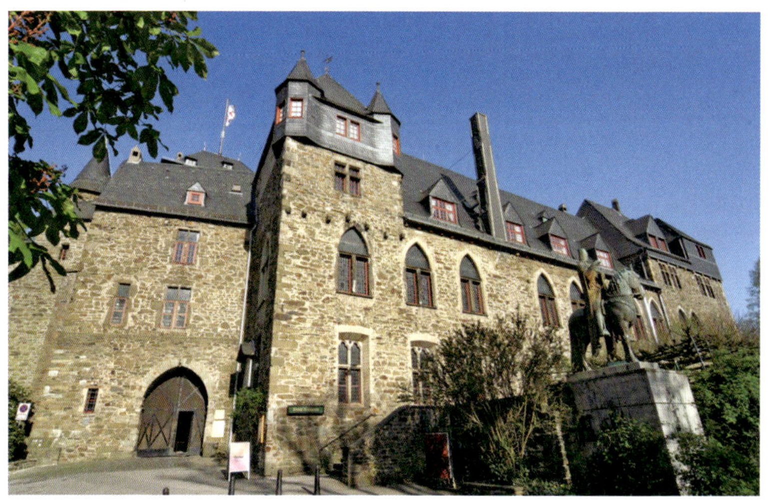

Schloss Burg auf dem Berg

frostigen Temperaturen in die Seilbahn zu setzen. Deshalb haben wir an Ort und Stelle in Dorf Burg an der Wupper in einer Gaststätte Kölsch und Frankenheim Alt getrunken. Also nicht als Mixgetränk, so verrückt sind wir auch wieder nicht, sondern die einen haben Altbier und die anderen haben Kölschbier getrunken.
Dann ging es weiter, ich war froh, erstmals in diesem Winter meine Spikes unter die Schuhe geschnallt zu haben, denn einige Wege waren durchaus rutschig und noch vereist. Dampfende Nebelschlieren kämpften sich aus dem verschneiten Tal und der Bergische Weg zeigte sich hinter Schloss Burg von seiner Schokoladenseite. Es geht hinauf und kurz wird die Sengbachtalsperre tangiert. Dann wieder hinunter auf die andere Wupperseite und wieder zurück über die Wupper. Steil fällt hier der Hang zur Wupper ab, schmale Pfade erfreuten unser Wandererherz. Dass das Wuppertal durchaus Canyon-Qualitäten hat, hätte unsere kölsche Männerwandergruppe wirklich nicht gedacht.
Immer wieder überquerten wir Bäche, die aus den Seitentälern der Wupper die Wassermenge des Flusses vergrößerten. Nicht immer hilft ein kleines Brückchen bei der Überquerung, manchmal muss man einen großen Schritt machen. Müsste man einen großen Schritt machen, wenn es Sommer wäre, aber im Januar muss Mann schon eine Art Panthersprung vollbringen. Und wenn Mann da nicht genau zielt, gibt's schöne Eisfüße. Die Wupper entspringt ja lustigerweise unter dem Namen Wipper in Börlinghausen bei Marienheide und mündet

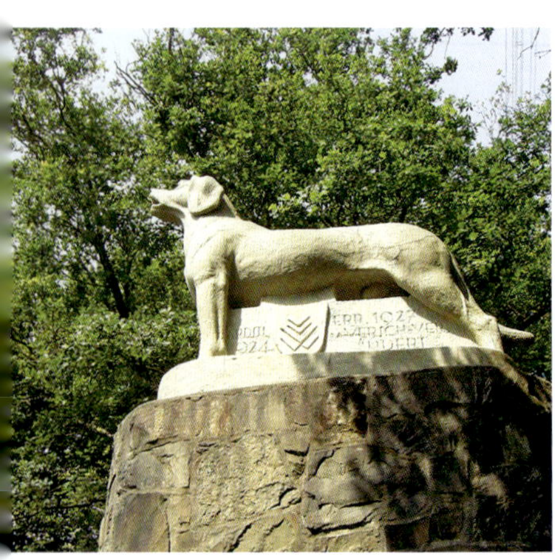

Der treue Rüde

schließlich recht unromantisch in Leverkusen in den Rhein.
Da es an der Wupper überall wuppert, durchwanderten wir den Ort Wupperhof, in dem man auf dem Bergischen Weg noch einmal die Landstraße überqueren muss. Man muss sagen, die Wandergruppe war sehr zufrieden, man konnte sogar sagen: glücklich. Tolle Gespräche, entspanntes Wandern, die Wupper-Bergischen-Landschaften, was will man mehr?
Dann erreichten wir das meines Wissens bedeutendste Hundedenkmal in Deutschland, den Rüdenstein. Ich dachte, na Gott sei Dank, endlich mal kein Reiterdenkmal, sondern eine Hundestatue. Und die Geschichte, die dazu gehört, die ist wirklich sehr schön: Ein einheimischer Herzog passte vor fast 600 Jahren nicht richtig auf und stürzte an einem Steilhang an der Wupper ab. Seinem Hund, einem Rüden, hatte er es zu verdanken, dass er überlebte, denn der treue Vierbeiner alarmierte durch sein Kläffen die Kumpel des Herzogs. Aus Dankbarkeit ließ er (der Herzog) ein Denkmal errichten, den Rüdenstein. Merke: Hunde, die bellen, beißen nicht und können Menschenleben retten.
Sinnigerweise heißt der Ort auf der anderen Wupperseite Rüden. Wir verließen den Bergischen Weg und gingen über eine Fußgängerbrücke nach Rüden. Dort erwartete uns eine heimelige Gaststätte, die mit Waffeln und Gerstenkaltschalen unsere durchfrorenen Körper wärmte. Und alles ging auf den Deckel von Markus, so ein Wandergeburtstag ist einfach herrlich.
Noch eine Anmerkung: Die Tour von der Müngstener Brücke nach Rüdenstein ist keine offizielle Etappe des Bergischen Wegs. Das erste Teilstück ist das letzte Stück der offiziellen Etappe von Gräfrath nach Burg, der zweite Teil unserer Männergeburtstagswanderung ist der erste Abschnitt der ultralangen Etappe von Burg nach Altenberg. Auch für echte Kerle reichten die gut 15 Kilometer von Solingen-Schaberg nach Rüden völlig.

Rechts: Keine Bruchlandung auf dem Sauerland-Höhenflug

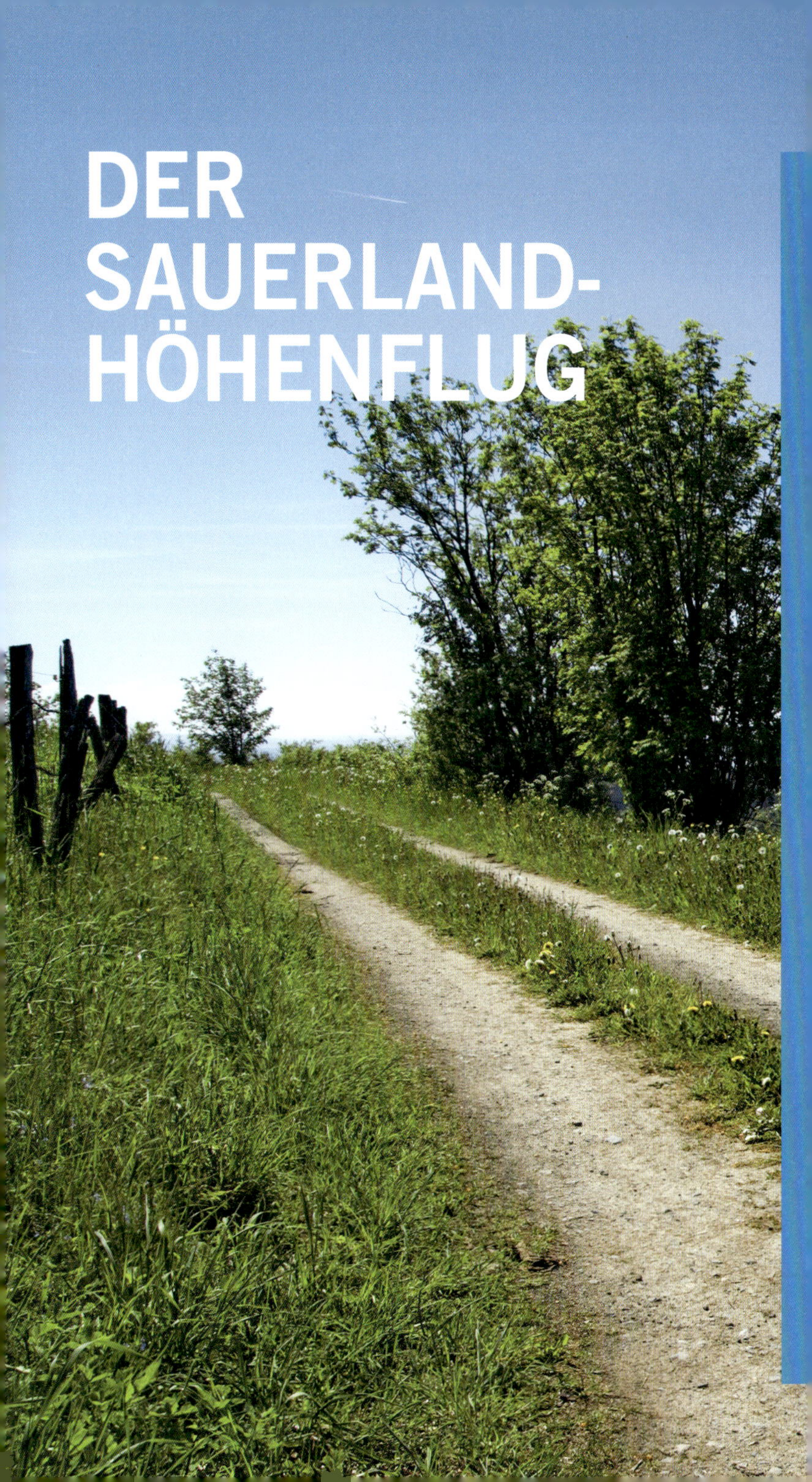

DER SAUERLAND-HÖHENFLUG

Von Babywäldern und Märchenschlössern

Die Weitwanderwege in NRW sind zumeist entweder eine runde Sache (Neanderlandsteig, Bergischer Panoramasteig) oder verlaufen in Nord-Süd-Richtung: Eifel-, Rhein- und Rothaarsteig, Hermannsweg/Eggeweg, Bergischer Weg. Aber der Sauerland-Höhenflug, der verläuft von West nach Ost mit der Form einer Wünschelroute. Im Westen kann man entweder in Altena beginnen oder in Meinerzhagen, dort verlaufen eine nördliche und eine südliche Variante des Sauerland-Höhenflugs, die sich am magischen Röhrenspringer Wanderdreieck vereinigen. Ob das ein Dreieck ist, mit dem der alte Pythagoras einverstanden gewesen wäre, sei nun mal dahingestellt.

Ab dem ominösen Wanderdreieck mäandert sich der Sauerland-Höhenflug durch das Sauerland über Eslohe bis Winterberg, wo der Rothaarsteig gekreuzt wird. Dann geht es weiter nach Hallenberg. Und bei der Erwähnung dieses Etappenorts muss ich einmal hemmungslos Werbung machen. Wenn Sie den Sauerland-Höhenflug vor, hinter und durch Hallenberg hindurch erwandern, verpassen Sie bitte nicht, im

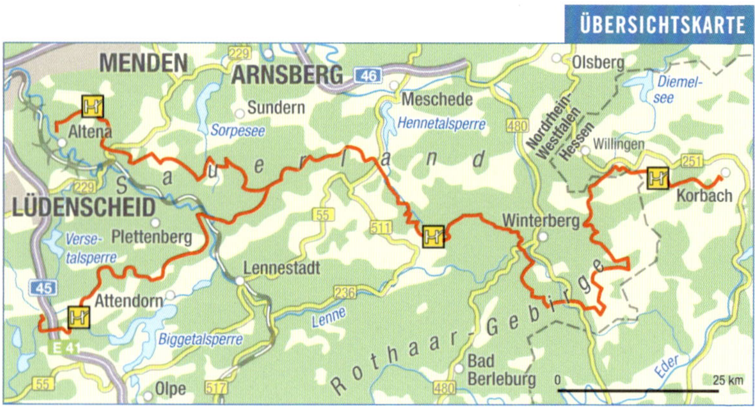

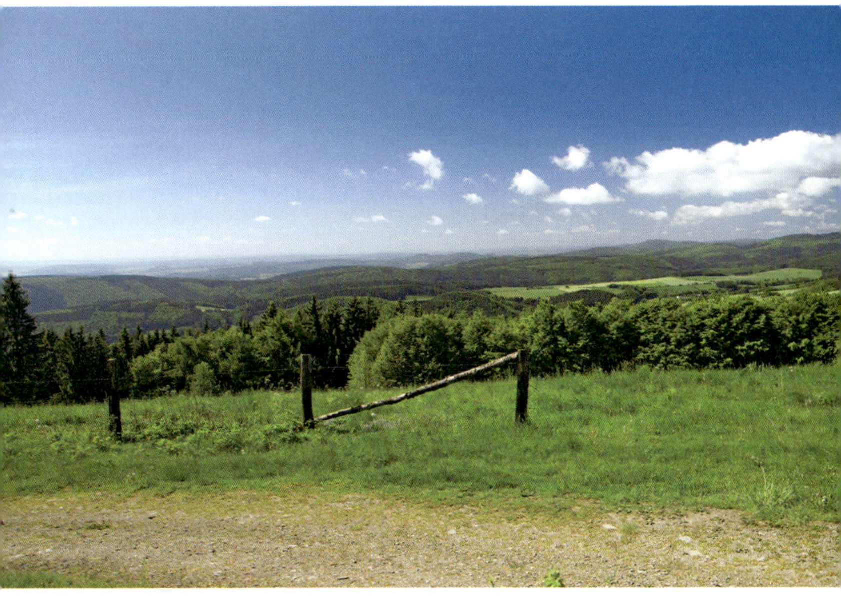

So weit das Auge reicht.

Hotel „Sauerländer Hof" zu übernachten. Ich war als Vielreisender absolut überrascht über die exzellente Ausstattung der Zimmer und die außerordentliche Liebenswürdigkeit der gastgebenden Hotelier-Familie. Von mir gibt es dafür fünf sauerländische Hotel-Sterne.

Hinter Hallenberg kann man auf dem Sauerland-Höhenflug unterhalb von Wintersportort und Skipringen-Weltcup-Station Willingen weiterwandern, bis man im hessischen Korbach nach dem langen Sauerland-Höhenflug landet. Von West nach Ost durchstreift der Wanderer auf den sauerländischen Wegen die Naturparke Ebbe, Rothaar, Hämmert und Diemelsee. Natur satt also.

Der Rote Milan ist das Wappentier des Sauerland-Höhenflugs, das passt natürlich, denn der Vogel fliegt und der Wanderer schwebt über und auf den Höhen dahin. Ich glaube, ich habe den Roten Milan bei meinen Wanderungen auf dem Sauerland-Höhenflug schon einmal gesehen, ich kann mich aber auch täuschen, vielleicht war es auch ein Mäusebussard, ich finde die rote Farbe am Bauch des Mailänder Vogels ist sehr schwer zu erkennen.

Die Marketing-Experten des Sauerland-Höhenflugs überbieten sich in Wortspielen zum Thema „Flug". Der Werbeslogan für den 250 Kilometer langen Weitwanderweg ist: „Nur fliegen ist schöner" und es wird

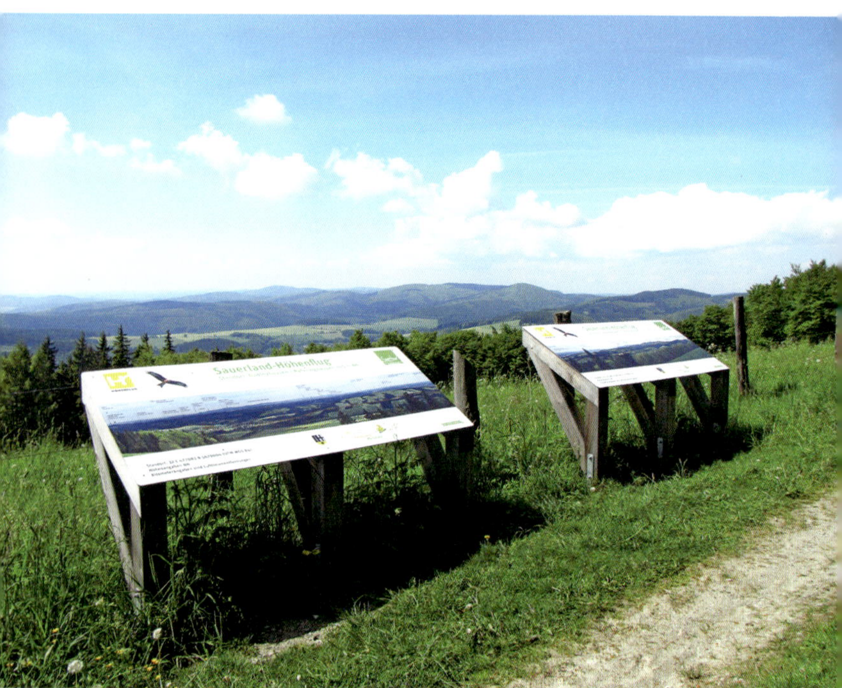

Schöne Aussicht auf dem Höhenflug

versprochen, dass die „Wanderstunden wie im Fluge“ vergehen würden. Das könnte man aber natürlich noch erweitern. Ich schlage folgende Werbesprüche vor:

- Auf den Sauerland-Höhenflug werdet ihr fliegen!
- Keine Bruchlandung auf dem Sauerland-Höhenflug, versprochen!
- Ganz sicher werden Sie keine Sauerland-Höhenflugangst bekommen – auch ohne Sauerland-Höhenflugbegleiter …

Jetzt aber anschnallen, Ihr Kapitän Andrack und seine Crew begrüßen Sie an Bord der Sauerland-Höhenflug-Air, ich hoffe, Sie fühlen sich wohl hier an Bord. Im Falle eines Druckabfalls bitte die Täler des Sauerlands aufsuchen, nicht jedem tut die Höhenluft gut. Jetzt aber bitte anschnallen, die elektronischen Geräte ausschalten, die Rückenlehnen nach vorne klappen und die Klapptische auch. Es geht los, wir starten in wenigen Sekunden auf Ihrem Sauerland-Höhenflug zur Etappe von Neuenrade nach Altena …

Die Etappe von Neuenrade nach Altena auf dem Sauerland-Höhenflug

ICH BIN VOM BAHNHOF WERDOHL mit dem Bus hinauf „geflogen". Am Neuenrader Vorort Wilhelmshöhe steige ich aus. Bisher kannte ich nur den Bahnhof Wilhelmshöhe in Kassel, aber der Wilhelm scheint öfter mal die Höhenluft genossen zu haben. Nach wenigen Metern treffe ich auf das erste Wegzeichen des Sauerland-Höhenflugs. Das gelbe Zeichen mit dem „H", dessen horizontaler Querstrich sich geschmeidig verbiegt, ist sehr gut zu erkennen.

Erst gehe ich durch einige Straßen von Neuenrade, aber das ist nur die Ouvertüre für das pure Naturvergnügen. Kaum fünf Minuten, nachdem ich aus dem Bus ausgestiegen bin, wandere ich an einem gurgelnden, kleinen Bach. Es ist die Hönne, ein Zufluss der Ruhr. Woher ich den Namen des Bachs kenne? Weil die Quelle der Hönne nicht weit ist und zu einer kurzen Rast einlädt. Ich liebe Informationstafeln am Wanderweg, denn – wie man so schön sagt – man wird alt wie eine Kuh und lernt immer noch dazu. Die Informationstafel an der Hönnequelle verrät mir, dass die Quelle, an der ich sitze, eine Hungerquelle ist. Das bedeutet, dass nur bei Regenfällen etwas Wasser hinausquillt. Verschämt packe ich mein Brot wieder ein, in das ich gerade herzhaft reinbeißen wollte. Wenn die arme Quelle hungrig ist und bleibt, werde ich auch fasten.

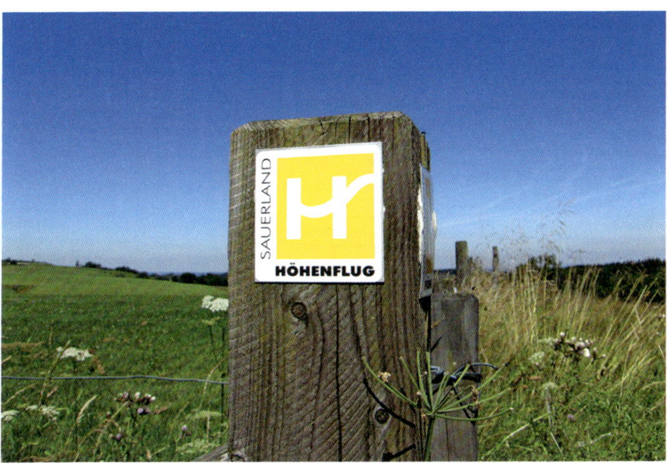

Folgen Sie dieser Markierung.

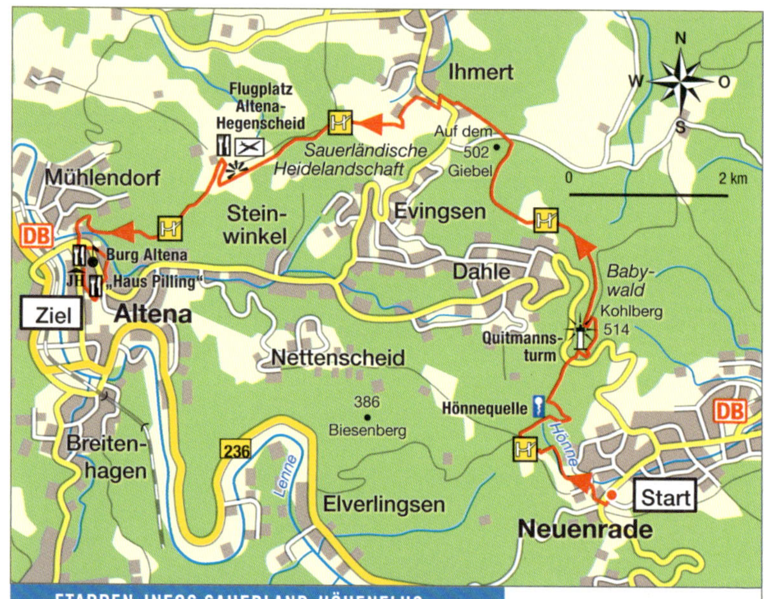

ETAPPEN-INFOS SAUERLAND-HÖHENFLUG

Länge der Etappe
17,8 Kilometer

Schwierigkeitsgrad
Mittelschwer

Anfahrt/Abfahrt
Stündlich aus Richtung Hagen und Siegen mit der RE 16 bis Werdohl und weiter mit dem Bus R60 zur Haltestelle Neuenrade-Wilhelmshöhe. Alternativ kann man mit der Hönnetalbahn (DB Regio RB 54) bis zum Bahnhof Neuenrade fahren. Dann noch fünf Stationen mit dem R60 bis Wilhelmshöhe. Zurück mit der RB 91 ab Bahnhof Altena.

Start/Ziel
Start ist in Neuenrade-Wilhelmshöhe, Ziel an Burg Altena.

Gastro-Tipp
Haus Pilling, Nettestraße 18
58762 Altena, Tel. 02352/245 59
Mo Ruhetag, www.haus-pilling.de
Ältestes Haus am Platz, seit 1724 – Spezialität: Westfälisches Büfett.

Restaurant „Burg Altena“
Fritz-Thomee-Straße 80
58762 Altena
Tel. 02352/548 86 95
Mo Ruhetag
Schlemmen wie die Ritter oder zumindest wie die Knappen.

Bierempfehlung
Schlösser Alt – Altbier passt zwar nicht so recht ins Sauerland, ist aber auf der Burg Altena im Ausschank. Und SCHLÖSSER Bier auf der BURG, das passt irgendwie …

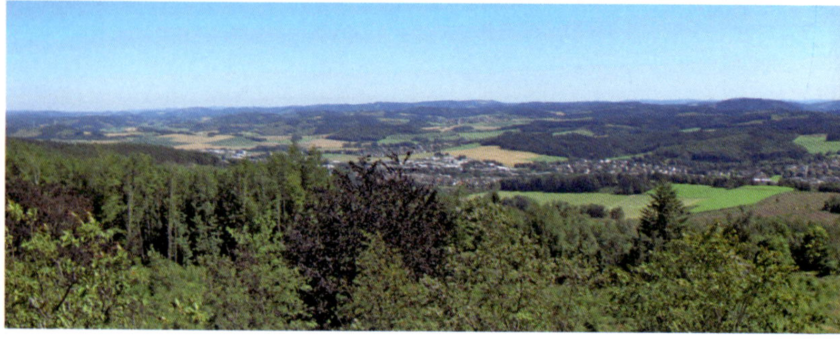

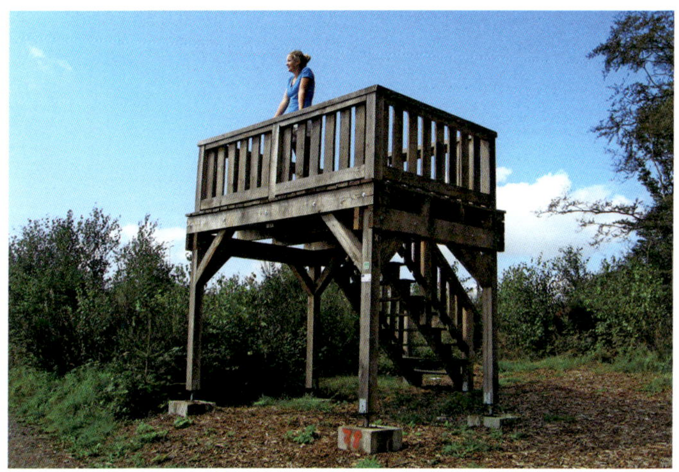

Die Aussichtstürme bieten ...

Hinter der Hönnequelle gehe ich über Wanderwege, die mir herrliche Aussichten über das Sauerland ermöglichen. Eine hölzerne Aussichtsplattform erlaubt, feldherrenmäßig innezuhalten und diese Ausblicke zu verinnerlichen. Weite Blicke in die Landschaft, wohin man schaut, das sollte doch eigentlich reichen. Sollte man meinen. Gäbe es da nicht diesen Aussichtsturm auf dem Kohlberg, den Quitmannsturm. Soll ich hoch oder nicht? Diese Frage stelle ich mir bei solchen Aussichtstürmen immer wieder. Einerseits bin ich ja schon ganz schön aussichts-gesättigt. Andererseits neigt jeder Wanderer zur Neugier, sonst könnte man ja zu Hause bleiben. Und es könnte ja immer sein, dass man von der Aussichtsplattform mehr sieht als vom Boden. Also gehe ich hinauf. Dass die breiten Treppenstufen aus Gitterrosten zusammengesetzt sind, will mir gar nicht gefallen. Das weiß man doch

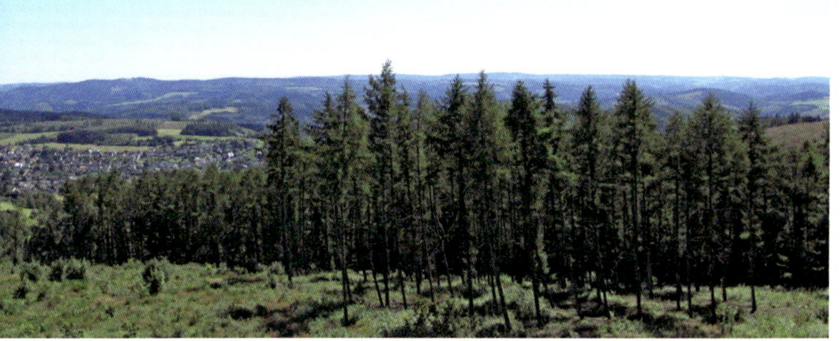

... weite Blicke ins Sauerland.

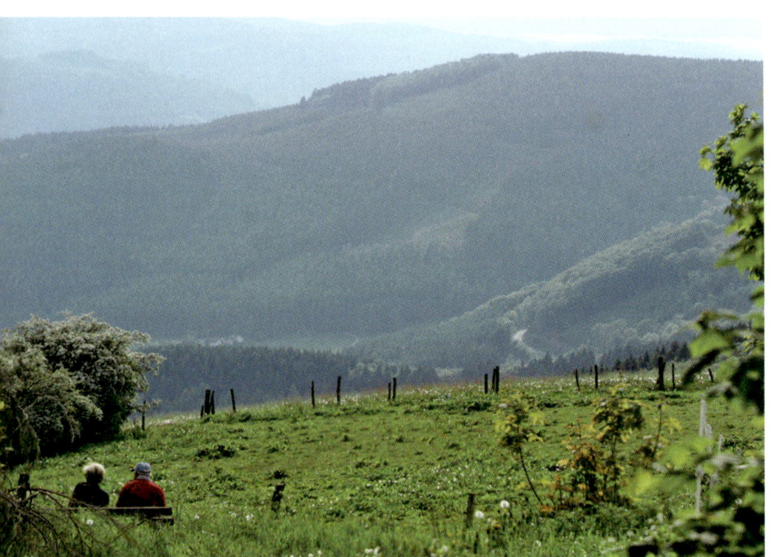

Ein Platz zum Entspannen

spätestens seit Hitchcocks Film „Vertigo", dass es eine Vielzahl von Menschen gibt, die unter Höhenangst leiden. Ich kann mich gerade noch beherrschen, im Vier-Füßler-Modus den Turm zu erklimmen. Und oben sehe ich – das Gleiche wie von unten, nur stehe ich jetzt circa 15 Meter höher. Hat sich das nun gelohnt? NEIN!

Also wieder runter, wobei mir auffällt, dass man beim Abwärtsgehen noch mehr Angst haben kann, auf diesen Gitterrosten zu wandeln. Ich sage es mal so: Der Quitmannsturm und ich, beste Freunde werden wir nicht mehr. Ich wandere weiter auf dem Sauerland-Höhenflug Richtung Altena und stehe kurz hinter dem Aussichtsturm vor einer bemerkenswerten Ansammlung von Baum-Anpflanzungen. Ist das eine Baumschule? Ein Schild klärt mich auf: Es handelt sich um einen Babywald. Zuerst bin ich empört. Man darf doch keine Babys einpflanzen! Aber dann verstehe ich: Für jedes neue Baby in Neuenrade wurde ein Baum eingepflanzt. Eine gute Idee der Eltern von Emma Sophie und Carlotta Malin. So kann man sehen, wie die Kleinen größer werden und die Bäume wachsen.

Wenn man allerdings davon ausgeht, dass jedes zweite Kind, das in den letzten Jahren geboren wurde, eine Lebenserwartung von mindestens 100 Jahren hat, dann kann man sich vorstellen, was das einmal für ein Urwald-Gedränge im Babywald in 80 oder 90 Jahren geben

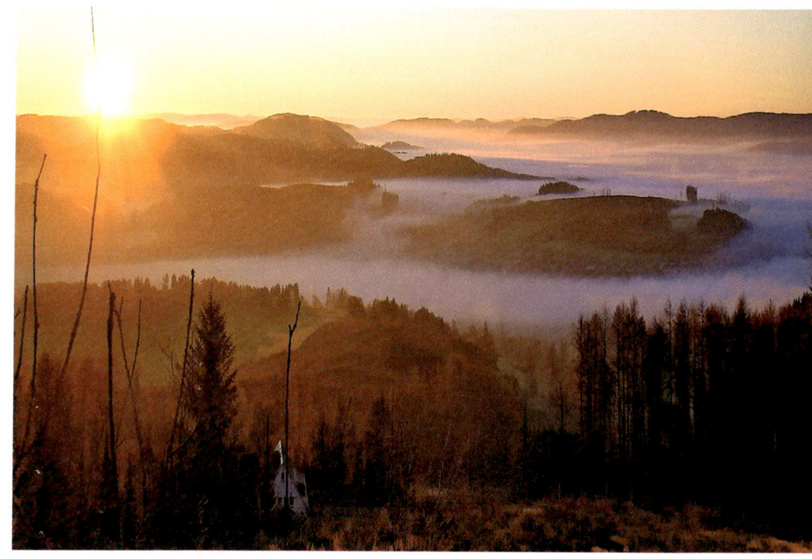

Nebel über Neuenrade

wird, weil die Bäume sehr nahe zusammenstehen. Aber 2100 wird der Babywald ja sowieso schon längst Greisenwald heißen.

Ab dem Babywald geht die Sauerland-Etappe zumeist bergab, befindet sich also sozusagen im Sinkflug. Ich erreiche den Ortsrand der Gemeinde Ihmert und muss für eine kurze Weile an einer viel befahrenen Landstraße entlanggehen. Aber nach dieser kurzen Weile geht es weiter in Richtung Westen, und dort gibt es dann, während ich wieder bergan wandere, wirklich etwas Neues. Anscheinend durchschreite ich gerade ein Arreal, in dem, wie an vielen Stellen im Sauerland, Kollege Kyrill ganze Arbeit geleistet und reihenweise die Fichten flachgelegt hat. In den letzten Jahren hat sich aber die Vegetation wieder erholt, die vorher baumreiche Fläche ist nun interessanterweise zur Heidelandschaft mutiert. Das ist eine sehr schöne Sache an dieser Sauerland-Höhenflug-Etappe, dass man so viele unterschiedliche Landschaftsbilder genießen darf.

Dann passiere ich einen Flughafen, den Flughafen von Hegenscheid. Der Wanderer wandert auf dem Sauerland-Höhenflug, der Flieger grüßt die Sonne und startet seine Propellermaschine. Interessanterweise öffnet sich am Flugplatz Hegenscheid auch erstmals der Ausblick Richtung Norden und man schaut Richtung Dortmund. Das gesamte östliche Ruhrgebiet liegt einem zu Füßen – das ist doch wunderbar!

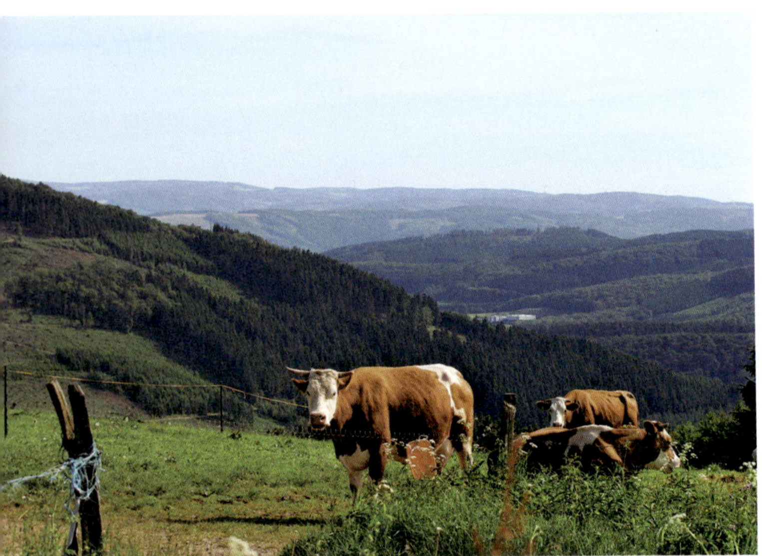

Kühe bei Wildewiese

Ich reiße mich von der Aussicht los, die es locker mit jedem Alpenpanorama aufnehmen kann, und gehe in einer Art Wanderwegschleife hinunter Richtung Altena. Schilder am Wegesrand klären mich auf, dass Altena berühmt und bekannt dafür war, dass dort viele Drahtzieher gearbeitet haben. Drahtzieher kannte ich bisher nur als Hintermänner, die gerne bei ihren heimlichen Geschäften im Dunklen und Geheimen bleiben. Aber in Altena an der Lenne wurde dem Beruf des Drahtziehens wohl in aller Öffentlichkeit nachgegangen.

Ich wandere durch das erste Wohnviertel und denke, nun, das war's wohl im Wesentlichen mit den Highlights dieser Etappe, zumindest den Faktor „Natur" kann ich anscheinend langsam knicken. Aber dann biege ich um eine Straßenecke, und sehe – ähnlich einem Märchenschloss – die Burg Altena vor mir liegen: Postkartenmotiv, spektakulär, richtig romantisch. Und es geht noch mal richtig in den Wald über einen Pfad. Da ich im sonnigen Herbst wandere, schillern die Blätter wunderbar in allen Gelb-, Braun- und Rottönen.

Bevor ich allerdings mein Märchenschloss erreiche, muss ich hinunter in ein Seitental der Lenne und eine viel (und viel zu rasant) befahrene Straße überqueren. Aber dann gehe ich nur noch wenige 100 Meter hinauf zur Burg Altena. Dort endet der Sauerland-Höhenflug, ein wirklich würdiger Schlusspunkt, ein Paukenschlag-Finale. Denn diese Burg

ist eine Burg wie aus dem Bilderbuch! Und es ist eine wirklich historische und altehrwürdige Burg, nicht ein Kunstprodukt des 19. Jahrhunderts wie Neuschwanstein oder viele Burgen am Rhein. Nein, Burg Altena blickt auf eine lange und bewegte Geschichte zurück. Grafen und Amtmänner haben auf der Burg residiert, die Burg-Gebäude wurden als Armenhaus, Gefängnis und Krankenhaus genutzt. Aber Burg Altena ist natürlich vor allem für die Freunde der deutschen Jugendherbergen ein Mythos. (Und wer ist bitte schön kein Freund der deutschen Jugendherbergen? Irgendwie steckt doch in uns allen ein heimlicher Herbergsvater.)
Denn 1912 gründete Richard Schirrmann in der Burg Altena die erste Jugendherberge der Welt. Leider kann man nicht mehr in den originalen Betten übernachten, das ist alles inzwischen museal geworden. Aber noch immer wird die Burg als Jugendherberge genutzt. Das kann ich mir nicht entgehen lassen – nach der Wanderung auf dem Sauerland-Höhenflug lasse ich meine Träume in den Kissen einer sauerländischen Jugendherberge fliegen. Herrlich!

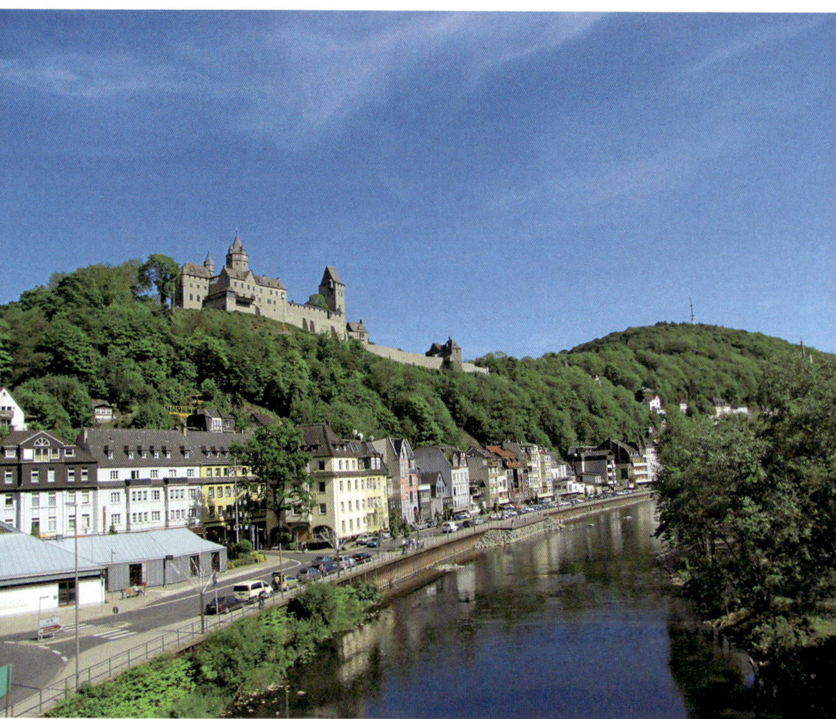

Die großartige Burg Altena

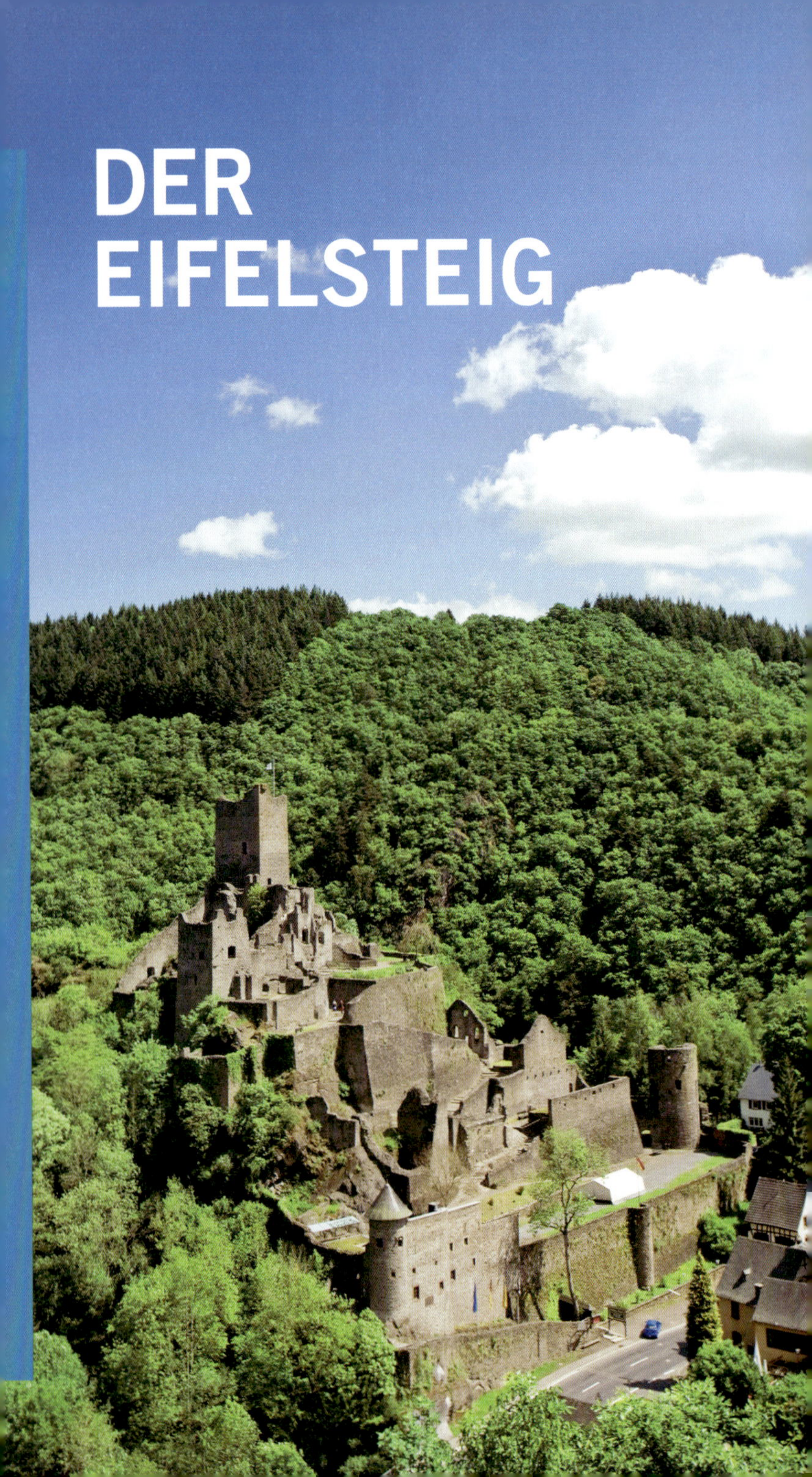
DER
EIFELSTEIG

Öfter mal auf dem Holzweg

Im Zweifel die Eifel, mit diesem Motto liegt man beim Wandern im südlichsten Teil von Nordrhein-Westfalen immer richtig. Seit über 130 Jahren durchzieht ein dichtes Netz von Wanderwegen des Eifelvereins diese Mittelgebirgsregion. Da war es nur ein Frage der Zeit, einen durchgehenden Premiumweg von Aachen nach Trier einzurichten. Dabei konnte man leider nicht jede attraktive Landschaft in den Eifelsteig einbauen. Die Gegend um Irrel in der Südeifel blieb genauso unberücksichtigt wie die Osteifel. Das ist zwar schade, aber irgendwann liegt auch die Kunst eines Wanderwegs in der Beschränkung. Aber was heißt Beschränkung, was der Eifelsteig zu bieten hat, ist wirklich außergewöhnlich.

Das Motto des 313 Kilometer langen Weitwanderwegs lautet: „Wo Fels und Wasser dich begleiten". Aber die Eifel ist so vielfältig, dass das Motto eigentlich lauten müsste: „Wo Fels und Wasser und Hochmoor und Schluchten und Höhlen und Maare und römische Wasserleitungen und Burgen und Quellen und Fachwerk und Stauseen und Klöster und alte Römerstädte dich begleiten". Aber das wäre dann doch etwas zu lang. Dennoch, da ich lege ich mich fest, der Eifelsteig ist unter den deutschen Steigen der Weg mit der größten Vielfalt, der größten Abwechslung.

Machen wir doch einen kleinen Flug über den Eifelsteig, wie das abends in der Tagesschau der ani-

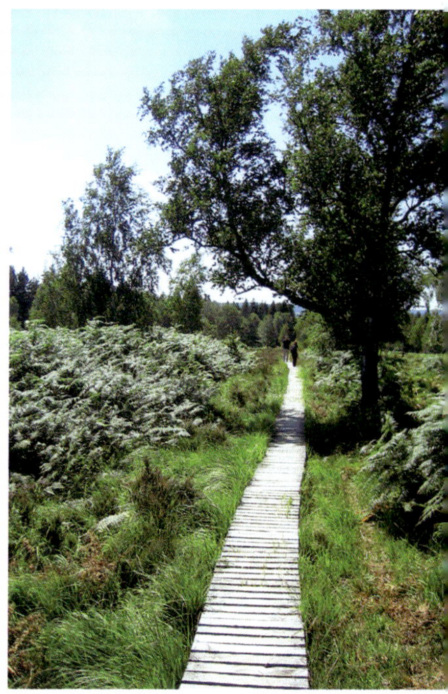

Passage durchs Hohe Venn

Links: Die Niederburg in Manderscheid

ÜBERSICHTSKARTE

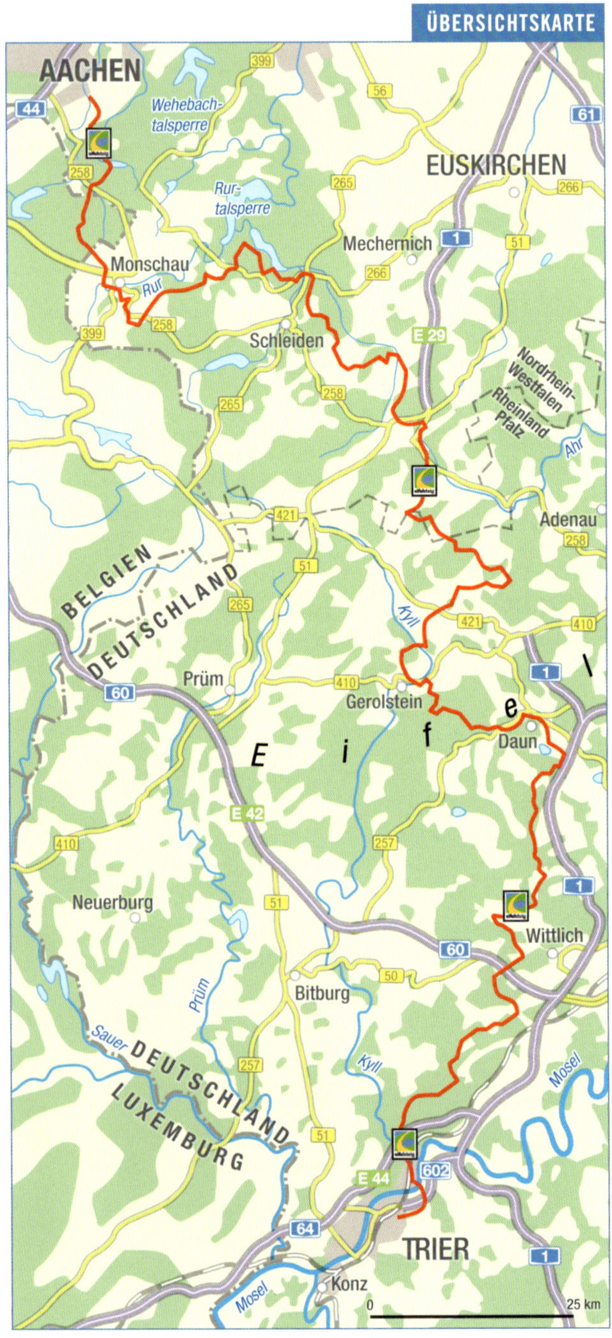

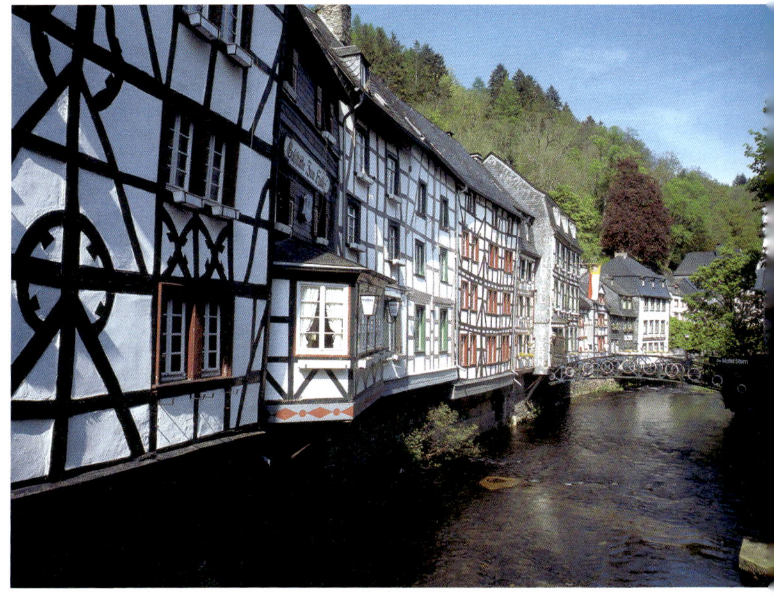

Fachwerkromantik in Monschau

mierte Wetterflug auch macht. Das Wetter ist natürlich durchgehend perfekt, über dem Eifelsteig lacht die Sonne. Wir starten in Kornelimünster, einem südlichen Stadtteil der Karl-der-Große-und-Printenstadt Aachen. Ziemlich zügig geht es in Richtung belgische Grenze und dann hinein ins Hohe Venn, eine der herausragenden europäischen Hochmoorlandschaften. Oft verläuft der Eifelsteig im belgischen Teil auf Holzstegen, um keine nassen Füße zu bekommen, da ist man im wahrsten Sinne des Worts öfter mal auf dem Holzweg. Dann wird Monschau erreicht, der Ortsname leitet sich vom Berg der Freude her, dem Freudenberg, auf französisch heißt das Montjoie. Und wenn man genug Eifelschnäpse getrunken hat, wird aus Montjoie ganz schnell Monschau. Auf jeden Fall ist es wirklich so, dass Monschau Spaß macht. Eng drängen sich die Fachwerkhäuser an die Rur ohne „H", es scheint so, als wäre die Zeit stehen geblieben in diesem Eifelstädtchen, dass man – ohne rot zu werden – durchaus als Eifelperle bezeichnen kann. Wer aber richtig rot im Gesicht werden will, der sollte in der berühmten Senfmühle von Monschau mal einen kräftigen Bissen vom Chilisenf nehmen, es gibt dort die tollsten Sorten. Currysenf, Honigsenf, Rieslingsenf, Biersenf, Orangensenf, Johannisbeersenf, Ingwer-Ananas-Senf.

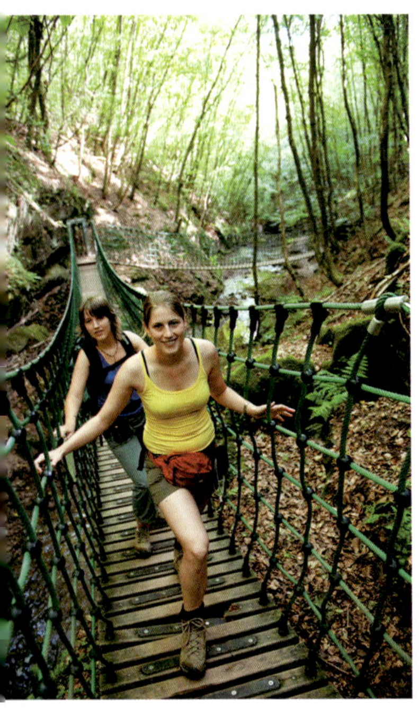

Mutprobe am Eifelsteig

Dem Lauf der Rur folgend verläuft der Eifelsteig hinter Monschau, bis man Einruhr erreicht, einen Ort am Obersee, einer Vorsperre des Rurtalsees. Dann geht es an der höher gelegenen Urfttalsperre vorbei, an der auch die berüchtigte „Burg“ Vogelsang gelegen ist. Die alte Ordensburg der Nationalsozialisten wurde nach dem Krieg von den Belgiern als Kaserne genutzt. Bis Ende 2005 war der Bereich um die „Burg“ Vogelsang und die Urfttalsperre militärisches Sperrgebiet. Daher konnte sich (weitgehend) ungestört von menschlichen Einflüssen eine großartige Flora und Fauna entwickeln. Das wurde genutzt, indem man in dieser wunderschönen Region der Nordeifel 2004 den Nationalpark Eifel geschaffen hat, den ersten Nationalpark in NRW! Weiter geht es auf dem Eifelsteig über Gemünd und Olef nach Nettersheim. Mit diesem Abschnitt werde ich mich später noch genauer beschäftigen. Hinter Nettersheim wandert man an der Bahnstrecke von Köln nach Trier entlang, bis es hinunter nach Blankenheim geht. Von dort dann über Ripsdorf und die herrlichen Wacholderhügel von Alendorf ins Lampertsbachtal. Dieses Tal markiert die Grenze zwischen Nordrhein-Westfalen und Rheinland-Pfalz. Dort im Lampertsbachtal, sozusagen am Checkpoint Charlie zwischen NRW und RLP, wurde im April 2009 der Eifelsteig eröffnet. Da es nie so einfach ist, wenn zwei Bundesländer die Koordination eines Weitwanderwegs stemmen müssen, hatte ich bei der Eröffnung des Eifelsteigs einen Vorschlag zur Bundesländerneuordnung gemacht: Die einen werden die Westfalen los und die anderen trennen sich von den Pfälzern und dann entsteht wieder, wie schon zu Preußens Zeiten, ein vereinigtes Rheinland, das würde eine Eifel aus einem Guss ergeben …

Man versprach von politischer Seite, den Vorschlag zu prüfen, ich glaube, die prüfen aktuell immer noch. Also wird es erst einmal dabei bleiben, dass der südliche Teil des Eifelsteigs nicht mehr zu Nordrhein-Westafeln gehört. Aber auch auf dem rheinland-pfälzischen Ab-

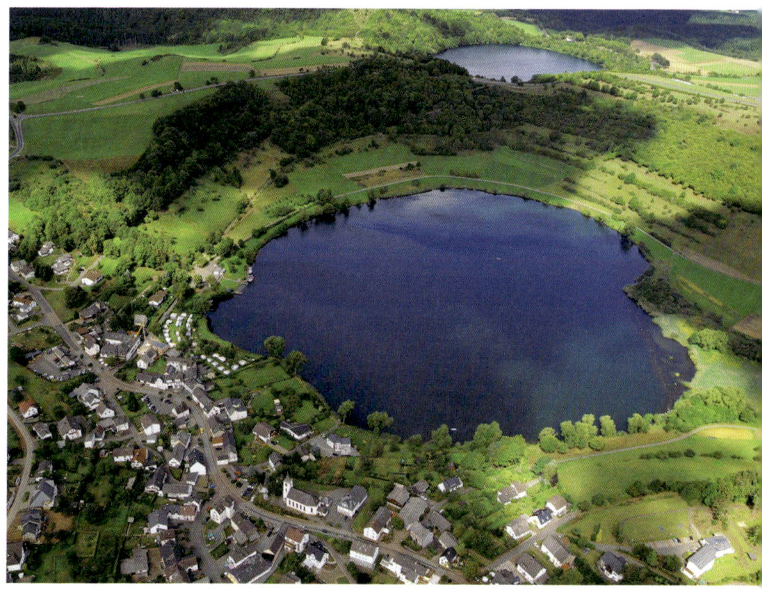

Die Maare – Augen der Eifel

schnitt des Eifelsteigs kann man natürlich noch eine Menge erleben: die Burg Kerpen zum Beispiel, die Sprudelstädte Gerolstein und Daun. Um Daun herum die vulkanischen Seen, die Maare, die man auch die Augen der Eifel nennt. Zwischen Daun und weit hinter Manderscheid dann den berühmten Lieserpfad, über den ich einst schrieb, er wäre der schönste Wanderweg der Welt. Dann Kloster Himmerod, das Salmtal, das Kylltal, die Genovevahöhle und die Klausenhöhle und schließlich, als Höhepunkt, als Sahnehäubchen des Eifelsteigs, wird die Mosel erreicht und damit auch die älteste Stadt Deutschlands: Trier. Dem Wanderliebhaber läuft bei dieser Vielfalt des Eifelsteigs das Wasser im Mund zusammen. Aber Achtung! Der Eifelsteig ist nicht ohne, die Etappenlängen sind durchaus sportlich – die 25 Kilometer zwischen Monschau und Einruhr und die 29 Kilometer zwischen Bruch und Kordel sind eigentlich etwas heftig für einen Tag. Ein Bekannter von mir wollte den gesamten Eifelsteig erwandern, musste aber nach drei Etappen wegen Rückenschmerzen abbrechen. Er hatte zu viel in den Rucksack gepackt und die Steigungsmeter in der Eifel eindeutig unterschätzt. Da hilft, wenn man den kompletten Steig erwandern will, nur ein Gepäcktransfer von Hotel zu Hotel und Wandertraining. Man kann auch einfach Etappe für Etappe einzeln wandern und genießen.

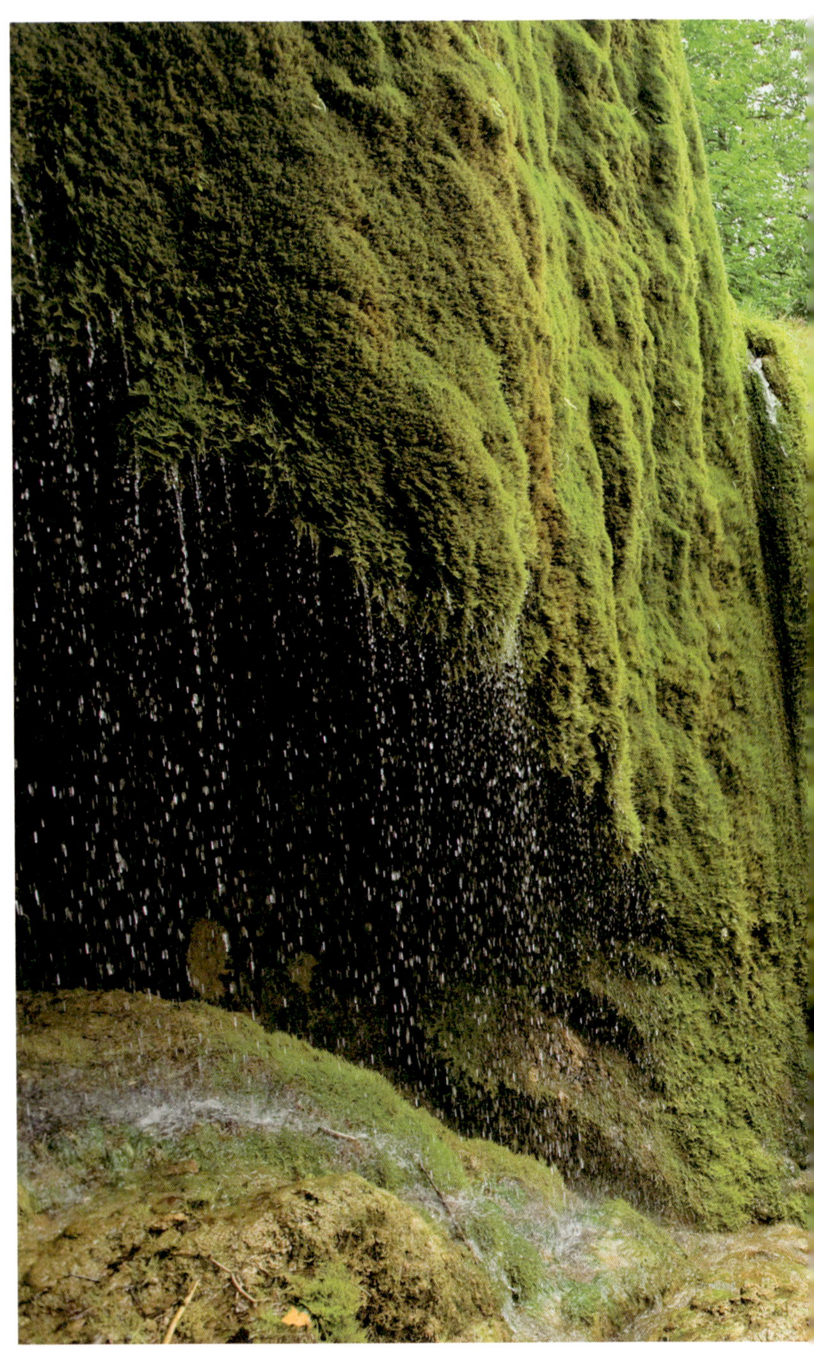

 Der Dreimühlenwasserfall an der Nohner Mühle

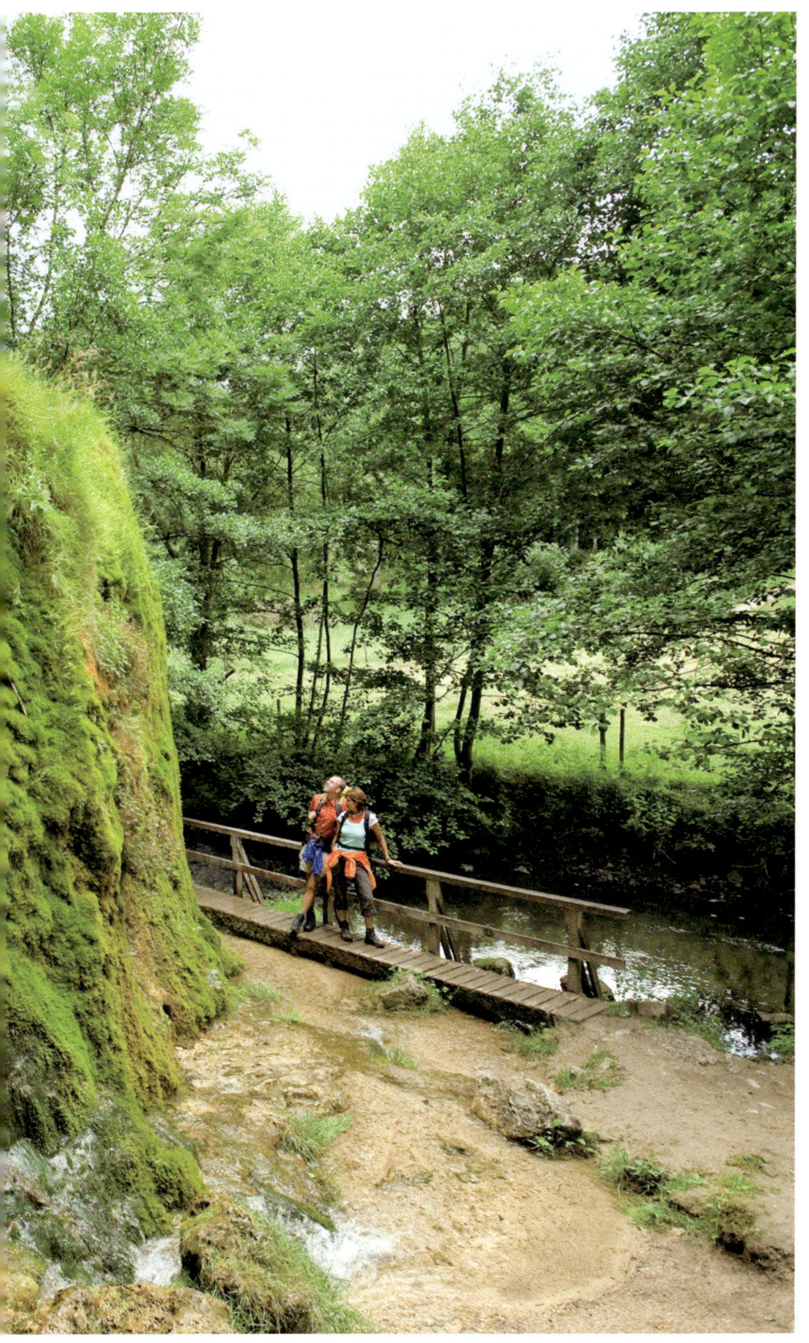

Auf dem Eifelsteig von Olef nach Nettersheim

WENN MAN ES EINRICHTEN und an einem Sonn- oder Feiertag zwischen Mitte Mai bis Anfang November wandern kann, sollte man nach Olef mit der Bahn anreisen. Die Oleftalbahn war 1981 stillgelegt worden, seit 2010 verkehrt sie wieder zwischen Kall und Hellenthal und wurde in einer WDR-Sendung mit dem Titel „Manuel Andracks 15 schönste Bahnstrecken in NRW" vom Autor der Sendung auf den fünften Platz der schönsten Bahnstrecken in NRW gewählt. Herzlichen Glückwunsch nachträglich.

Das wirklich Sensationelle ist, dass die Oleftalbahn quer über die Dorfstraße und den Dorfplatz von Olef verläuft. Da das nicht so ganz ungefährlich ist, muss immer ein Schaffner mit Warnweste und Warnflagge vorangehen, dahinter wie ein Hündchen der Schienenbus im Schritttempo, das ist wirklich sehr spektakulär und nicht nur für Eisenbahnfreunde ein Genuss. Wir winken also noch einmal der Oleftalbahn und orientieren uns dann an den gelb-grünen Markierungen des Eifelsteigs. Wir, das ist eine Gruppe von Leuten, die eine Eifelsteig-Wanderreise bei einem norddeutschen Reiseunternehmen gebucht hat. Wir gehen langsam bergan, hinaus aus dem Tal der Olef in östlicher Richtung. Auf der Höhe oberhalb von Kall stoßen wir auf den Pingenweg. Pingen, das sind kleine, verlassene Erzgruben. Unglaublicherweise findet man in den Wäldern bei Kall über 2.000 von diesen Pingen, trichterförmige Bodenvertiefungen. Denn wirklich tief musste man im späten Mittelalter nicht nach dem Erz buddeln. Das war nicht sehr ergiebig, aber man konnte sich immerhin ein kompliziertes Grubensystem mit Fördertürmen und Loren sparen. Mit der „guten alten Zeit" hat die Arbeit in den Pingen wirklich nichts zu tun, da waren wir uns in der Wandertruppe einig, dann doch lieber einen 40-Stunden-Bürojob und am Wochenende eine schöne Wanderung auf dem Eifelsteig, das ist die „gute neue Zeit".

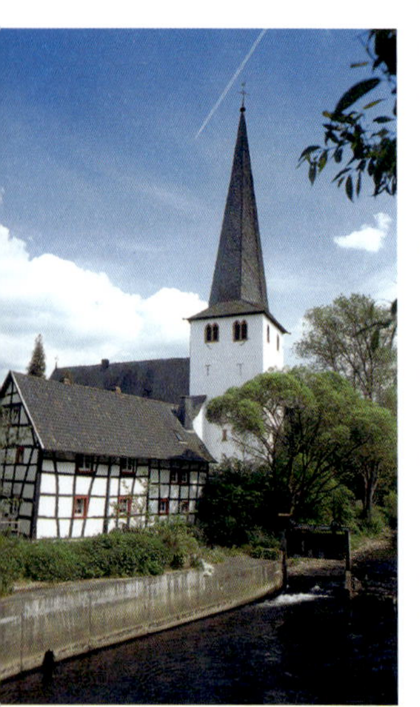

Spätgotische Pfarrkirche in Olef

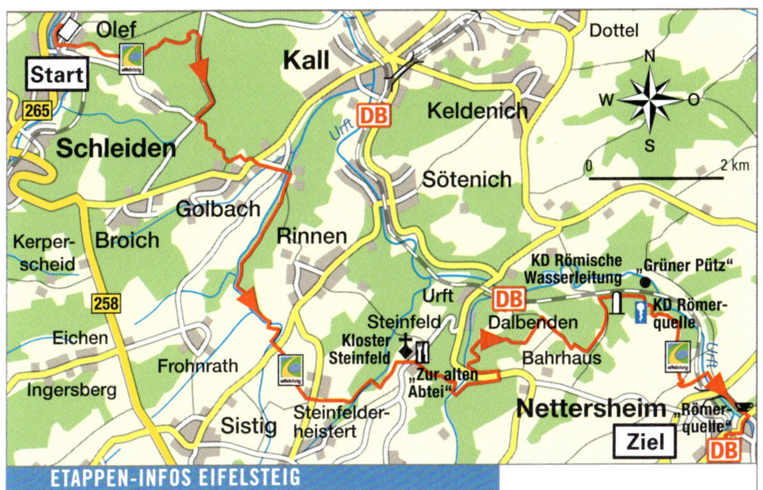

ETAPPEN-INFOS EIFELSTEIG

Länge der Etappe
20,5 Kilometer von Olef nach Nettersheim

Anfahrt/Abfahrt
Olef ist hervorragend mit Bahn und Bus zu erreichen. Zum Beispiel einfach aus Richtung Köln mit der DB Regio RE 12, RE 22, RB 24 nach Kall fahren und von dort mit Bus SB 81 nach Olef; der Schnellbus verkehrt stündlich auch an den Wochenenden, in der Woche teilweise auch im 25-Minuten-Takt. Ab Nettersheim fährt stündlich der DB Regio RE 22 in Richtung Köln, sieben Tage in der Woche.

Start/Ziel
Start ist am Dorfplatz von Urft, Ziel am Bahnhof von Nettersheim.

Gastro-Tipp
Restaurant „Zur alten Abtei“
Hermann-Josef-Straße 33
53925 Kall-Steinfeld
Tel. 02441/779 03 01
Mo/Di Ruhetage
www.zuraltenabtei.de
Zu empfehlen sind Eifeler Wildspezialitäten und Elsässer Flammkuchen.

Café „Römerquelle“
Rosenthalstraße 1
53947 Nettersheim
Tel. 02486/13 94
www.cafe-zur-roemerquelle.de
Ein Café am Ortseingang von Nettersheim in einem hübschen Fachwerkhaus mit angeschlossener Bäckerei. Es gibt ein schönes Belohnungsbier und deftige Speisen wie Strammer Max oder Gulaschsuppe.

Bierempfehlung
Steinfelder Klosterbräu – wenn man schon ein Kloster am Wanderweg hat, sollte man diese dunkle, untergärige Bierspezialität verkosten.

Trotzdem macht Wandern natürlich müde, und so stimmen alle zu, eine Rast auf einem querliegenden Baumstamm zu machen.
Silke neben mir packt ihre mitgebrachte Brotzeit aus, schaut auf den Boden, stutzt und macht mich auf eine kleine Ringelnatter am Boden aufmerksam. Sie ist tot, die Ringelnatter. Da erwacht in mir eine Art feuerzangenbowleneske Schülerstreich-Energie. Ich nehme mir das tote kleine Schlangentier und zeige es der restlichen Gruppe, aber nicht, ohne schreckliches Entsetzen zu mimen und die Schlange durch Zuckungen meiner Hand zu „reanimieren“. Der „Erfolg“ des Dilettanten-Stadls ist durchschlagend: Viele Mitglieder der Wandertruppe schreien, kreischen, fallen vor Schreck und Ekel fast vom Baumstamm.

Da hilft es eher wenig, dass ich beruhige: „Alles nur ein Scherz." Die Aktion, so habe ich das latente Gefühl, hat mich nicht unbedingt zum Liebling der Wandergruppe gemacht. Das sollte mir eine Lehre sein, alberne Schülerstreiche in Zukunft eher bleibenzulassen.

Wir wandern weiter, überqueren bei Golbach eine Landstraße und haben auf den folgenden Kilometern des Eifelsteigs immer wieder tolle Ausblicke auf die rauhe Schönheit der Eifellandschaft. Bernd, ein großgewachsener Mitvierziger aus der Wandertruppe, ist sehr zufrieden mit seinen Eifel-Eindrücken. Und das will etwas heißen, denn Bernd ist ein richtiger Globetrotter. Vor gut 25 Jahren hat er ein IT-Start-Up für einige Millionen verkauft, seitdem bereist er als Jung-Millionär und Privatier die Welt. „Ich habe mich noch keine Sekunde gelangweilt", versichert er glaubhaft. Normalerweise ist er mit seinem Privatflugzeug unterwegs, auf dem Eifelsteig will er Wandern lernen. „Und, wie fühlt es sich an?", frage ich ihn. Er lacht breit und sagt: „Gut, wirklich sehr gut."

Nach einiger Zeit erreichen wir eine beeindruckende Abteianlage: Kloster Steinfeld. Die Wandergruppe erfährt, dass das mal eine Prämonstratenabtei war. Das Kloster, das von einer Handvoll Salvatorianermönchen geleitet wird, soll dem Vernehmen nach aufgelöst und verkauft werden. Ich schaue Bernd vielsagend an, aber der schüttelt den Kopf. Die Anlage, die auch als „Eifelkloster" bezeichnet wird, ist natürlich überaus reizvoll, aber wohl nichts für das Immobilien-Portfolio des Internet-Millionärs.

Die Stunde der Entscheidung ist gekommen. Eigentlich war die Etappe nur bis Steinfeld geplant, wo ein Shuttlebus die Wanderer zu unserer

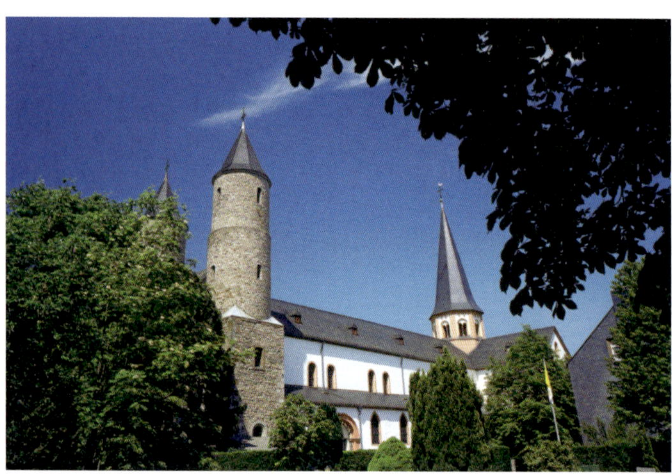

Kloster Steinfeld

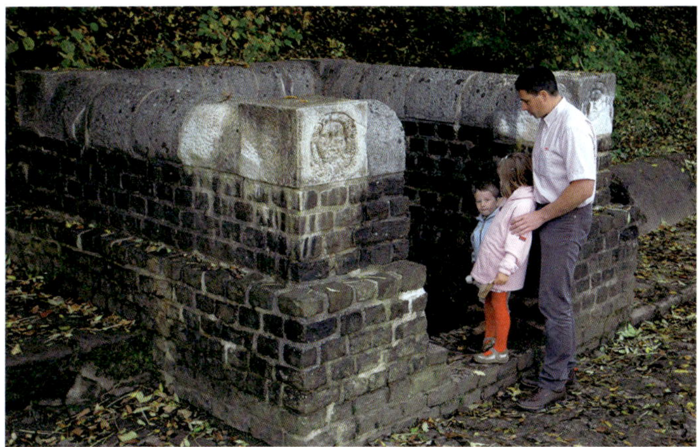

Am Grünen Pütz

Unterkunft bringen soll. Aber ich habe das Gefühl, das einige Teilnehmer der Wanderreise noch fit und nicht ausgelastet sind. Also schlage ich vor, noch weiter bis Nettersheim zu wandern, etliche Mitstreiter zeigen sich begeistert und gehen mit. Es entwickeln sich schöne und tiefsinnige Gespräche auf den nächsten Kilometern, aber es wartet ja noch ein Eifelsteig-Highlight auf uns. Wir gehen hinunter zur Urft und entdecken dort Hinweistafeln und Reste der ehemaligen römischen Wasserleitung von Nettersheim nach Köln. 95 Kilometer lang war dieses Äquadukt für die Domstadt, die damals, 80 nach Chr., natürlich noch gar keine Domstadt war. Die Eifelwasserleitung gilt als mächtigstes römisches Bauwerk nördlich der Alpen, eine gewaltige Ingenieurleistung, denn die gemauerte Hülle der Leitung musste vor Frost geschützt werden und lag zumeist unter der Erde. Und es galt, sowohl das natürliche Gefälle der Eifel auszunutzen als auch teilweise gigantische Brückenbauten über die Täler hinweg zu bauen. Wir wandern am Quellgebiet dieses Großprojekts vorbei, am sogenannten Grünen Pütz. Aus den Sickerquellen am Grünen Pütz sprudelte das klare Gebirgswasser, das die Metropole Colonia Ara Agrippinensis mit frischem Wasser versorgt hat. Wir gehen bergan in den Berg hinein und erreichen eine schöne Hochebene mit vielen Feldern und Weiden. Wir spüren schon, dass wir nun insgesamt fast 20 Kilometer gewandert sind, als wir den Eifelort Nettersheim erreichen. Bernd und die anderen Mitwanderer sind begeistert, alle wollen noch mehr Eifelsteig erleben und erwandern. Beim Belohnungsbier schmieden wir Pläne für unsere nächste Etappe auf dem Eifelsteig …

PREMIUM- & QUALITÄTS

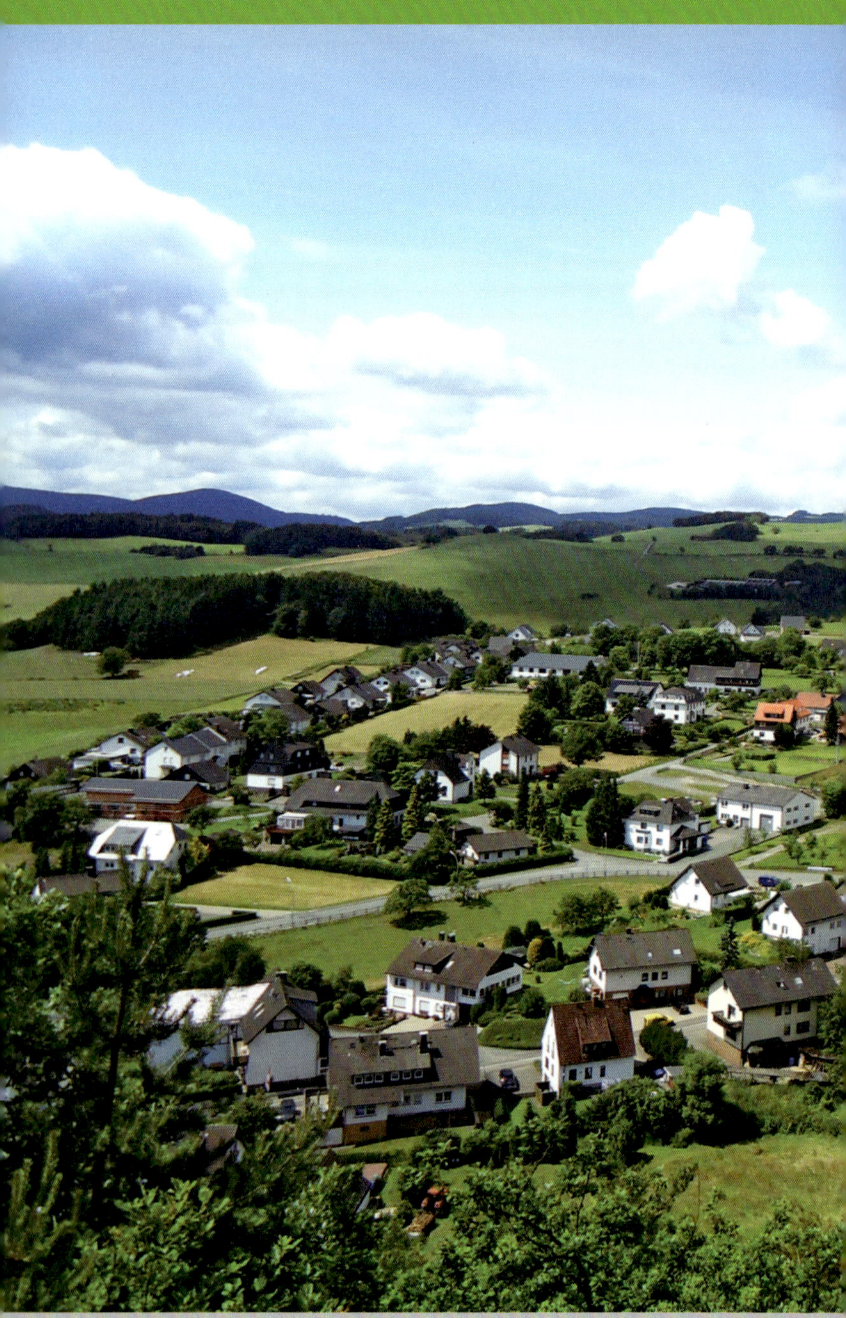

Blick auf Kreuzberg im Sauerland

WANDERREGIONEN

WASSER.WANDER.WELT. 124

DIE ROTHAARSTEIG-SPUREN 138

DIE TEUTOSCHLEIFEN 153

DIE WANDERHÖHEPUNKTE IM SÜDOSTEN 169

DIE SAUERLÄNDER QUALITÄTSWEGE 181

DER 3 TÜRMEWEG 192

DIE QUALITÄTSWEGE IM NORDEN 198

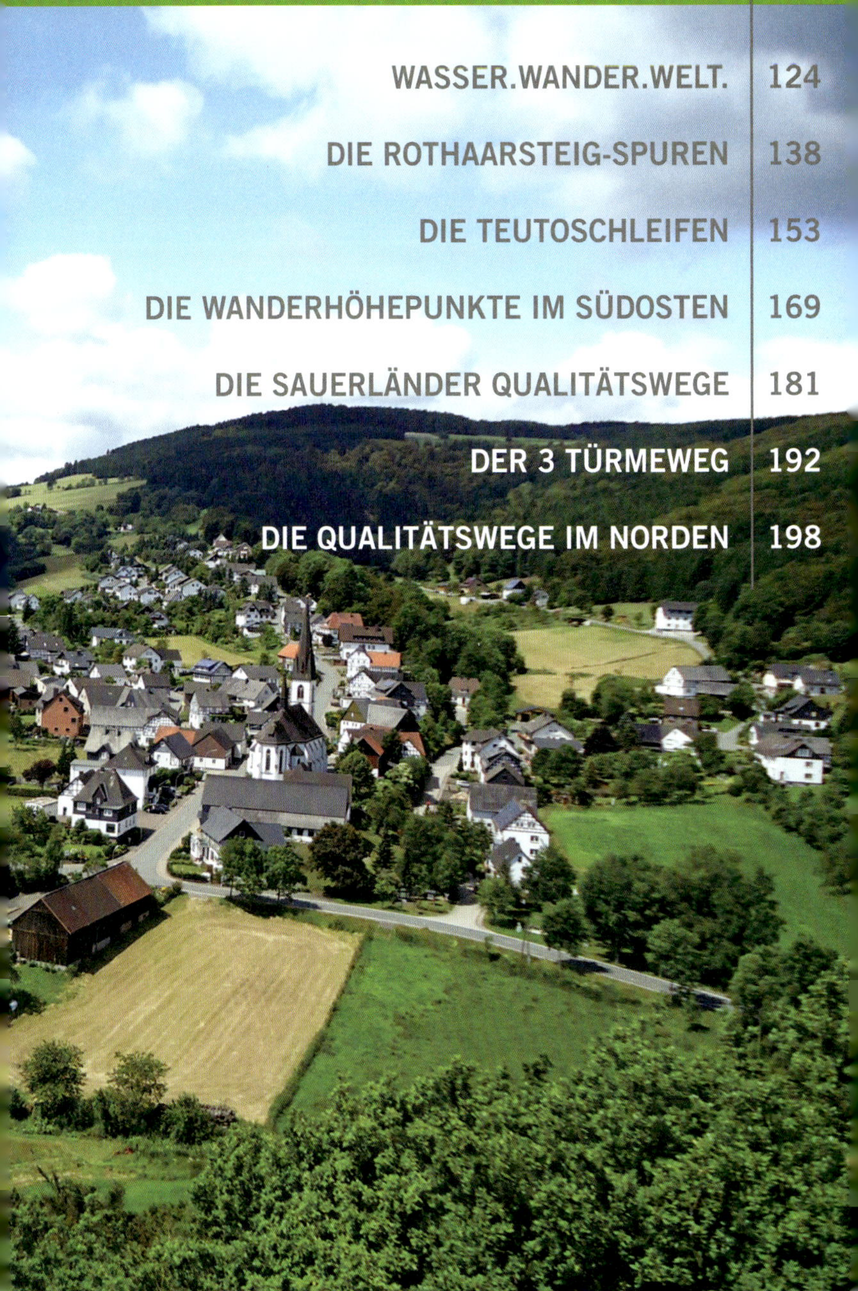

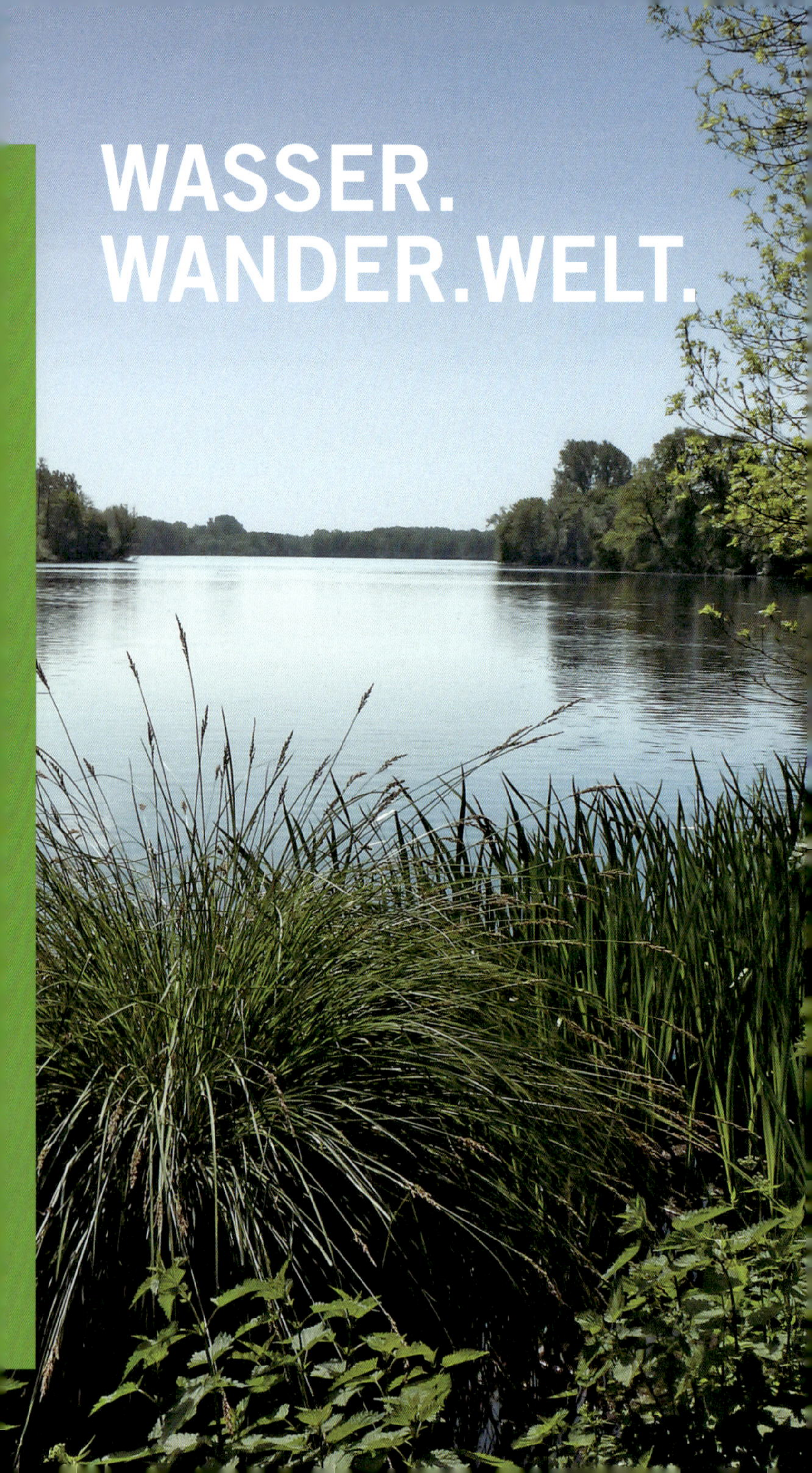
WASSER.
WANDER.WELT.

Die Waterkant vom Niederrhein

Ich habe nicht schlecht gestaunt, als ich von den Premiumwegen am Niederrhein hörte. Am Niederrhein wandern? In Viersen, Heinsberg, Mönchengladbach, da spielen vielleicht ab und an Fohlen Fußball, aber wo soll man denn dort wandern können? Als die Angaben dann präziser wurden und die Region Maas-Schwalm-Nette ins Spiel kam, erinnerte ich mich an tolle Kanutouren auf Seen und Kanälen an der holländischen Grenze mit viel Wald drum herum; vor ungefähr 45 Jahren war ich einmal dort, wo genau, das weiß ich nicht mehr. Damals holte ich mit meinem Kumpel Brötchen mit dem Bötchen, das fand ich ziemlich irre.

Aber die prinzipiellen Zweifel bleiben. Im Seichten kann man nicht ertrinken, der Spruch ist bekannt, aber kann man in einer flachen Land-

ÜBERSICHTSKARTE

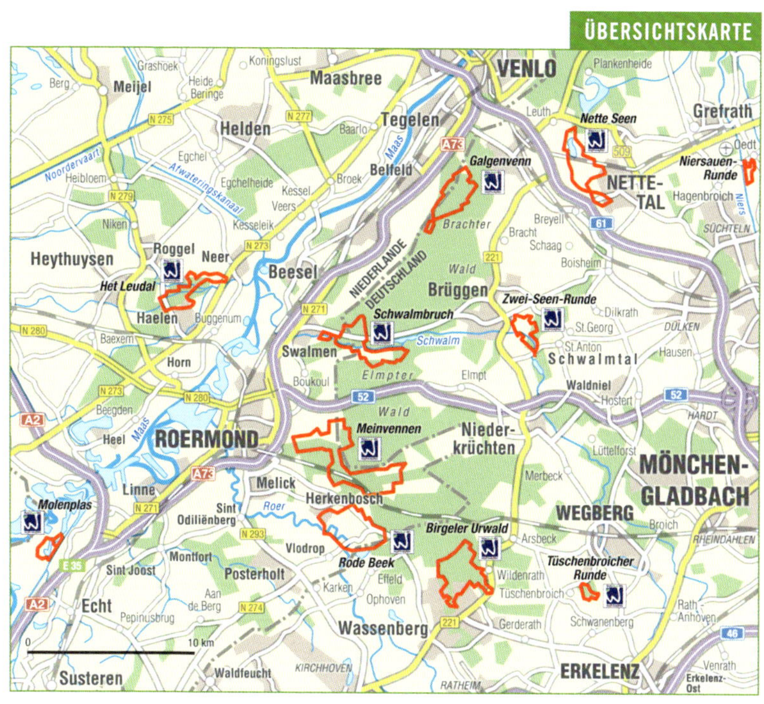

Links: Im Seichten kann man nicht ertrinken.

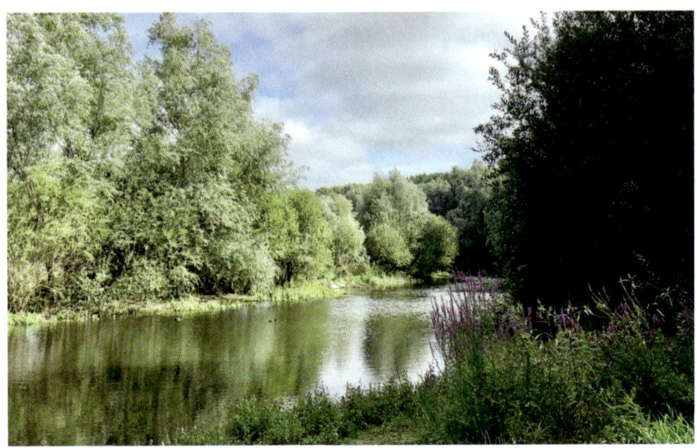

Wunderschön anzusehen: die Niersauen

schaft gescheit wandern? Ich habe das ab und an versucht, im Spreewald, im Münsterland, und immer dachte ich: Hm, wäre nicht schlecht, ein Fahrrad dabeizuhaben. Ich habe dann Klaus Erber, den Chef des Deutschen Wanderinstituts getroffen. Die vergeben schließlich die Wandersiegel für die Premiumwege und siehe da, Erber war immer noch hin und weg von der Wasser.Wander.Welt. So tolle, abwechslungsreiche, naturnahe und schöne Wandertouren, ganze neun Stück insgesamt, hätte er in einer flachen Landschaft wie dem Niederrhein nicht erwartet. Er müsste ernsthaft überlegen, einige Kriterien seines Bewertungsschemas zu überprüfen, denn die Anforderungen an einen Premiumweg hätten sich bisher ausschließlich auf (mittel-)gebirgige Wandertouren bezogen. Seit er aber diese Niederrheintouren gesehen habe, wäre er absoluter Fan des Flachland-Wanderns geworden.
Nun, das musste ich mir ansehen und so habe ich mich auf den Weg ins holländische Grenzgebiet gemacht und konnte bestätigen, was mir Erber berichtet hatte. Und ich sah, hörte und roch, warum die neun Premiumwege am Niederrhein unter der Dachmarke „Wasser.Wander.Welt." vermarktet werden: Wie schon bei meinem ersten Ausflug ins Maas-Schwalm-Nette-Gebiet vor etlichen Jahren spielt auch beim Wandern in dieser Region das Element Wasser eine elementare Rolle. Bäche, Flüsse, Kanäle, Seen, Teiche, Weiher, Boote und manchmal hat man sogar das Gefühl, dass etwas Meeresluft von Holland herüberweht. Herrlich! Und zu der Wasserlandschaft gesellt sich natürlich auch noch die entsprechende Fauna: Enten, Gänse, Schwäne, Frösche, alles, was Krach macht, hüpft, fliegt und schwimmt, ist bei

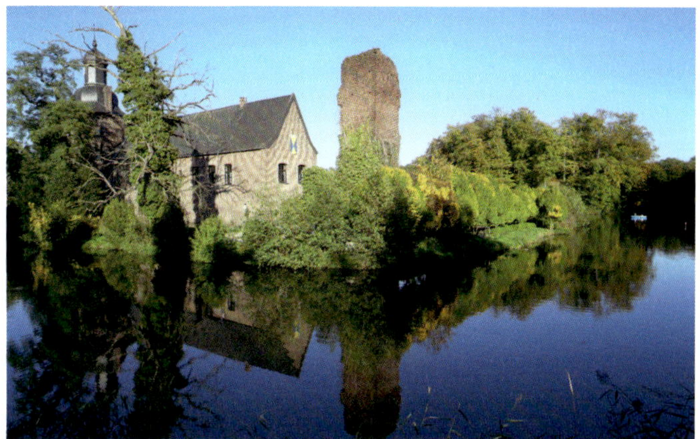

Das Tüschenbroicher Schloss an der Schwalm

der Wasser.Wander.Welt. (Warum muss da eigentlich hinter jedem Wort ein Punkt stehen? Ziemlich merkwürdig!) vertreten.
Ein weiteres Alleinstellungsmerkmal der Wasser.Wander.Welt. ist die internationale Komponente. Nun gut, es gibt bei Rheinsteig, Eifelsteig oder Rothaarsteig auch Berührungspunkte nach Rheinland-Pfalz. Das ist schon ziemlich exotisch. Aber die Wasser.Wander.Welt. ist durch und durch vom europäischen Gedanken durchdrungen. Schöne Landschaften machen nun mal nicht vor Landesgrenzen halt. So sind die Touren „Rode Beek", „Het Leudal", „Molenplas" und „Meinvennen" nahezu komplett in den benachbarten Niederlanden gelegen. Der Weg „Schwalmbruch" verläuft zu gleichen Teilen in NRW und Holland. Das ist ziemlich spektakulär, denn man kann nachvollziehen, wie die Swalm auf holländischer Seite naturbelassen ist und auf deutscher Seite die Schwalm kanalisiert wurde. Die restlichen Premiumwege am Niederrhein, die „Nette Seen", der „Birgeler Urwald", der „Galgenvenn" und die „Zwei-Seen-Runde" sind nahezu hundertprozentige NRW-Wege. Der Wegeverbund Wasser.Wander.Welt. hat auch zwei sehr kurze Spazierwanderwege im Programm, ideal für Wandereinsteiger und Familien mit kleinen Kindern. Die „Niersauenrunde" in der Nähe von Grefrath-Oedt ist nur 3,9 Kilometer lang, besticht aber sowohl durch die Passage am Flüsschen Niers als auch durch Kunstprojekte am Wegesrand. Noch kürzer ist mit genau drei Kilometern die „Tüschenbroicher Runde" bei Wegberg. Wälder, Wasser, Holzstege und eine Barockkapelle sorgen für kurzweiligen Wanderspaß auf dem kurzen Weg.

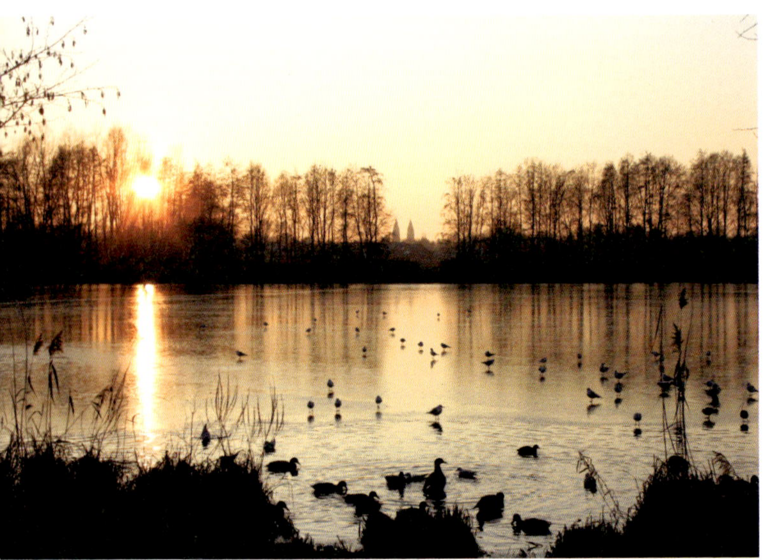

Romantik am Windmühlenbruch

Nette Seen

WIR GEHEN LOS an der Bushaltestelle im Zentrum von Lobberich, direkt am Lobbericher Dom. Für mich als Kölner ist jede Kirche mit einem Doppelturm ein Dom, egal, ob Bischofskirche oder nicht. Ich habe mich mit einer Truppe von Wanderern getroffen – mein Wanderklamottensponsor hat das organisiert –, es sind fast 40 Wanderer gekommen. Wir gehen zum Kreisverkehr, kurz danach auf die Sassenfelder Straße. Später leicht links in die Windmühlenstraße und schon bald erblicken wir den Windmühlenbruch, einen kleinen See. Ganz schön viele Windmühlen müssten nun eigentlich zu bestaunen sein, aber wir sehen nicht eine einzige. Warum, fragt sich die komplette Wandertruppe, ist das wohl so?

Gut, dass wir jemanden dabei haben, der sich in dieser Gegend richtig gut auskennt. Bei größeren Gruppenwanderungen werde ich immer als Wanderexperte oder als Wanderbegleiter angekündigt, zuweilen auch, obwohl ich das nicht so mag, als Wanderpapst. Nicht als Wanderführer, denn ich kann mich nicht auf allen Wegen der Republik perfekt auskennen. Aber meistens habe ich bei diesen Gruppenwanderungen

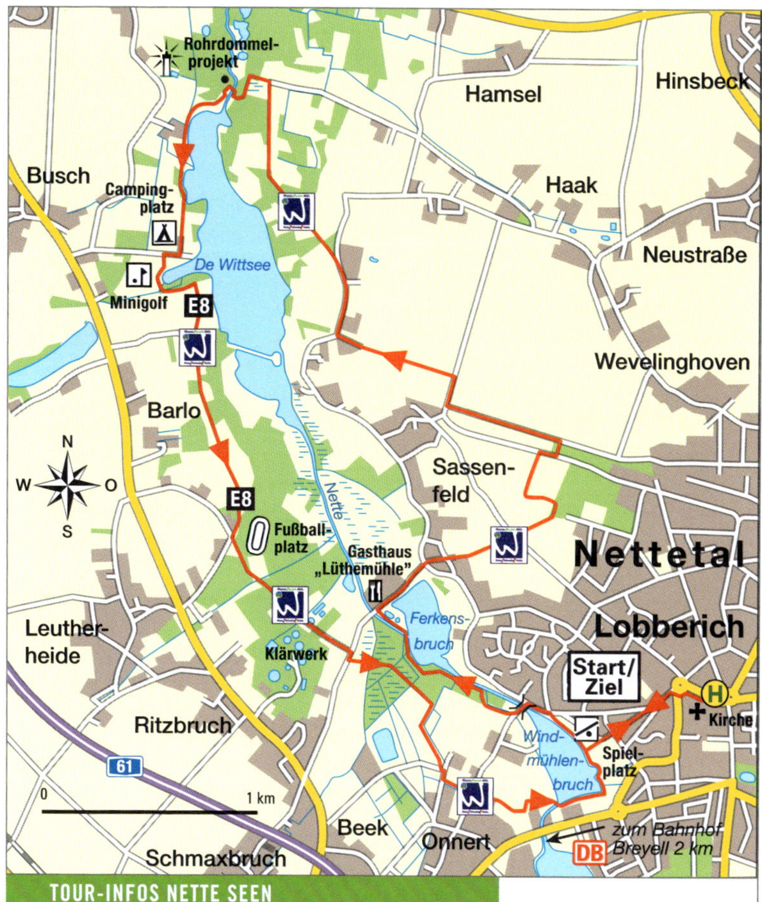

TOUR-INFOS NETTE SEEN

Länge der Tour
11,6 Kilometer

Schwierigkeitsgrad
Leicht

Anfahrt/Abfahrt
Mit dem RE 13 nach Kaldenkirchen und weiter mit dem Bus 095 nach Lobberich.
Von dort sind es über die Sassenfelderstraße und die Windmühlenstraße noch einige hundert Meter bis zum Premiumweg.

Start/Ziel
Die Lobbericher Kirche St. Sebastian im Zentrum von Lobberich

Gastro-Tipp
Gasthaus „Lüthemühle"
Lindenallee 50
41334 Nettetal
Tel. 02153/958 36 90
www.luethemuehle.de
Liegt direkt am Weg.

Bierempfehlung
Bolten Alt in der Lüthemühle, das niederrheinische Alt-Bier aus der Berti-Vogts-Stadt Korschenbroich.

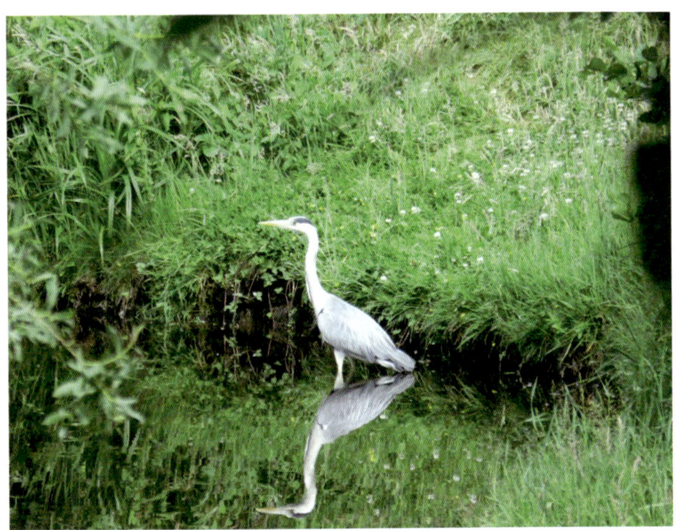

Reiche Fauna in der Wasserwelt

mehr Glück als Verstand und „heimlich" geht ein „richtiger" Wanderführer mit. So ist es auch bei meiner Wanderung auf dem Premiumweg „Nette Seen", denn ziemlich schnell gibt sich Norbert Schulte als Wanderführer zu erkennen. Obwohl, Entschuldigung, Herr Schulte nennt sich nicht Wanderführer, auch nicht Naturführer, sondern „Grenz-ver-führer". Will er uns verführen, an unsere Grenzen zu gehen? Auf jeden Fall ist Norbert Schulte einer der größten Experten der Wasser.Wander.Welten. Dass diese Wanderung etwas mit Wasser zu tun hat, kann man nicht nur am Ufer des Windmühlenbruchs beobachten, sondern auch an den Überresten einer Mühle, die in den Boden eingelassen sind. Nicht, dass man da über Ruinen stolpert, aber weil so gar nichts mehr von dieser Windmühle übrig ist, hat man in Kreissegmenten versucht, das Thema spielerisch als Straßenpflasterkunst lebendig zu halten. Schöne Sache.
Dann gehen wir am See entlang. Ich unterhalte mich angeregt mit meinen Mitstreitern, wir wandern über eine Brücke und überqueren die Nette. So langsam, denke ich, müssten wir doch diesen tollen schmalen Pfad an der kleinen Schleuse erreichen. Ich bin den Weg „Nette Seen" nämlich schon kurz vor der Eröffnung im Jahr 2012 gegangen. Und da entdecke ich ihn tatsächlich, den schmalen Pfad, aber die Schleuse ist kurioserweise verschwunden. Stattdessen ergießt sich das Wasser des Windmühlenbruchs in Kaskaden in die Nette. „Schleuse

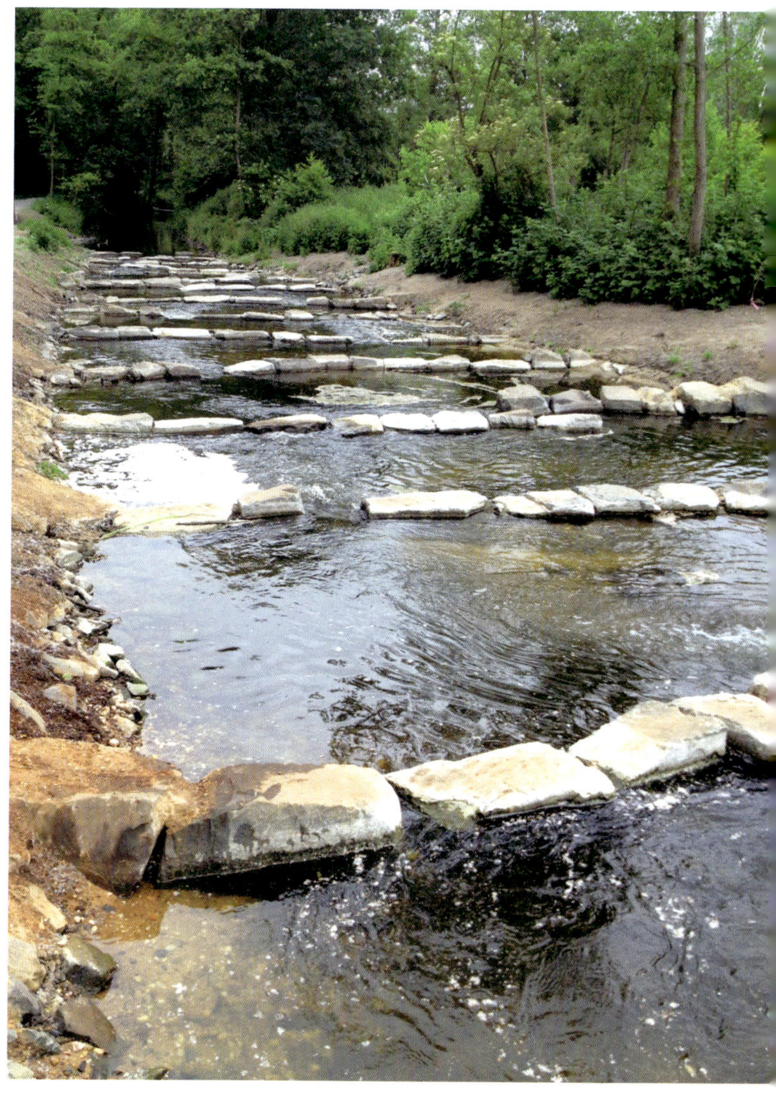

Fischfreundliche Fischaufstiegsanlage

war gestern", klärt mich unser Grenz-ver-führer auf, „jetzt haben wir hier eine fischfreundliche Fischaufstiegsanlage". Nun, wenn ich so ein Fischlein wäre, wäre mir das wahrscheinlich viel zu anstrengend, die ganzen Stufen „stromaufwärts" zu schwimmen. Das ist ein Naturschutzprojekt für sehr, sehr fleißige Fische.

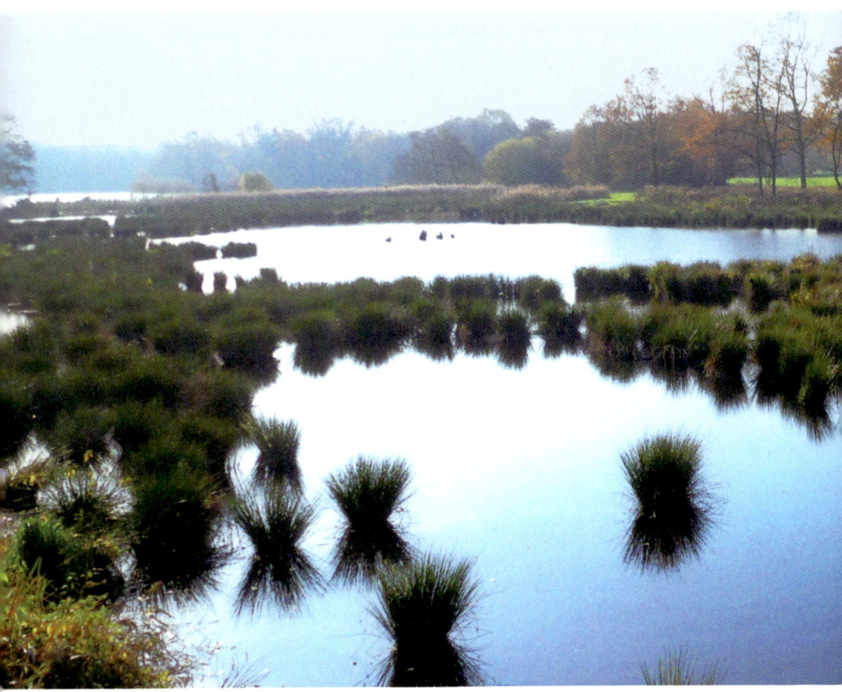

Verwunschene Wasserlandschaft am Rohrdommelprojekt

Wir verlassen die Nette an der Lüthemühle, einem Ausflugsrestaurant mit äußerst wandererfreundlichen Öffnungszeiten. Aber wir sind gerade erst losmarschiert, da kann man sich ja nicht sofort wieder hinhocken. Das findet auch die Wandertruppe, also geht es weiter nach Sassenfeld, dieses Sassenfeld, das uns ja schon in Lobberich per Straßenschild abgekündigt wurde. In diesem Ort wandern wir an einigen Gartengrundstücken vorbei. Da stoppt Norbert Schulte und möchte uns etwas zeigen. Wir stehen vor einem unscheinbaren Einfamilienhaus mit gepflegtem Garten. Was ich denn dort sehen würde, fragt unser Grenz-ver-führer. Also, antworte ich sinngemäß, ich sehe ein unscheinbares Einfamilienhaus mit gepflegten Garten. „Ja, aber“, insistiert Norbert, „was ist denn das da hinten im Garten?“ Keine Ahnung, ein stabiles Gartenhäuschen, was weiß ich? Norbert klärt auf, dass sei einer der vielen Bunkerbauten des Westwalls, das Betonteil im gepflegten Ziergarten hat sogar eine Nummer: Es ist das Regelbauwerk 102V. In der Tat sind das Details, die ich ohne einen kundigen Wanderführer hundertprozentig übersehen hätte.

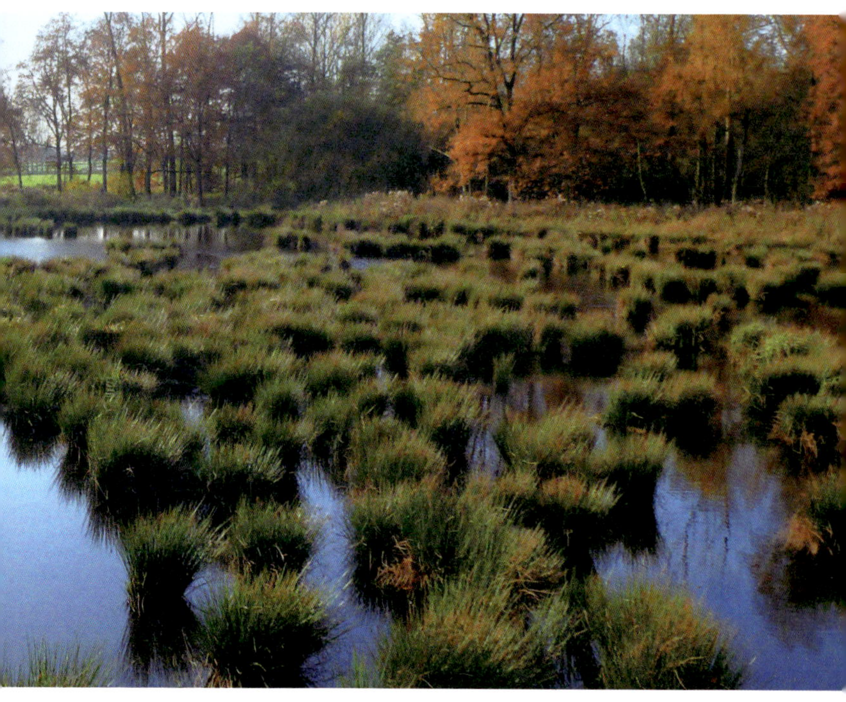

Hinter einem Sportplatz erreichen wir eine zugewucherte, alte Eisenbahntrasse. Das ist die 1868 eröffnete Eisenbahnstrecke von Kempen nach Kaldenkirchen. Hauptsächlich wurden lange Jahre auf dieser Strecke Gemüse und Kartoffeln transportiert, manchmal auch Menschen. 1982 wurde dann der Personenverkehr eingestellt, heute muss man auf dieser Strecke zu Fuß oder mit dem Fahrrad verkehren. Wir gehen an einem Naturschutzhof vorbei. Viele Wanderer unserer Gruppe praktizieren gelebten Naturschutz und nutzen die Toiletten des Naturschutzhofs.

Wir folgen weiter den quasi unverlaufbaren und zahlreichen blauen Markierungen mit dem geschwungenen weißen „W". An einer Linksabbiegung fällt mir aber ein ganz anderes, ein grünes Hinweisschild, ins Auge. Wenn man diesem Schild folgt, geht man in Richtung „Nette Brücke". Wenn das nicht der Hammer ist, das ist noch alte Schule, dass an der Nette sogar die Brücken nett sind. Und schon bald stehen wir vor einer hoch gebogenen Brücke, die für die einzigen beiden Höhenmeter dieser Wandertour sorgt. Da muss man ganz schön schwindelfrei sein!

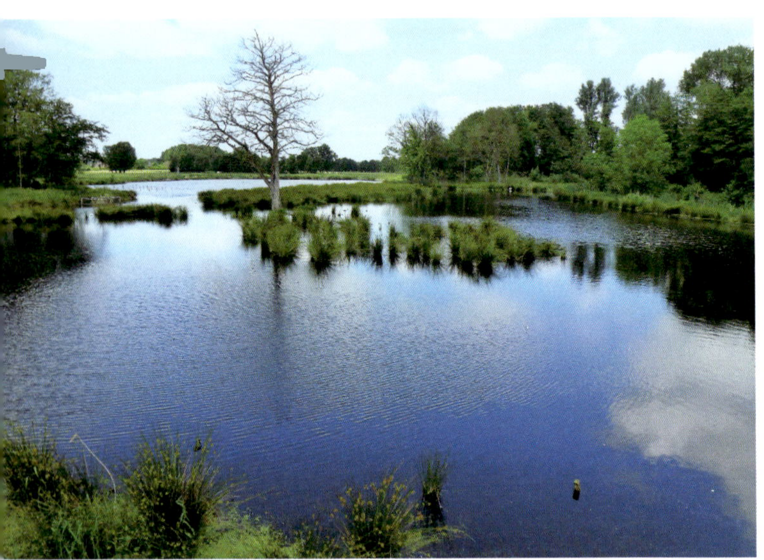

Man hört es schnattern, gackern, quieken.

Hinter der netten Brücke führt uns die Markierung des Premiumwegs nach links, man sollte sich aber einen kleinen Abstecher rechts in Richtung eines Aussichtspunkts des Rohrdommelprojekts gönnen. Das Rohrdommelprojekt bezeichnet ein langfristig angelegtes Vogelschutzprojekt an der Nette. Und im hohen Schilf der Teiche nördlich des De Wittsees gibt es immer etwas zu schauen und vor allem zu hören. Frösche und Enten quaken, Schwäne gleiten vorbei, Gänse zischeln, Vögel singen. Dieses Schnattern, Gackern, Quieken – das ist ein echtes Vogel- und Amphibien-Orchester! Ob auch Rohrdommeln anwesend sind, kann noch nicht einmal unser Naturexperte Norbert Schulte mit Sicherheit sagen. Wer das unter Umständen ornithologisch korrekt klären könnte, das ist der Vogel-Fotograf in Tarnmontur, der mit großer Ausrüstung die Treppen zur Aussichtsplattform hinaufsteigt. Aber der sieht mit seiner Kamera und einem Objektiv so groß wie eine Panzerfaust zu aggressiv aus, als dass man Lust hätte, ihn bei seiner Tätigkeit zu stören: der Vogel-Fotografie.

Wir verabschieden uns wieder vom Rohrdommelprojekt und gehen weiter auf unserem Premiumweg „Nette Seen“ auf einem schönen Pfad direkt am Ufer des De Wittsees. De Witt, das hört sich schon richtig niederländisch an und wie es sich für eine holländische Enklave gehört, sehen wir schnell rechter Hand einige Wohnwagen. Anscheinend

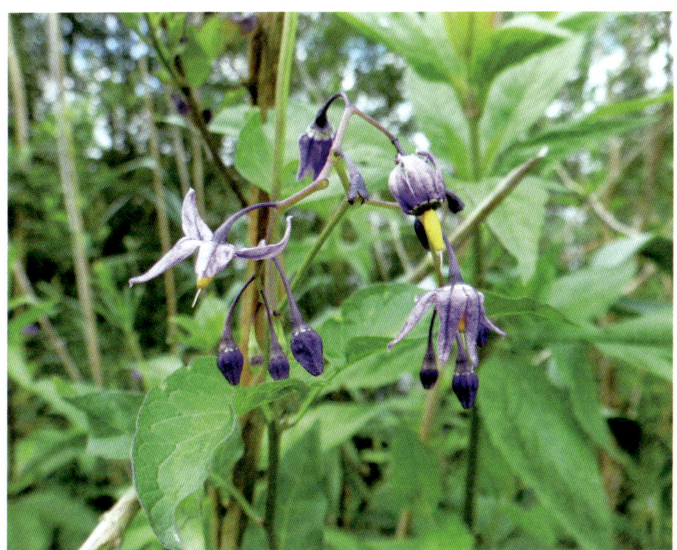

Bittersüßer Nachtschatten

sind es vor allem Dauercamper, die sich die Naturschönheiten des De Wittsees nicht entgehen lassen wollen. Und nun haben sie sogar einen Wanderweg der Extraklasse vor der Haustür. Wer es nicht so mit dem Wandern hat, der kann am De Wittsee Kanufahren, Segeln oder auf den gepflegten 18 Bahnen der Minigolfanlage den Schläger schwingen. Aber wir sind ja keine Minigolfer, sondern Wanderer, daher gehen wir zügig weiter.

Wir kreuzen ein weiteres Mal die Bahntrasse mit dem Radweg, aber plötzlich bleibt Norbert Schulte stehen, man könnte sagen – wie angewurzelt, denn er hält neben einem Baum mit mächtigem Stamm inne. Die Rinde ist rau, zerfurcht, der Baum sieht exotisch aus. „Mein Lieblingsbaum", gesteht Norbert, „das ist ein Urweltmammutbaum, auch unter dem Namen Chinesische Wassertanne bekannt." Es handelt sich um einen Baum, der äußerst selten in Europa anzutreffen ist. Seit einer Weile sehen wir nicht nur die Markierungen unseres Premiumwegs, sondern wir beobachten auch, dass wir auf dem Europäischen Fernwanderweg E8 unterwegs sind. Ich schaue mich um. Wer hat wohl Lust auf ein kleines Wanderabenteuer? Man könnte doch den E8 noch ein wenig weiterverfolgen, bis Österreich. Oder bis Polen und an die ukrainische Grenze. Hm. Vielleicht doch keine so gute Idee. Wanderer, bleib bei deinem Leisten.

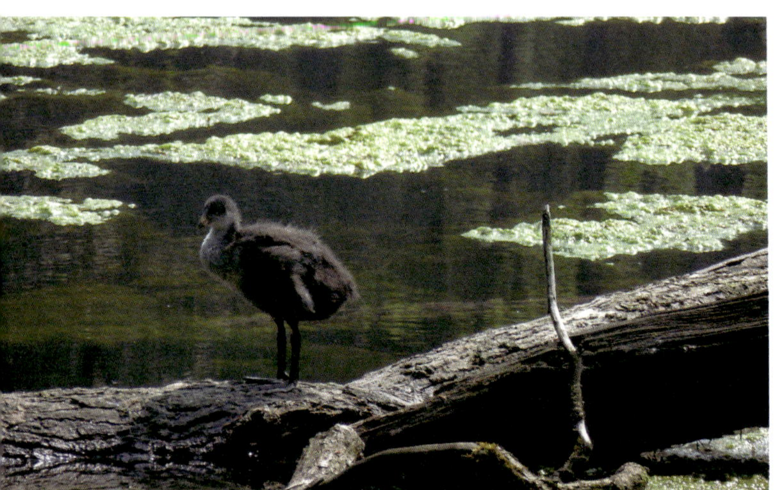

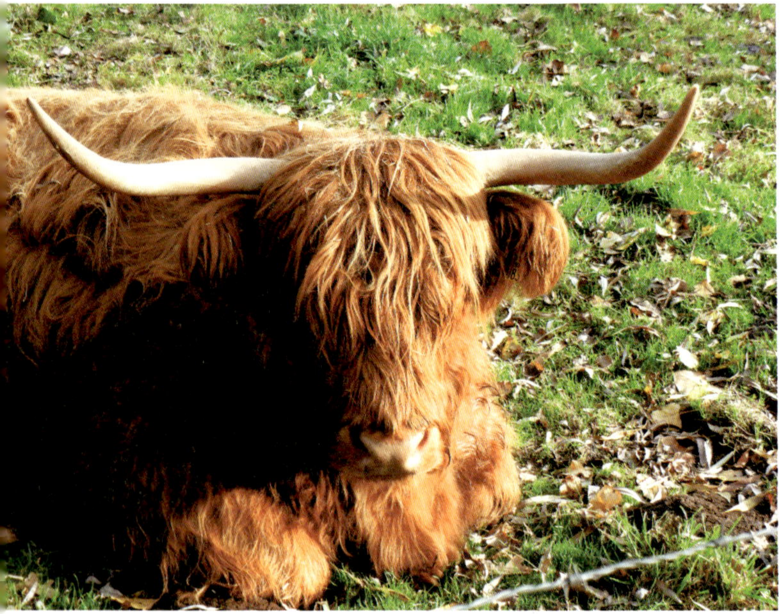

Flauschige Federn und die Hörner der Hochlandrinder

Wir gehen also weiter und sehen rechter Hand einige Hochlandrinder auf den Weiden. Die weiden dort und sind nicht so interessiert wie unsere Wandergruppe an den sehr skurrilen Kopfweiden am Wegesrand.

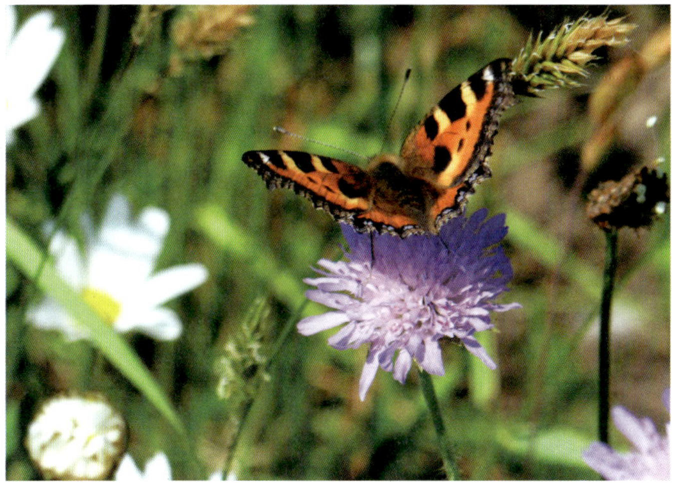

Der Edelfalter Kleiner Fuchs

Diese Weiden haben teilweise sehr lustige Frisuren. Und wenn die Weidenstöcke geschnitten werden, kann man im nahen Landschaftshof Baerlo das schöne alte Handwerk des Korbflechtens mit den frisch „geernteten" Weidenstöcken bestaunen.
Ich sehe auf einem Laternenpfahl am Wegesrand – nein, nicht die Markierung des Premiumwegs „Nette Seen" und auch nicht die des E8 – nein, es klebt dort ein sehr merkwürdiger Aufkleber. Ein Aufkleber, auf dem eine schwarz-weiß-grüne Raute zu sehen ist, der Buchstabe „B" wurde eingewirkt. Ich rätsele, was damit wohl gemeint sein kann. Ich vermute, es handelt sich um eine Art Verein. Ist das vielleicht ein Gesangsverein? Ein Ballettverein? Die Betschwestern vom Niederrhein? Merkwürdig, ich bitte um Aufklärung.
Wir gehen durch ein Waldstück und durch eine wunderbare Auenlandschaft mit Pappeln, bevor wir durch einen dichten Jungwald wieder den Windmühlenbruch erkennen können. Am Abenteuerspielplatz verabschieden wir uns von unserem Grenz-ver-führer Norbert Schulte. Er hat uns in der Tat verführt, öfter mal im deutsch-niederländischen Grenzgebiet zu wandern. Der Premiumweg „Nette Seen" beweist, dass man auch im Flachland hervorragend und vor allem abwechslungsreich wandern kann. Großen Anteil am Wanderspaß haben auf jeden Fall die zahlreichen Flüsse, Kanäle und Seen, die man passiert. Das Klein-Venedig am Niederrhein ist eine (Wander-)Reise wert.

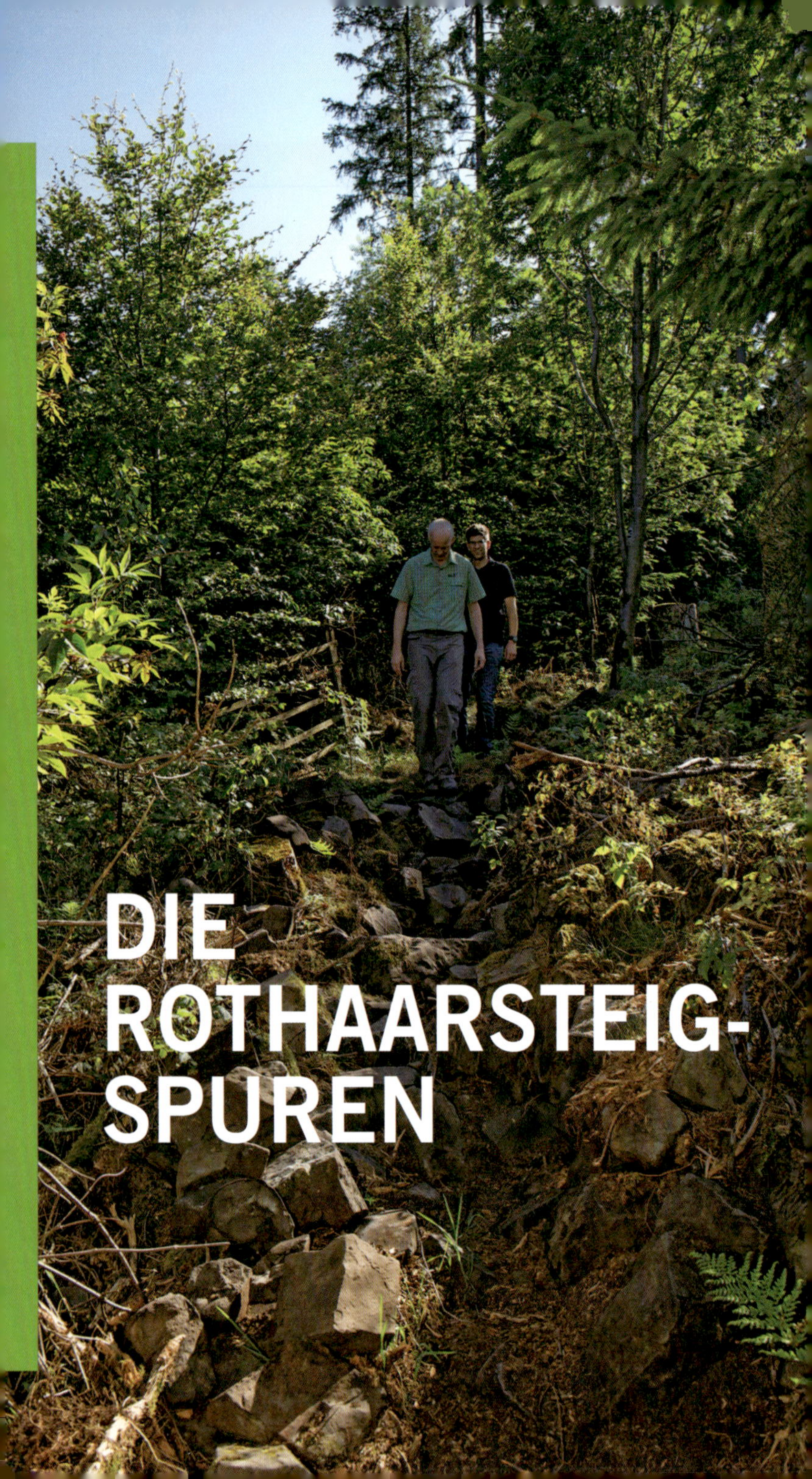

DIE ROTHAARSTEIG-SPUREN

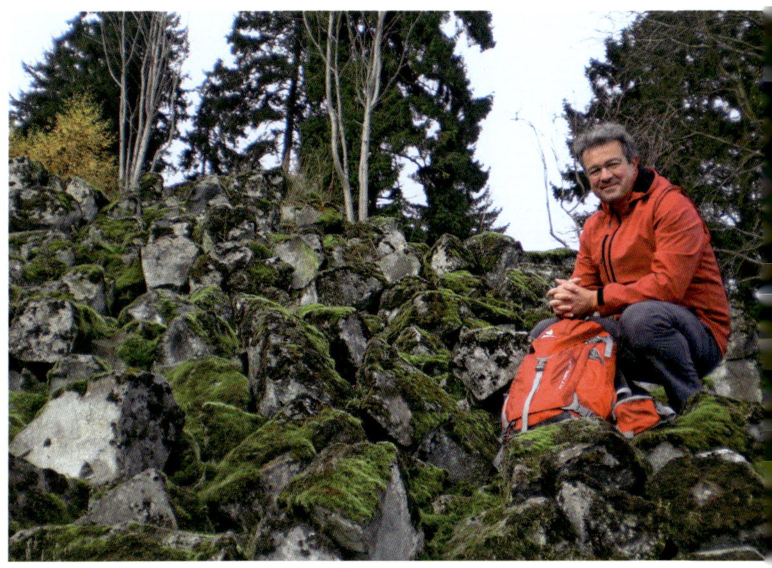

Der Autor auf den Trödelsteinen

Wie die Bauklötze eines Riesenbabys

Das Lebewesen mit dem Namen „Wanderer" ist ziemlich gut erforscht. Natursoziologen können uns interessante Details zu Paarungsverhalten, Rudelverhalten und Nahrungsaufnahme des „Wanderers" berichten. Doch das alles soll hier nicht unser Thema sein. Was interessant ist an der Spezies „Wanderer": Eigentlich ist er, obwohl er sich gerne bewegt, eher faul. Mehrtageswanderungen bevorzugen nur zehn Prozent aller Wanderer, stolze 90 Prozent finden Eintagestouren besser. Als diese Botschaft im Sauerland angekommen war, dachte man sich: Jetzt brauchen wir neben dem Weitwanderweg Rothaarsteig noch ein paar gescheite Tagestouren, aber der Rothaarsteig ist als Marke so stark, dass wir die Tagestouren doch prima an den Hauptweg anschließen könnten. Außerdem wurde darauf geachtet, dass die Rothaarsteig-Spuren höchsten Wanderer-Ansprüchen ge-

Links: Steiniger Abstieg

ÜBERSICHTSKARTE

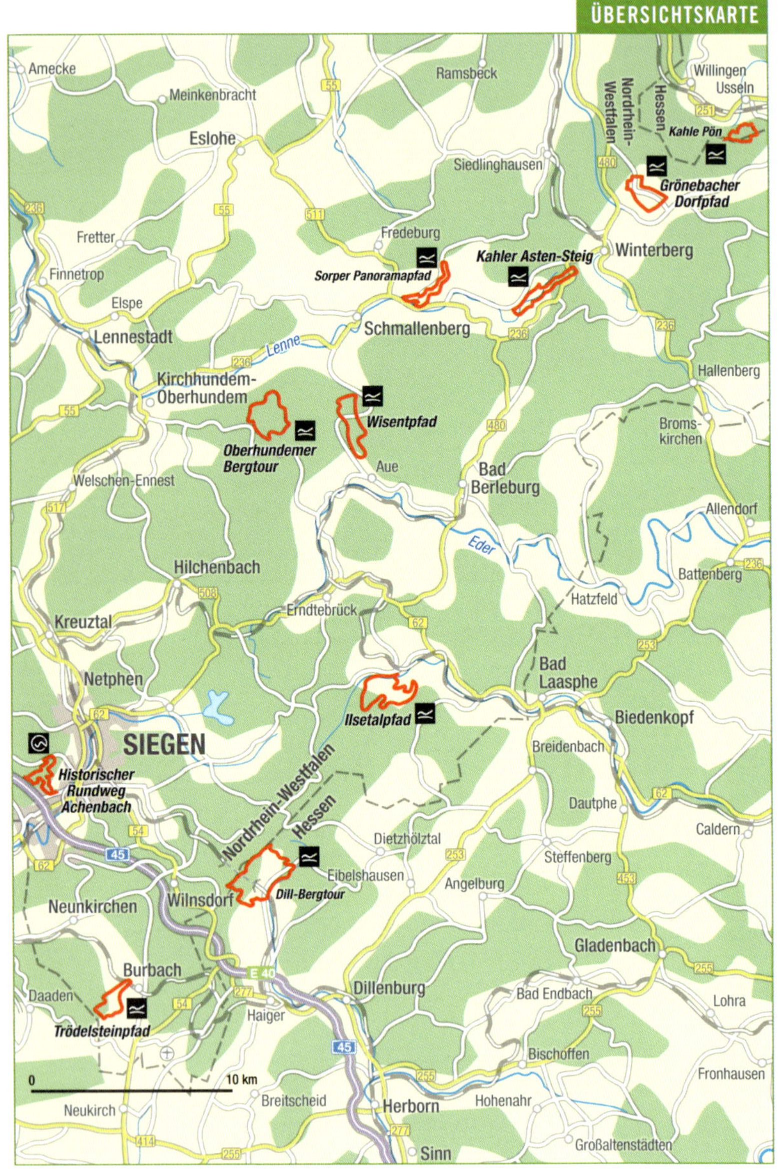

nügen; daher sind die Rothaarsteig-Spuren zertifizierte Premiumwege oder Qualitätswege des Deutschen Wanderverbands.

Die Markierung aller Rothaarsteig-Spuren ist einheitlich. Während der Rothaarsteig rot markiert ist, die Zuwege gelb, sind die Rothaarsteig-

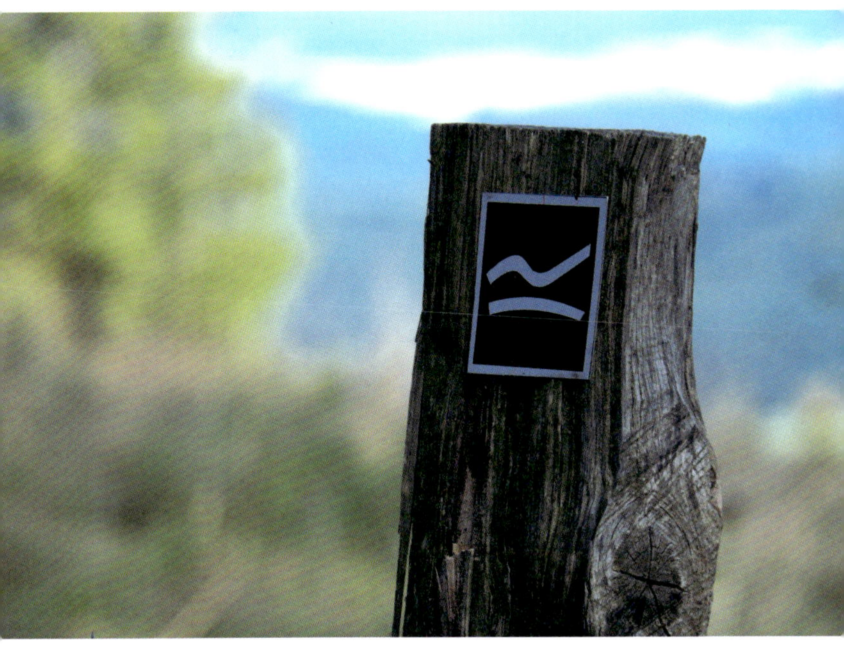

Ausgezeichnete Markierung

Spuren schwarz markiert, schwarz mit den geschwungenen Horizontallinien des Rothaarsteig-Logos. Die schwarze Markierung ist sehr schick, man muss aber sagen, dass sie gerade bei schlechtem Wetter auf dunklen Bäumen manchmal schwer zu erkennen ist.
Sehr originell finde ich die Bezeichnung „Spur“ für die sechs Premiumwege am Rothaarsteig. Schnell in Wikipedia nachgeschaut, dort steht, dass eine Spur im Straßenwesen einen Fahrstreifen bezeichnet. In der Kriminalistik ist die Spur, das weiß jeder Tatort-Fan, ein Hinweis auf den Täter. Und in der Natur ist die Spur ein Indiz, dass ein Lebewesen an einem bestimmten Ort war, also eine Art Fährte. Und so verfolge ich nun mal kurz die Fährten der bisherigen sechs Rothaarsteig-Spuren.

• Zunächst wäre da der „Kahler Asten-Steig“, Untertitel: „Wandern auf das Dach des Sauerlands“. Mit 16 Kilometern und stolzen 984 Höhenmetern ist der „Kahler Asten-Steig“ die anspruchsvollste Rothaarsteig-Spur. Fast tausend Höhenmeter an einem Tag, da muss der „Kahler Asten-Steig“ keinen Vergleich mit alpinen Touren scheuen. Die

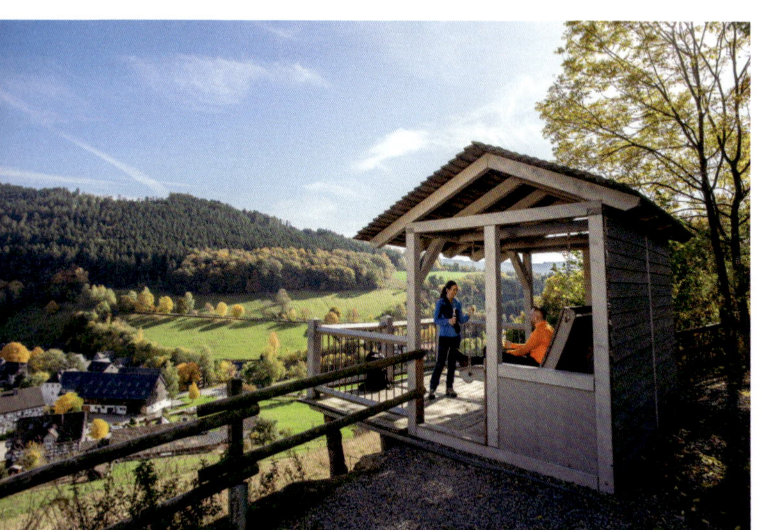

Herrliche Aussicht auf Niedersorpe

Rothaarsteig-Spur startet im Ort Westfeld und dann geht es am Bachlauf des „Schwarzen Siepen" ordentlich bergan, bis man den Gipfel des Kahlen Asten erreicht hat. Dort kann man sich am Infozentrum Rothaargebirge informieren und an der Lennequelle erfrischen, bevor es zurück nach Westberg geht. Dabei wird auch die kleine Ortschaft Hoher Knochen durchwandert. Dabei fällt auf, dass der „Kahler Asten-Steig" selbst eigentlich auch die Form eines Knochens hat – mit den äußeren Enden in Westberg und am Kahlen Asten. Aber dieser Premiumweg ist eindeutig ein glänzender Knochen, kein abgenagtes Exemplar.

• Eine knackige, kurze Tour im Herzen des Waldecker Uplands ist der „Naturweg Kahler Pön". Die 5,2 abwechslungsreichen Kilometer sind ideal für Familien mit kleineren und größeren Kindern und alle Wandereinsteiger. Auf dem mit sehr vielen Erlebnispunkten bewerteten Premiumweg kann man die sauerländische Landschaft so erleben, wie sie ursprünglich war – baumlos. Ja, man mag es kaum glauben, aber vor über 200, 300 Jahren sah es im Sauerland ein wenig so aus wie in der Lüneburger Heide, nur etwas hügeliger. Auf der Kahlen Pön sieht man, wie kahlgeschoren so eine Bergkuppe sein kann – die Bergheide ist wunderschön. An zwölf Infostationen erfahren Klein und Groß Wissenswertes am Wegesrand. Man kann bis zum Rothaarkamm und zum Edergebirge schauen. Ein kleiner Weg ganz groß!

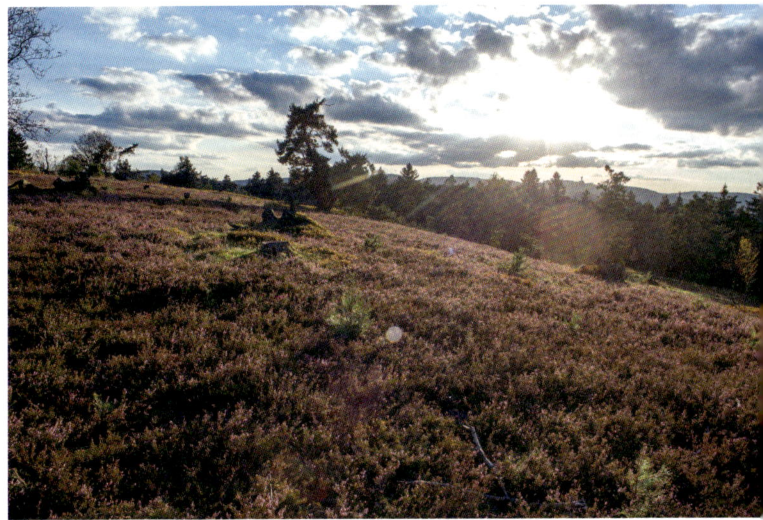

Heidelandschaft Kahle Pön

• Keine klassische Rothaarsteig-Spur, aber ein Qualitätsweg des Deutschen Wanderverbands in der Nähe des Rothaarsteigs ist der zwölf Kilometer lange „Historische Rundweg Achenbach“. Achenbach ist ein Stadtteil von Siegen, westlich der City gelegen. Nomen est omen, wie die Chinesen sagen, und tatsächlich gibt es einige historische Besonderheiten auf dem Historischen Rundweg zu bestaunen. Die historische Keimzelle der Region ist das Engsbachtal, dort wurden ungefähr vierzig Rennöfen aus der Römerzeit lokalisiert. Zuerst dachte ich, da hätte sich jemand verschrieben, es müsse bestimmt „Brennöfen“ heißen. Nein, in einem Rennofen haben schon die Römer aus Eisenerz Eisen gewonnen, mit Holz wurde das Feuer gemacht. Eisenerz und Holz, das findet man beides reichlich im Siegerland. Und an der Quelle des Engsbachs wurden die ältesten Siedlungsformen der Region entdeckt, dort wohnten also Adam und Eva des Siegerlands. Wenn man stark genug ist, kann man den höchsten Berg des Wegs erklimmen, den Starken Buberg. Und am Ziel der Rundtour kann man im Heimatmusem Achenbach in die Geschichte des Orts eintauchen.

• Der absolute Knaller ist der „Wisentpfad“, Untertitel: „Begegnung mit dem König der Wälder“. Der 12,9 Kilometer lange Wanderweg startet in Wingeshausen. Ich würde gegen den Uhrzeigersinn wandern, dann geht es am Bortlingsbach und am Ihrigebach hinauf zur Ortschaft

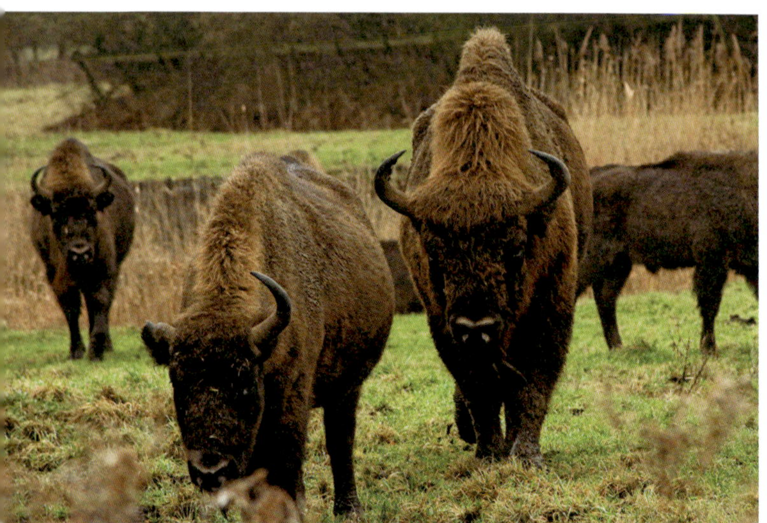

Die Wisente am Wisentpfad

Jagdhaus am Rothaarsteig, wo man an der Hubertuskappelle auf den Rothaarsteig trifft. Einen guten Kilometer bis zur Mondscheinbank geht es dann parallel zum rot markierten Weitwanderweg. Wenn man Glück hat, hat man sie bis zur Mondscheinbank schon gesehen, die Wisente, diese größten Landsäugetiere Europas. 2014 haben die zotteligen, bison-ähnlichen Wisente den Titel „Wildtier des Jahres" verliehen bekommen. Wahrscheinlich ist den Viechern das aber völlig schnuppe.
Es gibt die eine Herde, die frei durch die Wälder am Rothaarsteig streift, auf die kann man also unvermutet treffen, bitte nicht erschrecken! Wenn man aber die Wisente in freier Wildbahn verpasst hat, kann man die „Wisent-Wildnis am Rothaarsteig" besuchen, dort lebt eine weitere Herde auf einem großzügigen Freigelände, die können nicht weglaufen. Nach dem Besuch der kostenpflichtigen „Wisent-Wildnis" geht man dann durch das Rohrbachtal auf dem „Wisentpfad" zurück nach Wingeshausen.

• Eine relativ junge Rothaarsteig-Spur ist der „Sorper Panoramapfad". 2019 fand der Deutsche Wandertag – ein Großereignis, an dem Zehntausende Wanderfans aus allen deutschen Wandervereinen zusammenkommen – in Winterberg und Schmallenberg statt. In diesem Jahr wurde der „Sorper Panoramapfad" eröffnet, so konnten Wanderer aus ganz Deutschland die Schönheit dieses 12,6 Kilometer langen Wan-

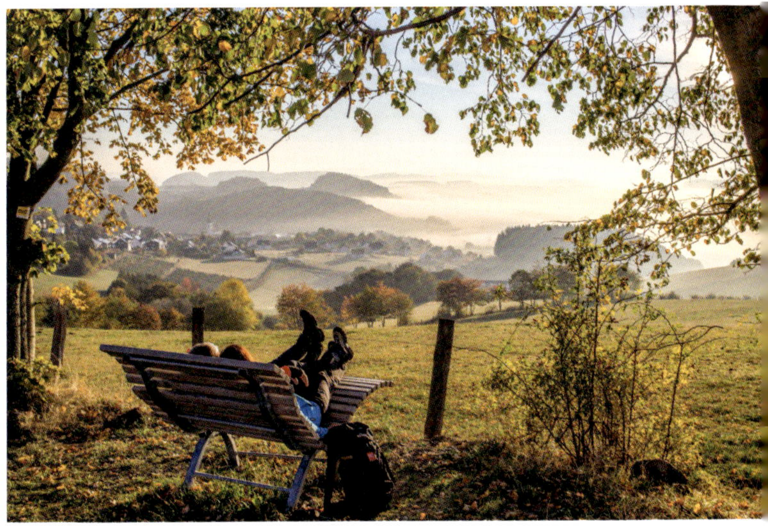

Tiefenentspannt auf dem Sorper Panoramapfad

derwegs genießen. Und viele außergewöhnliche Highlights hat dieser Qualitätsweg: einen Berg, der Knollen heißt, historische Steinbrüche, einen Kunstschmied am Wegesrand, eine Glashütte. Und wer gern kegelt, hat bestimmt Freude an der Freiluftkegelbahn von Niedersorpe. Gut Holz im Freien, aber nicht unter freiem Himmel, das Ganze ist überdacht. Denn Spötter sagen, im Sauerland gäbe es zwei Wetterlagen: dunklen Regen und hellen Regen.

• Die siegerländische „Dill-Bergtour" hat eine Länge von 15,8 Kilometern und zahlreiche Highlights zu bieten. Da ist zunächst der Hauberg mit dem kuriosen Namen Offdilln. Offdilln, das könnte auch der Name einer amerikanischen Punk-Rock-Gruppe sein. Aber was um Himmels Willen ist ein Hauberg? Nun, dabei handelt es sich um eine historisch gewachsene, genossenschaftlich genutzte Waldfläche. Dies wird alles sehr schön auf dem „Haubergspfad" spannend und anschaulich erklärt. Außerdem kann man sich an der wunderschönen Bocksborn-Quelle entspannen, auf dem Rothaarsteig (der Teil der „Dill-Bergtour" ist) tolle Fernsichten genießen und die riesige Lucaseiche bewundern. Ein Mensch allein kann diesen Baumgiganten mit einem Umfang von 385 Zentimetern nicht umarmen. Und last but not least sollte man sich auf der Tiefenrother Höhe nicht die Aussichtsplattform „Nase im Wind" entgehen lassen. Auch ohne Wind ein großartiges Erlebnis.

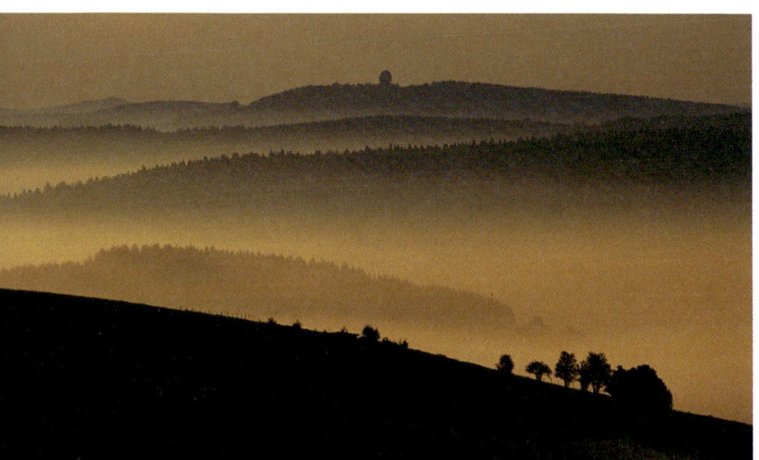

Abenddämmerung im Rothaargebirge

• Schon seit 2011 ist der „Grönebacher Dorfpfad" ein Premiumweg des deutschen Wanderinstituts. Wie der Name schon sagt, geht der Pfad rund um das Dorf Grönebach. Mit 10,9 Kilometern und 320 Höhenmetern ist der Grönebacher Dorfpfad nicht sehr anstrengend und daher, wie es im Werbeprospekt heißt, ideal „für Familien mit wanderfreudigen Kindern". Da sollte man erst einmal seine Kinder fragen: „Na, seid ihr wanderfreudig?" Da bin ich mal auf die Antwort gespannt. Abwechslungsreich ist der Premiumweg aber in jedem Fall: Es geht vorbei am Antoniusstein, am Dorfbrunnen und an der alten Königsstraße von Frankfurt nach Soest. Die alten Könige sind höchstwahrscheinlich nicht gewandert, aber der Wanderer auf dem „Grönebacher Dorfpfad" kann noch eine alte Kleinbahnbrücke bestaunen, bevor man wieder am Lambertusplatz im Zentrum von Grönebach anlangt. Und dort kann man dann mit den wanderfreudigen Kindern noch einkehren …

• Die längste Rothaarsteig-Spur ist mit 16,5 Kilometern der „Ilsetalpfad", Untertitel: „Wandern an Lahn, Ilse und Weidelbach". Der Titel ist hier schon das Wanderprogramm. Es geht an den genannten drei Flüssen entlang, in welcher Reihenfolge entscheidet der Wanderer, denn es gibt drei unterschiedliche Start- und Einstiegsmöglichkeiten auf den Wanderweg. Der Weg ist äußerst naturnah, nur im Ort Feudingen kann man erahnen, dass im Sauerland auch Menschen wohnen. Und wir lernen: Ilse ist nicht nur ein altmodischer Tanten-Name, sondern auch ein Zufluss der Lahn, wer Ilse beim Spiel „Stadt, Land,

Fluss“ unter dem Buchstaben „I“ einträgt, kann mit Sicherheit eine hohe Punktzahl abräumen. Richtig überraschend und für das Sauerland nicht unbedingt eine Selbstverständlichkeit sind die spektakulären Felsenformationen im Ilsetal, das macht richtig Spaß …

• Die „Oberhundemer Bergtour“, Untertitel: „Unterwegs auf Eselspfaden“, ist 11,6 Kilometer lang und startet im Dorf Oberhundem. Dann geht es auf diesem Premiumweg, auch wenn man keinen Esel dabeihat oder selbst einer ist, auf Eselspfaden hinauf über die Oberhundemer Klippen zum Rothaarsteig. Danach führt der Weg an der Wiggequelle, dem Riesenberg und dem Kahleberg mit Panoramablick vorbei bis zum Alpenhaus. Ja, Sie haben richtig gelesen, Sie werden auf der „Oberhundemer Bergtour“ kurzzeitig in eine zünftige Alpenhütte gebeamt. Ich finde, eine Einkehr im Alpenhaus ist absolute Wanderer-Pflicht, auf der Aussichtsterrasse kann man ein Kalt- oder Heißgetränk genießen. Und wenn man schlapp ist, gibt es auch Betten für den müden Wanderer, Zimmer mit Bettwäsche, Zimmer ohne Bettwäsche und Komfortzimmer mit extrem viel Bettwäsche, Dusche und WC. Und wenn man dann ausgeruht am Ausgangspunkt in Oberhundem ankommt, kann man noch das Stickereimuseum in Oberhundem besuchen. Oder man besucht das Museum nicht, sondern geht die komplette Rothaarsteig-Spur noch einmal, weil es so schön war.

Das waren jede Menge Rothaarsteig-Spuren im Kurzporträt, da fehlt doch noch eine und die kommt jetzt, und zwar im Langporträt …

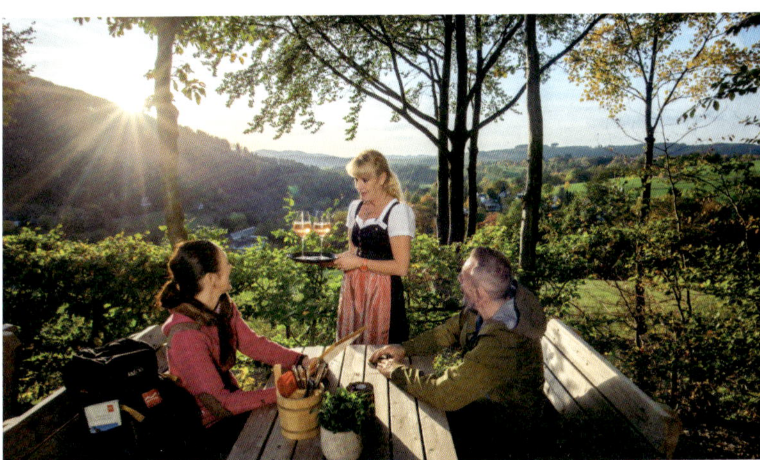

Das Beste am Wandern: das Belohnungsgetränk

Der Trödelsteinpfad

JETZT WIRD ABER NICHT MEHR GETRÖDELT, es geht hinauf! Hinauf zu den Trödelsteinen! Der Startpunkt des Wanderwegs ist am Ende einer Sackgasse, der Diesterwegstraße in Burbach. Parken kann man da eher nicht, aber ich bin vom Bahnhof Burbach (gut angebunden an Köln und Siegen mit Bahn und Bus) auf dem Zuweg mit dem gelben Rothaarsteig-Zeichen zum Startportal des Trödelsteinpfads gewandert. Ich werde den Weg im Uhrzeigersinn gehen und da erwartet mich erst einmal ein ordentliches Steilstück. Achtung: Schon nach wenigen Metern geht es vom breiten Weg ab rechts hinauf auf einen schmalen Pfad. Denn das ist – kann man sagen – das Prinzip des Trödelsteinpfads: Wenn man kurz auf einem breiteren Weg geht, kann man sicher sein, schnell wieder auf einen schmalen Pfad abzubiegen. Kaum 20 Minuten nach dem Start ein Rascheln im Unterholz, zwei Rehe hüpfen mit hohen Sprüngen talwärts. Nicht umsonst heißt das touristische Motto von Burbach: „Erfolg liegt in unserer Natur", denn die Natur, die hat man reichlich, in und um Burbach. Ich komme an der Schutzhütte mit dem schönen Namen Saukaute vorbei. An dieser

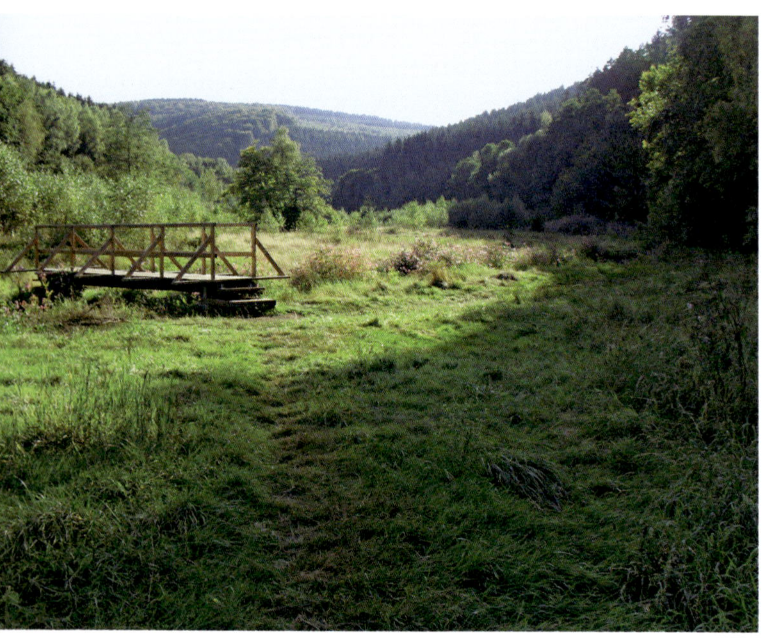

Weiter Blick

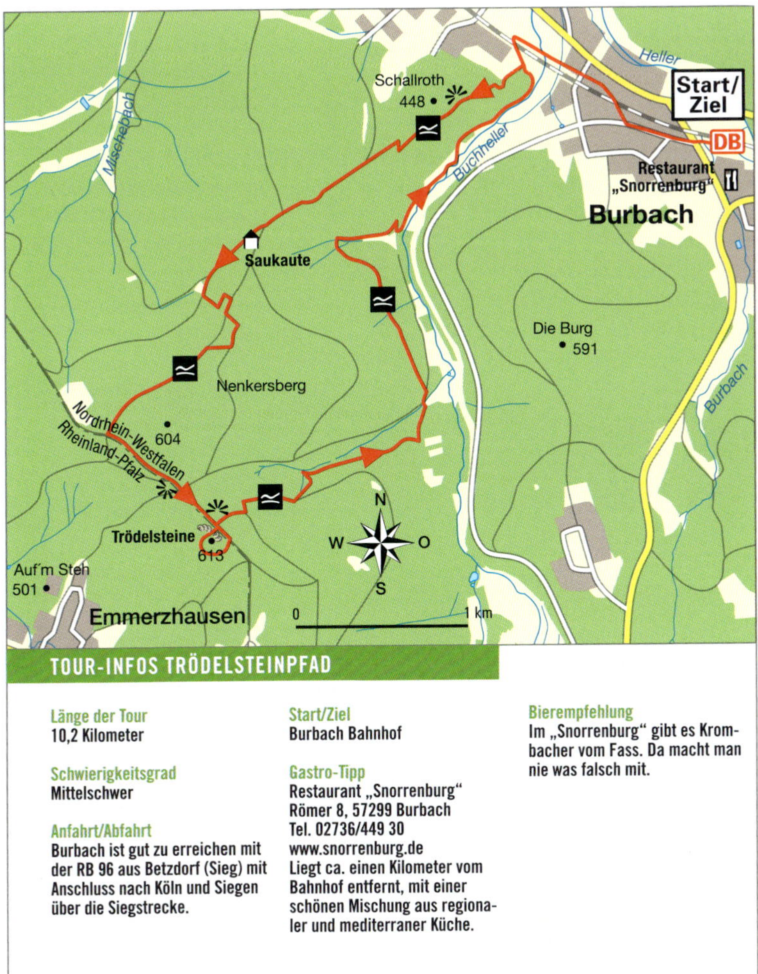

TOUR-INFOS TRÖDELSTEINPFAD

Länge der Tour
10,2 Kilometer

Schwierigkeitsgrad
Mittelschwer

Anfahrt/Abfahrt
Burbach ist gut zu erreichen mit der RB 96 aus Betzdorf (Sieg) mit Anschluss nach Köln und Siegen über die Siegstrecke.

Start/Ziel
Burbach Bahnhof

Gastro-Tipp
Restaurant „Snorrenburg"
Römer 8, 57299 Burbach
Tel. 02736/449 30
www.snorrenburg.de
Liegt ca. einen Kilometer vom Bahnhof entfernt, mit einer schönen Mischung aus regionaler und mediterraner Küche.

Bierempfehlung
Im „Snorrenburg" gibt es Krombacher vom Fass. Da macht man nie was falsch mit.

Stelle hat sich wohl früher das Borstenvieh in Mulden gesuhlt. Es riecht nicht mehr schweinisch, aber die Hütte ist doch recht dunkel. Und da es nicht regnet, gewittert oder ich unter Beschuss stehe, brauche ich keinen Schutz und gehe weiter.

Der Pfad, der mich auf dem Abschnitt hinter der Schutzhütte erwartet, verlangt mir alles an Balancierkunst ab, denn ich muss über glitschige Steine und einen Bachlauf balancieren – und das in meinen Joggingschuhen, die werden doch soooo leicht nass. Ich lande schließlich auf einem breiteren Weg und erreiche einen Querweg, den ich links gehe.

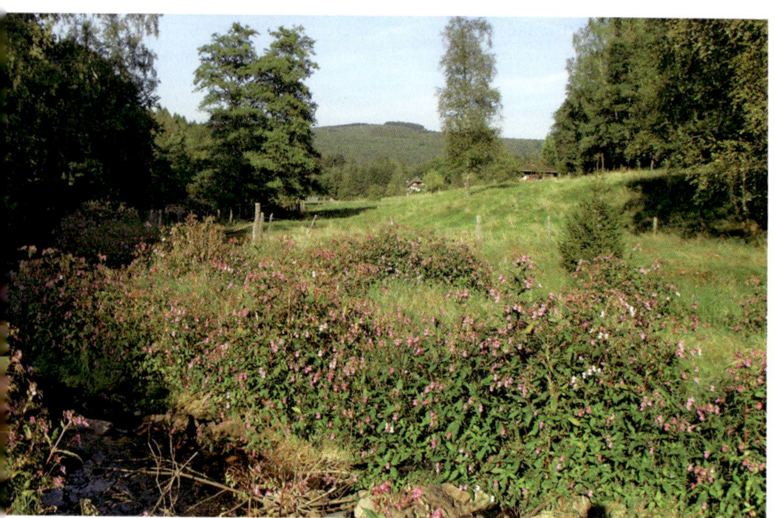

Drüsiges Springkraut

Hier treffe ich auf viele andere Wanderwege und gehe eben nicht nur auf dem Trödelsteinpfad, sondern auch auf dem Hellerhöhenweg von Haiger nach Betzdorf, auf dem Siegerweg und als Krönung der Weitwanderwege auch auf dem E1. Das ist kein Konservierungsmittel, sondern der europäische Fernwanderweg E1 von der Nordsee ans Mittelmeer. Da ich heute Nachmittag noch etwas vorhabe, entschließe ich mich, nicht dem E1 zu folgen und bis zum Gotthard zu wandern, sondern bleibe auf dem Trödelsteinpfad. Der E1-Weg ist außerdem auch noch ein Grenzweg. Aber da seit Schengen alle Grenzen durchlässig sind, sehe ich keine Schlagbäume und Zöllner auf dieser Grenze zwischen NRW und Rheinland-Pfalz. Wenn ich sehr breitbeinig gehe, Seemannsgang sozusagen, kann ich mit einem Fuß in NRW, mit dem anderen in Rheinland-Pfalz wandern. Zur Rechten schaue ich weit in die Landschaften des exotisch-fremden Rheinland-Pfalz hinein. Ich höre peitschende Schüsse. In Rheinland-Pfalz wird anscheinend gejagt – diese Barbaren, wahrscheinlich gibt es noch viele Jäger und Sammler unter den Rheinland-Pfälzern, so genau weiß man das nicht ...

Und dann kann man sie sehen, die berühmten Trödelsteine, die dem Weg seinen Namen geben. Ungeordnet, als hätte ein Riesenbaby seine Bauklötze liegen gelassen, stapeln sie sich auf einer kleinen Anhöhe. Auf dem Gipfel der Trödelsteine kann man weit ins gelobte Land, in Richtung NRW schauen. Das ist aber nicht ohne, dort hinauf- und vor allem wieder runterzukraxeln, einen richtigen Pfad gibt es nicht, und so muss ich alle Hände benutzen und mich am weichen, feuchten Moos auf den Trödelsteinen festhalten, um wieder hinunterzukommen. Ein sehr haptisches Erlebnis.

Es ranken sich zwei Legenden um den Namen der Trödelsteine, beide sind bei Historikern und Heimatkundlern umstritten. Die erste Legende handelt von einem schlecht gelaunten Zaubermeister, der mit seinen Zauberlehrlingen auf Wanderschaft im Siegerland war. Da seine Jungs zu sehr trödelten, verhexte er sie irgendwann zu Steinen. Wer zu langsam wandert, den bestraft das Leben, wer trödelt, wird zum Trödelstein. In einer zweiten Legende wurde auf dem Grenzweg zwischen Nordrhein-Westfalen und Rheinland-Pfalz (auch die beiden Bindestrich-Länder gibt es schon seit Urzeiten) immer ein Antikmarkt, also ein Trödelmarkt abgehalten. Da die Händler aber keine tollen Sachen feilboten, sondern nur, äh, Steine, blieben sie auf den blöden Trödelsteinen sitzen. Moral von der Geschicht': Stein-reich zu sein, das reicht oft nicht.

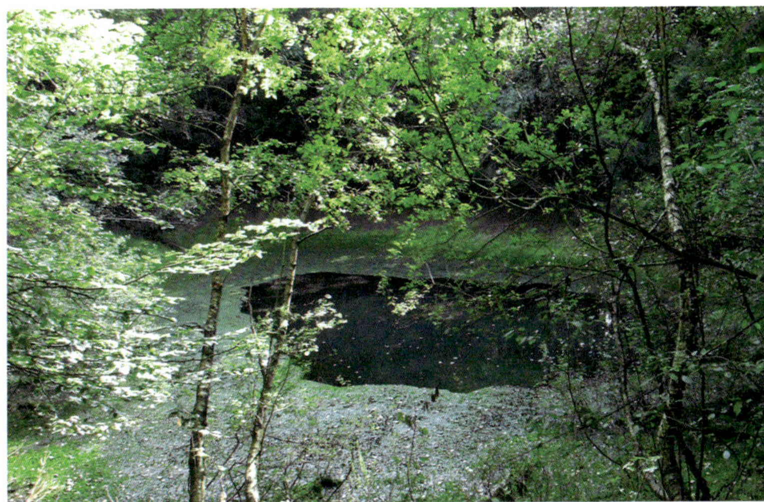

Feuchtbiotop

Bevor es wieder runter ins Hellertal geht, fährt vor meiner Nase noch ein riesiger Holz-Sattelschlepper auf dem Höhenweg, dem E1, entlang. Daher heißen diese Wege eben auch Forstautobahnen, weil hier ein reger Schwerlastverkehr stattfindet. Von den Trödelsteinen geht es auf einem schmalen Pfad bergab, der sich zunächst auf einer Art Gras-

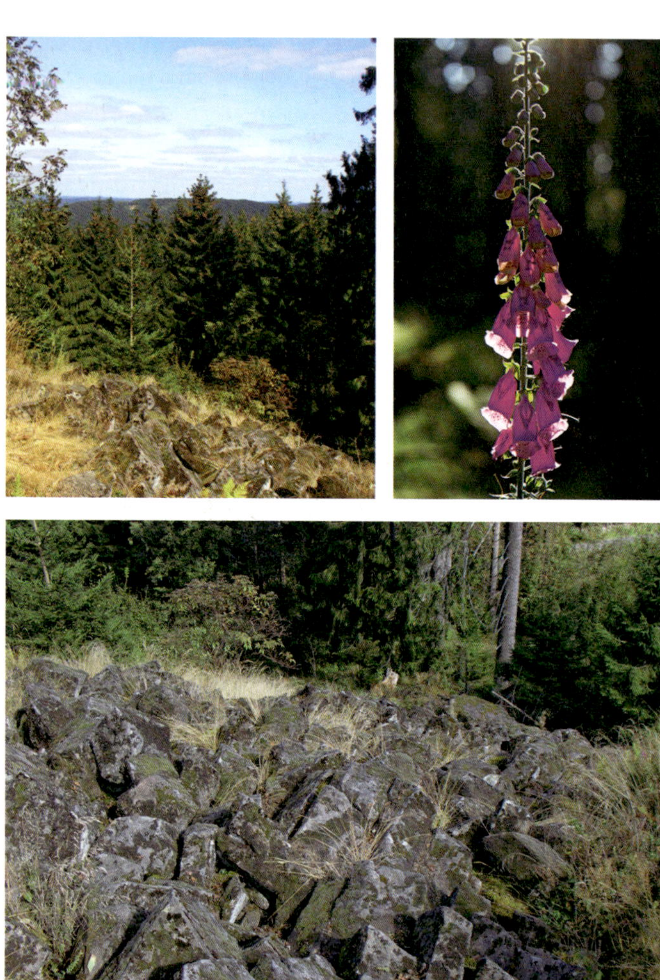

Impressionen an den Trödelsteinen

damm und dann durch den Wald schlängelt. In der Folgezeit begleiten mich immer wieder kleine gurgelnde und schnurgelnde Bachläufe. Teilweise muss ich auch einige kleine Gewässer überqueren, bevor ich schließlich in das Tal der Buchheller gelange und dann auch wieder schnell zum Ausgangspunkt, dem Ende der Sackgasse in Burbach. Es hat Spaß gemacht, die Spur der Trödelsteine aufzunehmen, eine schöne Rothaarsteig-Spur ist das ...

Rechts: Steinerne Zeitzeugen

DIE TEUTO-SCHLEIFEN

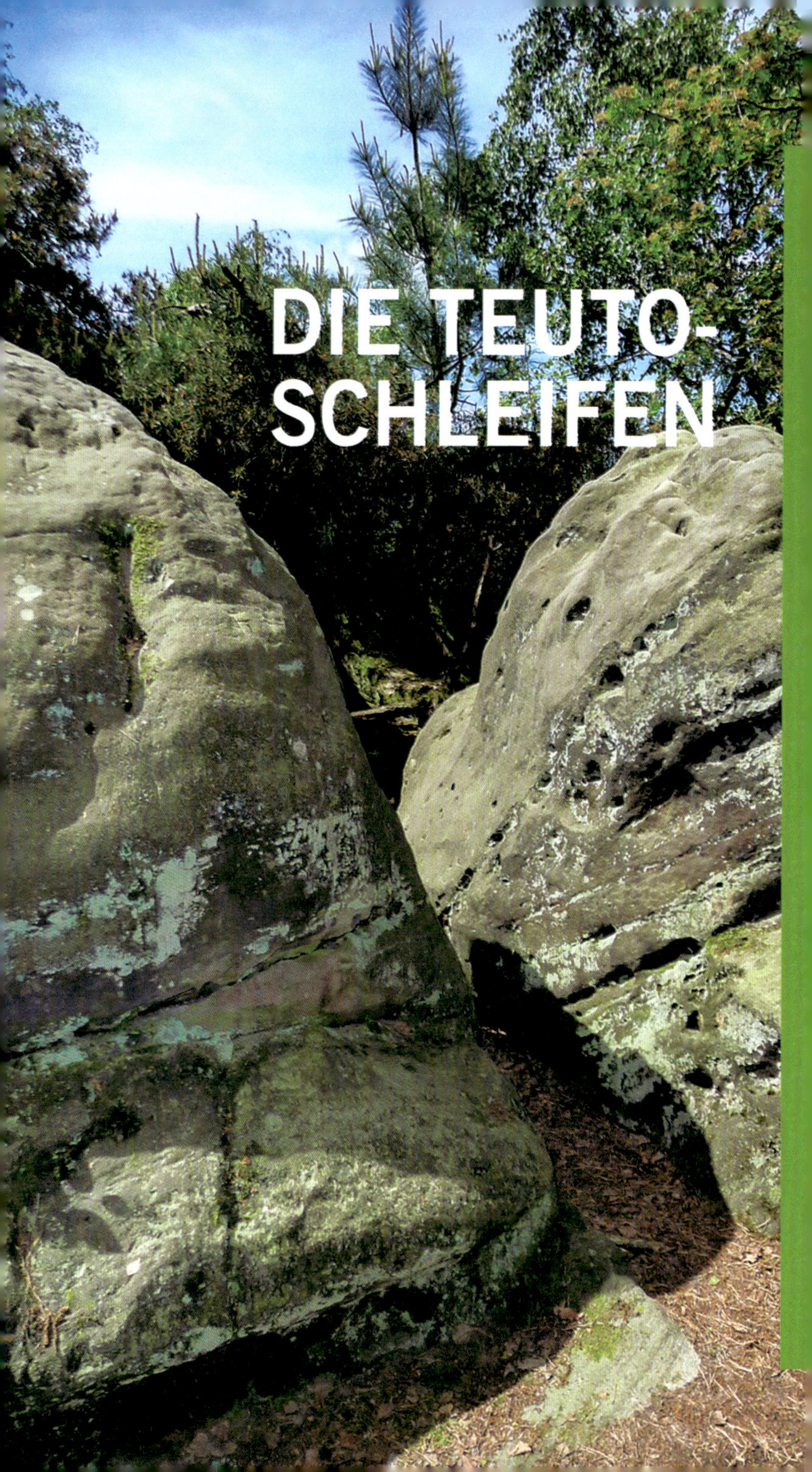

Mit Blücher und Bismarck wandern

Die Teutoschleifen befinden sich im nördlichen Münsterland. Viele Rheinländer werden sich fragen: Münsterland, was ist das? Um diese schlimmen Bildungslücken auszuräumen, hier ein kurzer Abriss der Geschichte des Münsterlands:

805	Aus einem Monasterium (Kloster) wird Münster.
1213	Der Münsterkäse wird erfunden; danach muss man erst mal richtig lüften im Münsterland.
1850	Im Münsterland beginnt die Industrialisierung.
1964	Preußen Münster gewinnt 4:2 gegen Hertha BSC, steigt aber dennoch aus der 1. Bundesliga ab.
1998	Münster wird Millionenstadt – eine Million studentische Fahrräder rollen über die Straßen.
2005	Beim „Münsterländer Schneechaos“ knicken Hochspannungsmasten wie Streichhölzer um.
2014	Im Teutoburger Wald werden mit den Teutoschleifen die ersten Premiumwanderwege des Münsterlands eröffnet.

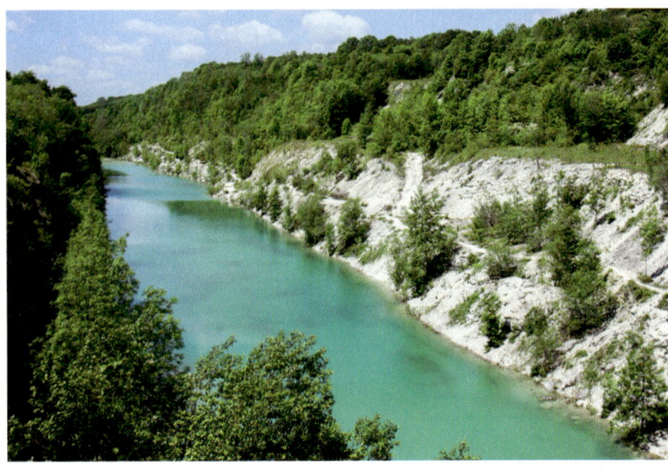

Der Canyon von Lengerich

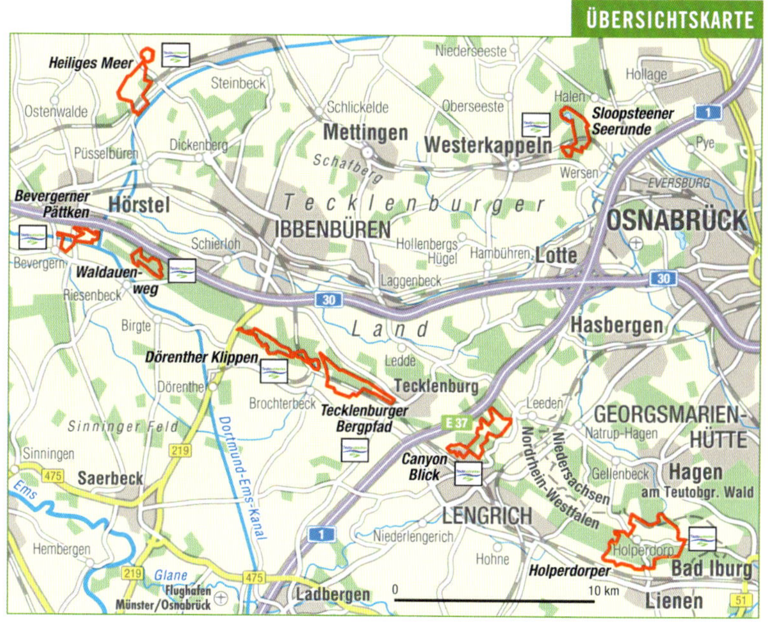

Man sieht, welche überragende Bedeutung die Teutoschleifen in der bewegten Geschichte des Münsterlands einnehmen. Der Name verrät es schon: Die Wege befinden sich im nördlichen Münsterland, im Teutoburger Wald. Viele denken beim Stichwort Teutoburger Wald vor allem an Ostwestfalen und sehen das Hermannsdenkmal bei Detmold vor sich, wie er sein Schwert in den Himmel streckt. Aber darauf beschränkt sich der Höhenzug des Teutoburger Walds keineswegs. Bis nach Rheine im Westen zieht sich der markante Bergrücken und sorgt dafür, dass es neben den Baumbergen bei Havixbeck westlich von Münster noch eine zweite nennenswerte Erhebung im Münsterland gibt.

Man kann durchaus sagen, dass die Teutoschleifen waschechte Kinder des Hermannswegs sind, denn viele der Premiumwege sind an den Hermannsweg angedockt, Teile der Wegführung sind mit dem bekannten Qualitätsweg identisch. Hier die Touren im Kurzporträt:

• Beim „Canyon Blick" in Lengerich erwartet den Wanderer ein atemraubender Blick auf einen ehemaligen Steinbruch, in dem Kalk abgebaut wurde. Dieser künstliche „Canyon" ist nun mit Grundwasser vollgelaufen und wird wegen des türkisblauen Wassers auch „Blaue Lagune" genannt. Die Lagune macht Lust auf eine Abkühlung, aller-

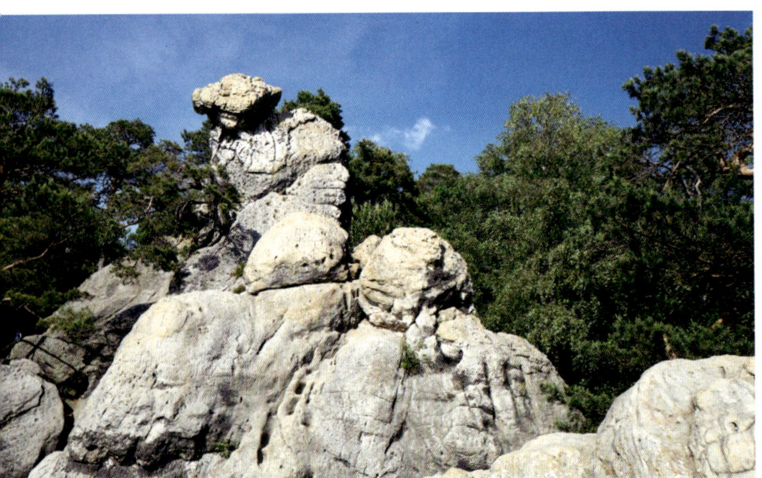

Das hockende Weib auf den Dörenther Klippen

dings ist das Baden verboten, man könnte den Uhu stören. Aber Wandern und Hingucken ist natürlich erlaubt auf dem 11,2 Kilometer langen Premiumweg zwischen Lengerich und Leeden.

• Eine fantastische Teutoschleife heißt „Dörenther Klippen" im gleichnamigen Sandsteinparadies. Berühmt ist das „hockende Weib". Dieses Felsenensemble würde man heutzutage bestimmt etwas vornehmer umschreiben. Aber man sollte bitte nicht denken, dass die Münsterländer um einen einzelnen Felsen so ein Bohei machen. Nein, während des gesamten Wegs wird man von spektakulären Felsformationen begleitet, bis zu 40 Meter hoch, zum Beispiel der „Dreikaiserstuhl". Außerdem wandert man über einen Obstlehrpfad und sollte unbedingt in der urigen Almhütte einkehren. Und dort wird man bei einem kalten oder heißen Getränk die Feststellung treffen: Der 9,3 Kilometer lange Premiumweg „Dörenther Klippen" ist immer eine Reise wert.

• Die 10,5 Kilometer lange Teutoschleife „Tecklenburger Bergpfad" glänzt durch eine unglaubliche Vielseitigkeit und das bezaubernde Fachwerkstädtchen Tecklenburg an Start und Ziel. Auf diesem „Bergpfad" wandert man an Gutshöfen, Feldern und Felsen vorbei und genießt den Blick ins südliche Münsterland bis zu den Baumbergen. Sozusagen der Wendepunkt der Tour ist das Dorf Brochterbeck – und ab hier macht der „Bergpfad" seinem Namen alle Ehre, denn es geht

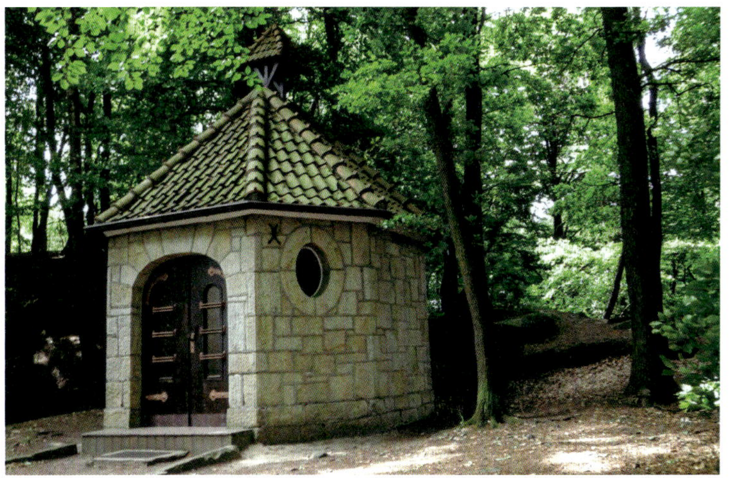

Waldidylle am Tecklenburger Bergpfad

hinauf auf den Kamm des Teutoburger Walds. Man wandert am Blücherfelsen, an einer Waldkapelle und einem Waldlehrpfad vorbei und erreicht schließlich den Bismarckturm vor den Toren Tecklenburgs. Nach dem Belohnungsbier kann man sich noch an einer Aufführung in Deutschlands größtem Freilicht-Musiktheater in Tecklenburg erfreuen.

• Eigentlich sagt man ja: „Wenn ich die See seh', brauch' ich kein Meer mehr." Im Münsterland gilt das nicht, denn das „Heilige Meer" in der Nähe von Ibbenbüren ist absolut unverzichtbar. Warum das Meer angeblich heilig sein soll, ist nicht letztendlich geklärt. Der Legende nach soll es ein Kloster mit „lasterhaften Mönchen" (das hätte ich nie für möglich gehalten!) gegeben haben, das von diesem Meer verschlungen wurde. Nun ja. Geologisch gesehen ist der Binnensee (der größte in NRW!) vor 1.000 Jahren entstanden, weil Salinen im Erdinnern ausgewaschen wurden und einbrachen. Logisch, dass die neun Kilometer der Teutoschleife „Heiliges Meer" nicht nur am sagenumwobenen Gewässer, sondern auch an Feuchtwiesen, Gräben und Mooren sowie weiteren Seen entlangführen.

• In Lienen (nicht zu verwechseln mit dem Fußballer und Trainer Ewald Lienen) startet die mit 13 Kilometern längste Tour der fünf Teutoschleifen, der „Holperdorper". Das Highlight auf diesem Weg ist der Aldruper Berg und wenn es im Münsterland schon mal eine Erhebung

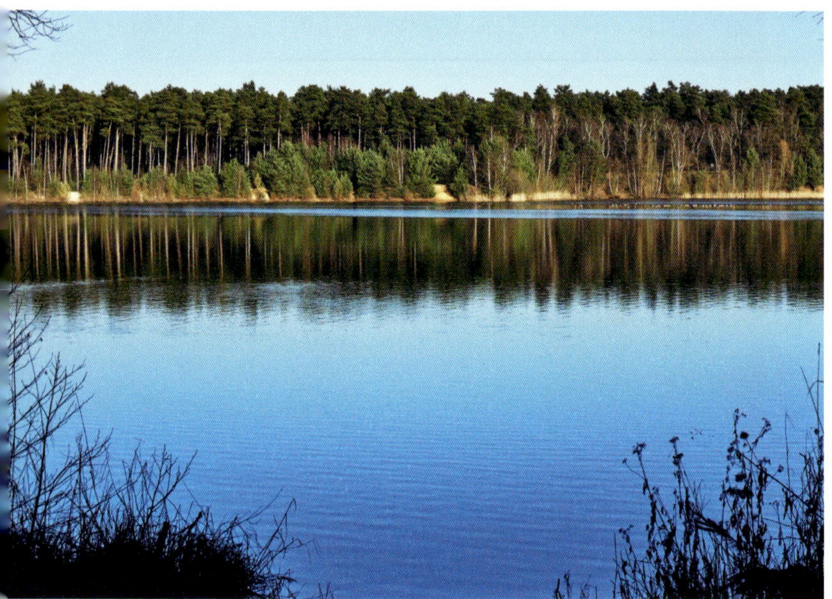

Sehr verlockend: der Niedringhaussee

gibt, muss das mit einer Einkehr in der nördlichsten Alpenhütte Deutschlands gefeiert werden. In der Waldwirtschaft „Malepartus" auf schwindelerregenden 225 Metern bekommt man münsterländische Alpenspezialitäten wie Schweinshaxe, Leberkäs' und Brezeln. Weiterhin kann man auf dem Barfußpfad von Lienen seinen Füßen etwas Gutes tun; es gibt am „Holperdorper" einen kleinen Wasserfall und viele tolle Blicke ins Münsterland.

• Der Name der Teutoschleife „Sloopsteener Seerunde" verrät schon die beiden herausragenden Merkmale dieses Premiumwegs. Man wandert am Niedringhaussee vorbei. Auch wenn es hart ist: Trotz idyllischem Sandstrand ist das Baden dort strengstens untersagt. Und dann darf man die Sloopsteene bewundern. Die Sloopsteene sind kein Naturprodukt, sondern ein faszinierendes Megalithgrab, dass ungefähr 6.000 Jahre vor unserer Zeit entstand. Die Sloopsteene waren gleichzeitig Grab und Kultstätte und es muss eine gewaltige Arbeit gewesen sein, die Steine an diesen mythischen Ort zu schleppen. Dagegen ist die Mühe, den 7,8 Kilometer langen Wanderweg „Sloopsteener Seerunde" zu wandern, nicht so groß.

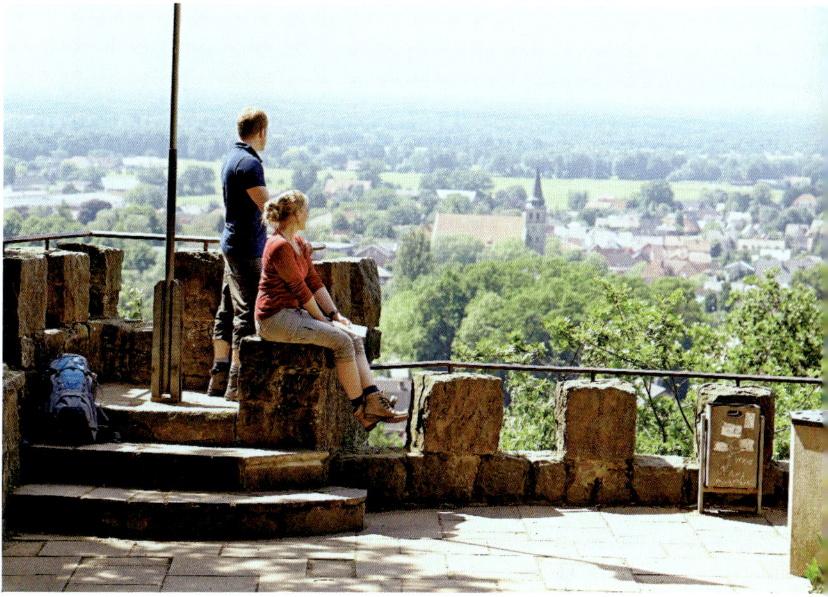

Hinauf zur „Schönen Aussicht"

• Und wenn man schon keinen Garten hat, freut man sich über einen Balkon – und beim „Waldauenweg", der mit 6,1 Kilometern kürzesten Teutoschleife, auch über die „Schöne Aussicht". Die übersichtliche Länge des Wegs ist ideal für eine Familienwanderung oder eine After-Work-Tour. In und um Riesenbeck, einem Ortsteil von Hörstel, ist der Premiumweg gelegen. Zur „Schönen Aussicht" geht es exakt 256 Stufen hoch und dann kann man die wirklich genialen Blicke auf das Münsterland und den Dortmund-Ems-Kanal genießen. Außerdem lockt den Wanderer ein wildromantisches Felsenmeer sowie die ausgedehnten Mischwälder auf dem Kammweg des Teutoburger Walds.

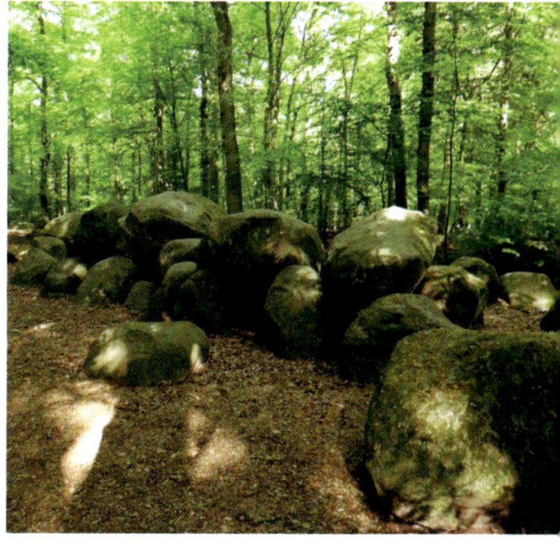

Die mythischen Sloopsteene

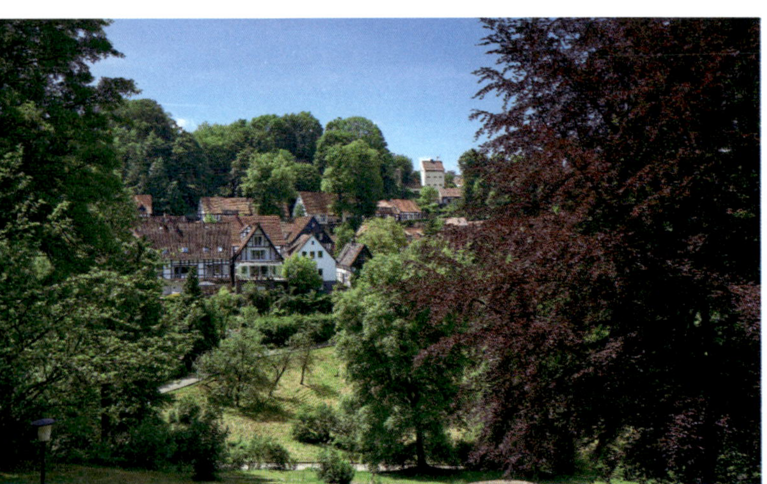

Auf „Modersohns Spuren"

Vor Kurzem haben die Teutoschleifen übrigens Nachwuchs bekommen: acht süße Teutoschleifchen, alle mit einer Länge zwischen drei und sieben Kilometern. Das Zauberwort heißt Spazierwandern, denn alle acht kurzen Wege sind Premiumspazierwanderwege und vom Deutschen Wanderinstitut zertifiziert. Besonders geeignet sind die Wege für Wandereinsteiger und Familien. Und hier sind die Teutoschleifchen, klein, aber oho:

Brochterbecker Landpartie
4,5 Kilometer, aber auch steile Abschnitte

Canyon Tour
5,3 Kilometer, Kurzversion des Canyon Blicks

Dreikaiserstuhl
3,6 Kilometer, aber durchaus anspruchsvoll

Köllbachtal
4,5 Kilometer, durch den Wald bei Mettingen

Ladbergener Pättken
3,3 Kilometer, mit „alpinen" fünf Höhenmetern

Modersohns Spuren
4,4 Kilometer, mit knackigen Höhenmetern

Schachselwiesen
6,5 Kilometer, nur 16 (!) Höhenmeter

Steinbecker Runde
7,4 Kilometer, inklusive Bergbauweg

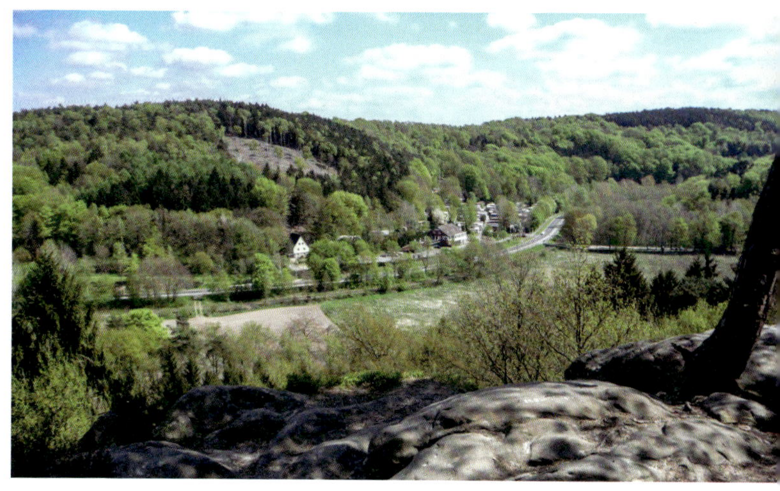

Die „Dörenther Klippen" gewähren schöne Ausblicke.

Kurzes Zwischenfazit: Acht Teutoschleifen (auf die achte werde ich gleich zu sprechen kommen) und acht Teutoschleifchen, sechs davon mit Geocaching-Angeboten. Und dazu auch noch der Premiumstadtwanderweg Tecklenburger Romantik. Aber was ist das denn? Ein Premiumstadtwanderweg? Braucht man das oder kann das weg? Normalerweise zählt bei Premiumwegen nur Natur, Natur, Natur. Jede Form von zivilisatorischen „Störungen" – also Hochspannungsleitungen, Einfamilienhaussiedlungen, Industriegebiete – ergeben einen Abzug bei den sogenannten Erlebnispunkten. Bei einem Premiumstadtwanderweg ist das anders. Es wird in diesem Fall nicht nur die Schönheit der Natur, sondern auch die Schönheit der Stadt bewertet. Und dass Tecklenburg sehr, sehr schön ist, kann jeder bestätigen, der schon mal dort war. Daher würde ich vom Start am Parkplatz Burgberg die Teutostadtschleife im Uhrzeigersinn gehen. Das heißt, am Mini-Weinberg entlang, durch die Burgruine, über die wunderschönen Gassen auf dem Kopfsteinpflaster der historischen Stadt wandern, durch den Kurpark und am Marktplatz vorbei. Das war der erste Abschnitt mit der Stadtromantik. Und dann folgt die wilde Natur unterhalb der Tecklenburg, vorbei am beeindruckenden Felsenensemble Hexenküche, durch Wälder und Wiesen. Man wandert am Wasserschloss Haus Mark entlang und kommt nach spannenden 6,2 Kilometern wieder am Ausgangspunkt an. Der erste Premiumstadtwanderweg von Nordrhein-Westfalen begeistert alle Wanderer.

Das Bevergerner Pättken

„NÄCHSTE STATION HÖRSTEL!“ Die Ansage der lieblichen Frauenstimme vom Band ist mein Weckruf. Nun heißt es: Zeitung zusammenfalten, Gespräch unterbrechen, den Rucksack schnüren und aus der Bahn aussteigen. Denn in Hörstel, im Tecklenburger Land, 50 Kilometer nördlich von Münster entfernt, startet mein neues Wanderabenteuer. Ich halte mich an die Bahngleise und überquere die Hauptstraße, indem ich über eine Brücke wandere. Auf der Brücke stehend kann man sich gut an den großen Discountern orientieren. Norden ist da, wo der Aldi ist, und in südlicher Richtung steht der Lidl. Merke: Hast du Aldi und Lidl im Ort, schmeißt du deinen Kompass fort. So eingenordet gehe ich, den Bahngleisen folgend, auf einem schmalen Pfad exakt Richtung Osten. Die Bahnstrecke, die für einige hundert Meter mein Begleiter ist, wurde 1855 erbaut und führt jede Menge Intercitys täglich von Amsterdam nach Berlin. Ich gehe an den Gleisen entlang, bis ich einen schmalen Kanal erreiche. Dieses Flüsschen wird Hörsteler Aa genannt. AA kannte ich bislang nur als Abkürzung für das Auswärtige Amt und die Anonymen Alkoholiker. Aber „Aa“ ist natürlich – wenn man genau darüber nachdenkt – ein genialer Flussname, vor allem, wenn man bei Stadt-Land-Fluss eine Menge Punkte erzielen will: „Aa“ ist schnell hingeschrieben, ganz ganz vorne im Alphabet und während die Mitspieler alle Agger oder Ahr aufschreiben, kann man mit „Aa“ die fetten Punkte abräumen. Ich biege rechts

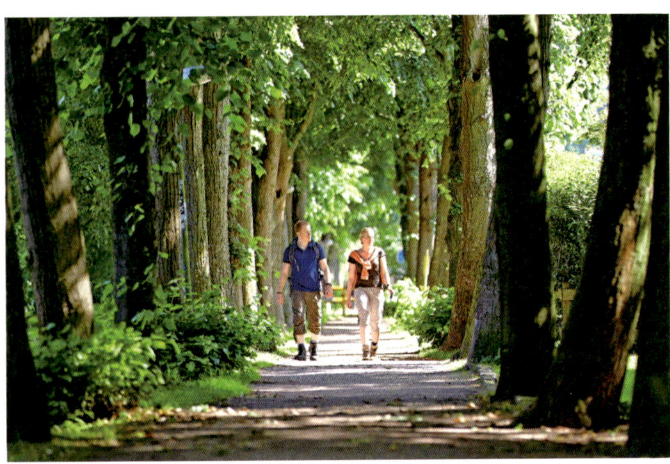

Ein Stadt-Pättken mitten in Bevergern

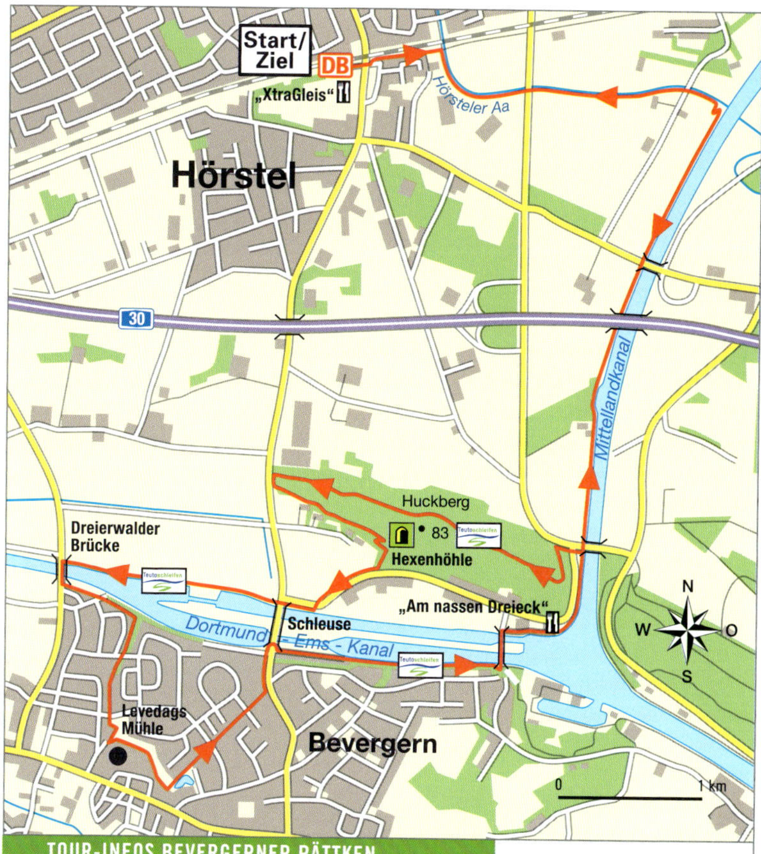

TOUR-INFOS BEVERGERNER PÄTTKEN

Länge der Tour
13 Kilometer. Der Premiumweg „Bevergerner Pättken“ ist 7 Kilometer lang, dazu kommt der richtig schöne, 3 Kilometer lange Zuweg vom Bahnhof Hörstel zum Weg und zurück.

Schwierigkeitsgrad
Leicht

Anfahrt/Abfahrt
Mit der Westfalenbahn (RB 61) stündlich aus Richtung Rheine und Bielefeld zum DB-Bahnhof Hörstel, zusätzlich wird Hörstel alle zwei Stunden vom RE 60 aus Richtung Minden angefahren.

Start/Ziel
Der Bahnhof Hörstel

Gastro-Tipp
Gasthaus „Am nassen Dreieck“
Am Hafen 15
48477 Hörstel
Tel. 05459/15 71
www.am-nassen-dreieck.de

Das Restaurant „XtraGleis“
Bahnhofstraße 52
48477 Hörstel
Tel. 05459/804 90
xtragleis.de
Das Restaurant befindet sich im alten Bahnhof von Hörstel, direkt am Bahnsteig.

Bierempfehlung
Das „Xtragleis“ hat Rolinck Pilsener aus dem Kreis Steinfurt und das legendäre Pott’s Landbier im Ausschank. So schmeckt die Region!

ab und gehe am Ufer der Hörsteler Aa immer weiter durch die Münsterländer Landschaft. Ein Bauernhof zur Rechten, Enten zur Linken, ich überquere eine Straße, orientiere mich aber weiter am rechten Ufer der Hörsteler Aa. Zur Rechten wogende Felder, der schmale Wiesenpfad ist wunderschön. So ein Zuweg macht doch richtig Spaß, denn, wie heißt es so schön: Vorfreude (auf die Teutoschleife) ist die schönste Freude. Aber wenn schon der Zuweg die pure Freude ist, dann ist die Vorfreude auf den „eigentlichen Hauptweg", das Bevergerner Pättken umso größer.
Anderthalb Kilometer hinter dem Bahnhof geht es nicht mehr weiter, zumindest nicht mehr geradeaus. Denn der breite Mittellandkanal versperrt den Weg, also wende ich mich nach rechts und gehe den Kanal entlang, der mit 325 Kilometern die längste künstliche Wasserstraße Deutschlands ist. Es ist ganz schön Betrieb auf diesem Kanal, der Transport zu Schiff scheint immer noch ein wichtiger Wirtschaftsfaktor zu sein. Der Mittellandkanal hat seinen Namen nicht daher, dass diese Wasserstraße in Mittelerde bei den Hobbits entspringt. Nur knapp neben den Hobbits, an der Elbe hinter Magdeburg, da kommt der Mittellandkanal her und fließt quer durch die Mitte Deutschlands. Es geht durch Wolfsburg, am VW-Werk vorbei, an Minden bis kurz hinter Hörstel, wo ich gedankenversunken auf dem Leinpfad wandere. Ich unterquere eine breite Brücke, oben braust und tost der Verkehr auf der A 30 zwischen Osnabrück und Amsterdam und drei Kilometer hinter dem Bahnhof von Hörstel entdecke ich direkt nach Unterquerung einer unscheinbaren Straßenbrücke den ersten Wegweiser des Bevergerner Pättkens. Hurra!
Jetzt sollten wir erst einmal gemeinsam ein wenig münsterländische Grammatik pauken. Ich hatte mir schon gedacht, dass der gute alte „Pfad", also der schmale Fußweg, im Münsterland „Patt" heißt. Wenn er aber besonders klein, schlängelig und schön ist, dann nimmt der Westfale gerne die Verkleinerungsform, den sogenannten Diminutiv, und aus dem „Patt" wird das „Pättken". Interessant auch die Formen von Singular und Plural. Es gibt entweder „een Pättken" oder „twee Pättkes". Der Kölsche hingegen spricht gerne von „dat Pääd", meint aber in diesem Fall keinen Pfad, sondern ein Pferd. Soweit kurz zur nordrhein-westfälischen Sprachkunde. Auf dem Bevergerner Pättken gehen wir rechts ab vom Mittellandkanal, wandern einige Stufen hinauf und überqueren eine Nebenstraße. Und schon geht es bergauf und wir finden uns wieder in der faszinierenden Bergwelt nördlich von Bevergern, dem Huckberg. Na gut, der Huckberg ist eher ein Berglein, also

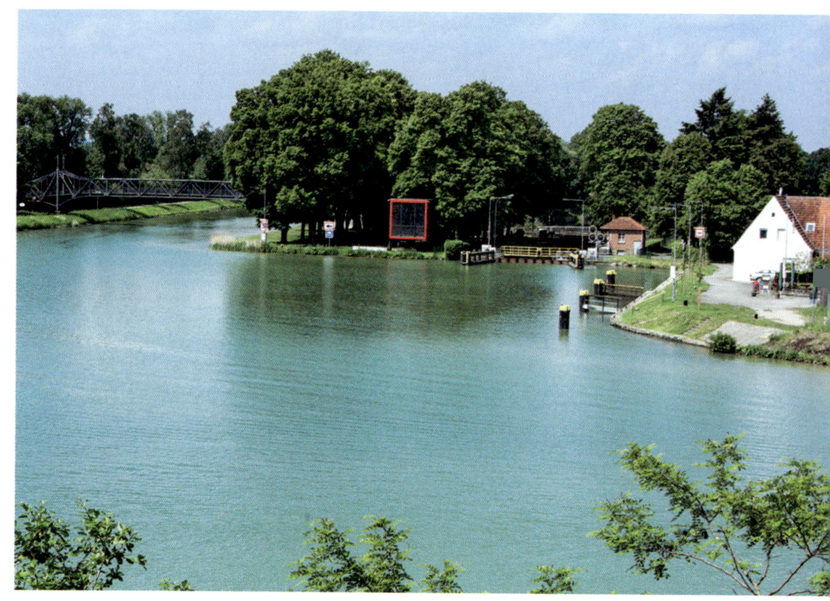

Das nasse Dreieck in Bevergen

ein Berg-ken, denn die gesamten Höhenmeter unserer Wanderung ergeben summiert 83 Meter. Da braucht man weder Kletterseile noch Sauerstoffgerät. Aber dieses Pättken auf dem Bergrücken der niedrigen Hermannshöhen ist sehr schön und ich genieße auf einer Bank die ersten Blicke auf Bevergern, dem lauschigen Städtchen am Fuße des Huckbergs.

Es geht relativ rasch auch wieder hinunter und an einer Landstraße macht unser Premiumweg eine scharfe Wendung nach links. Ich wandere nun quasi unterhalb des Huckbergs entlang und stoße auf eine verwunschene Höhle, die Hexenhöhle. Ich habe das mal gegoogelt: Man sollte es nicht glauben, aber die bekannteste Hexenhöhle Deutschlands ist tatsächlich diese Höhle am Huckberg. Das heißt, dass sich so eine richtige Hexe entweder auf dem Blocksberg herumtreibt oder eben in Bevergern. Viel zu schnell geht es hinaus aus dem Wald und ich wandere an einer Dorfstraße entlang. Aber schon bald erblicke ich das nächste Highlight dieser Wanderung: den Dortmund-Ems-Kanal. Zunächst könnte man natürlich verwirrt denken, aha, schon wieder der Mittelandkanal, aber letzterer mündet ja in ersteren am Nassen Dreieck, aber dazu kommen wir später. Zunächst wandere ich am Dortmund-Ems-Kanal entlang, der 1899 von unserem letzten

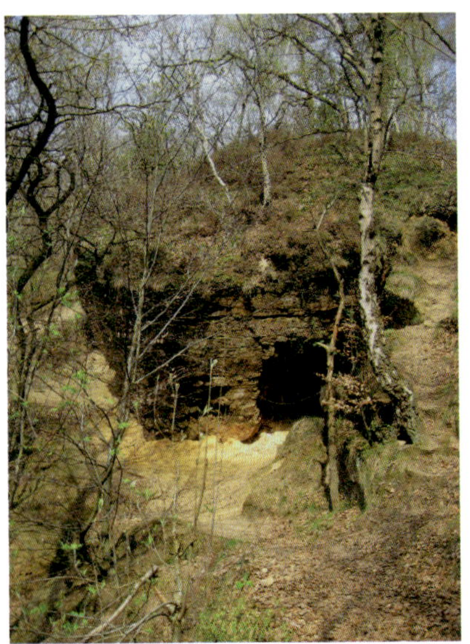

Verwunschene Hexenhöhle

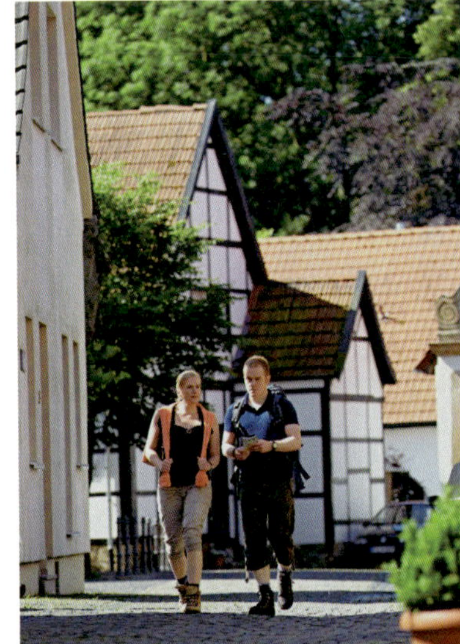

Im kuscheligen Bevergern

„richtigen“ Kaiser eröffnet wurde. Auch dieser Kanal ist aktuell kein Spaßgewässer, ich sehe einen Schleppkahn, der gemächlich an eine Schleuse heranfährt. Auch ansonsten ist es im nördlichen Münsterland ganz schön maritim: Die Möwen kreischen, die Angler angeln und man kann schon die Nordsee riechen.

An der Dreierwalder Brücke wechsle ich die Uferseite, gehe also über die Brücke und ein kurzes Stück am südlichen Ufer des Dortmund-Ems-Kanals zurück. Ich wandere nach einer Weile rechts hinein nach Bevergern, in das Städtchen, das ein Stadtteil von Hörstel ist. Dass Bevergern eine Wasserstadt ist, sieht man bereits an dem Tier im Stadtwappen: nein, kein Seelöwe, aber immerhin ein Biber. Ich hatte schon auf der Übersichtskarte der Teutoschleife „Bevergerner Pättken“ gesehen, dass eine längere Strecke des Wegs mitten durch den Ort führt. Ich war sehr gespannt, ob man dann nur über Asphalt latschen muss oder ob es ein erträglicher Weg sein würde. Vor Ort darf ich feststellen, dass die Wegführung durch den Ort genial ist, denn auch in Bevergern selbst geht man auf einem Pättken, dem Stadt-Pättken. Vorbei an Einfamilienhäusern, an einem Teich und an einem Mühlbach. Und wo ein Mühlbach ist, ist die Mühle nicht fern: Levedags Mühle ist das Highlight des kurzen Wegabschnitts durch Bevergern. Diese Mühle hat eine kuriose Geschichte. Der untere Teil des Gebäudes war

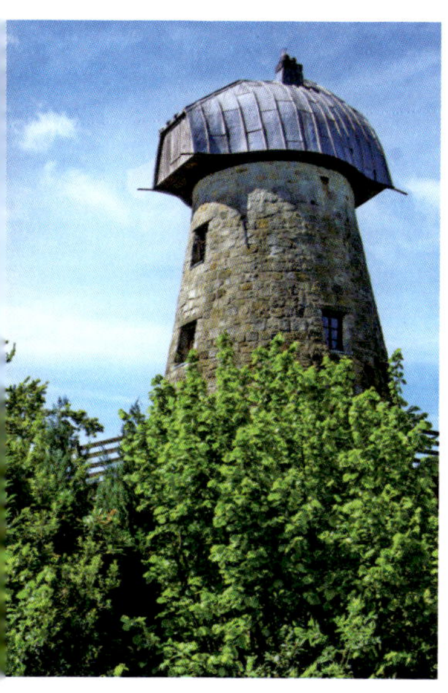

Levedags Mühle ohne Windräder

ursprünglich das massive Fundament eines Geschützturms. Man hat sich wohl irgendwann einmal gedacht, lasst uns nicht Schwerter zu Pflugscharen machen, aber einen Geschützturm zu einer Windmühle umbauen. Ich finde das großartig! 1804 wurde das Gebäude im Ortskern von Bevergern als Walkwindmühle erbaut. In so einer Mühle wird mit Hämmern auf das Tuch eingeschlagen – so wie auf ein Schnitzel. Schon seit über 100 Jahren sind allerdings leider die Flügel der Windmühle verschwunden, sie sieht daher ein wenig flügellahm aus.

Ich nähere mich langsam, aber sicher wieder dem Dortmund-Ems-Kanal und stehe schon bald direkt an der großen Schleuse von Bevergern. Ein Kahn ist soeben abgeschleust worden und kann seine Fahrt Richtung Dortmund bald wieder aufnehmen. In der Gegenrichtung wartet ein anderer Kahn, der hinauf Richtung Mittellandkanal fahren möchte. Letzteres Schiff hatte ich schon kurz nach der Dreierwalder Brücke gesehen, also habe ich während meines Spaziergangs durch Bevergern diesen Lastkahn überholt. Zu Fuß. Ehrlich gesagt wäre Binnenschifffahrtskapitän nicht der richtige Job für mich, ich hätte für dieses langsame Fahrtempo und die ständige Warterei an den Schleusen überhaupt keine Geduld.

Ich sage der Schleuse Adieu, gehe weiter Richtung Osten am Kanal entlang und sehe schon bald eine filigrane Eisenkonstruktion, die als Brücke über den Dortmund-Ems-Kanal gebaut wurde. Über diese Fußgängerbrücke führt schließlich auch mein Weg und ich kann von der Brücke aus das Gebiet des Nassen Dreiecks komplett überblicken. Ich stehe nämlich nun genau an der Stelle, an der der Mittellandkanal in den Dortmund-Ems-Kanal mündet. Ein Knotenpunkt der deutschen Binnenschifffahrt. Aber es lärmt nicht wie an anderen Verkehrsknotenpunkten wie Bahnhöfen, Flughäfen und Autobahnkreuzen. Es herrscht vielmehr eine friedliche Ruhe, die Wellen kräuseln sich, ein paar Enten drehen ihre Runden. Als ich wieder festen Boden unter den Füßen habe, sehe ich ein kleines Ausstellungsgelände, auf dem

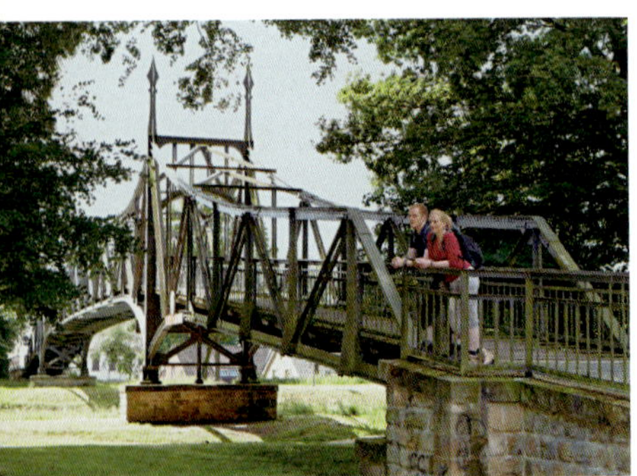

Bergeshöveder Steg in Bevergern

die Geschichte der beiden Flusskanäle von Bevergern und damit auch des Nassen Dreiecks erläutert wird. Und eine Einkehrmöglichkeit gibt es natürlich auch an diesem touristischen Hotspot des Tecklenburger Lands. Nach einer kurzen Stärkung wandere ich weiter auf dem Bevergerner Pättken und komme sehr schnell an die Straßenbrücke, an der ich vor einiger Zeit den sieben Kilometer langen Rundweg gestartet bin. Ich gehe aber keine zweite Runde, sondern bleibe weiter am westlichen Ufer des Mittellandkanals und mache mich auf den Rückweg zum Bahnhof Hörstel.

Der Rückweg zum Bahnhof ist natürlich die gleiche Strecke wie der Hinweg, erst am Kanal wandern, dann links abbiegen, an der Hörsteler Aa entlang und schließlich den Bahngleisen folgend bis zum Bahnhof. Aber kurioserweise wird es mir auf diesem Rückweg nicht langweilig. Das habe ich schon öfter festgestellt, dass ein Weg in die andere Richtung gegangen ganz andere Eindrücke und neue Perspektiven bietet. Insgesamt ist die Tour rund um das Nasse Dreieck von Bevergern auf den schmalen Pättken des Münsterlands im höchsten Maße abwechslungsreich. Ich freue mich schon auf meine nächste Teutoschleife.

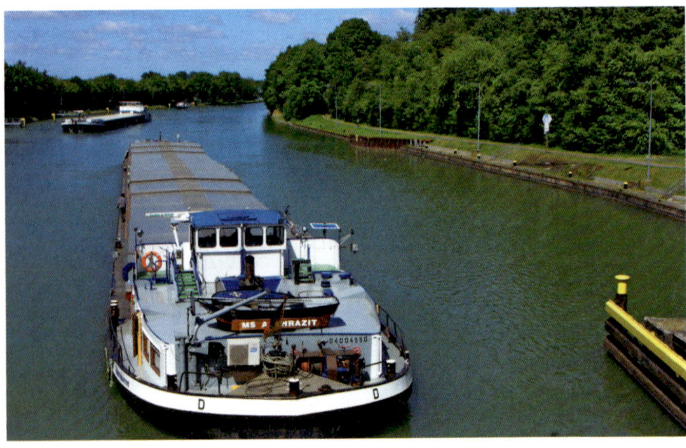

Schiffsverkehr auf dem Dortmund-Ems-Kanal

Rechts: Auf dem Geologischen Rundweg Düdinghausen

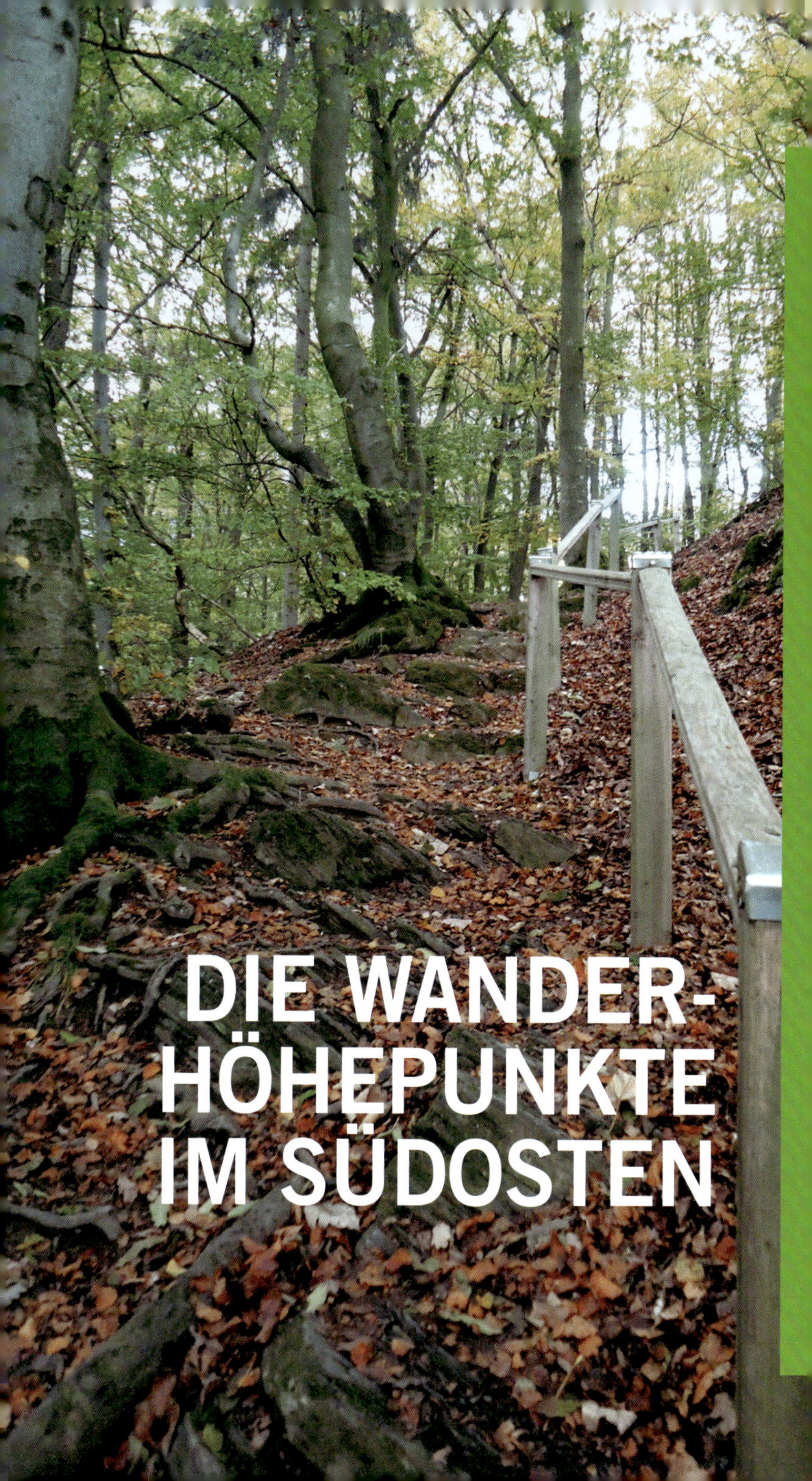

DIE WANDER-HÖHEPUNKTE IM SÜDOSTEN

Von Hollen, Schiefer und Fledermäusen

Der Südosten von NRW ist selbstredend außerordentlich reich an Wanderhöhepunkten: Der Rothaarsteig, der Sauerland-Höhenflug, die zahlreichen sauerländischen Qualitätswege – ohne Ende Wandergenuss im Südosten. Aber leider fallen bei den vorgenannten Wegen eine Handvoll Wege unter den Tisch, was jammerschade wäre. Denn, seien wir ganz ehrlich, was premiumwürdige Tagestouren angeht, ist NRW immer noch ein klein wenig ein Wander-Entwicklungsland. Es gibt die Premiumwege am Niederrhein, die Wasser.Wander.Welt. Es gibt die Teutoschleifen und natürlich die Rothaarsteig-Spuren. Und eben die folgenden sieben Premiumwege im äußersten Südosten des Bundeslands, im Sauerland und im Siegerland, die mir ganz besonders am Herzen liegen.

Premiumweg 1 im Südosten: der Hollenpfad

2008 veranstaltete das Wandermagazin eines seiner legendären Wanderfestivals in Bödefeld. Beim Namen Bödefeld denken viele an Herrn Bödefeld aus der Sesamstraße, dabei ist Bödefeld ein Wintersportort in der Nähe von Winterberg, seit jenem Spätsommer 2008 mit dem Premiumweg Hollenpfad ausgestattet. Wer oder was sind eigentlich Hollen? Nun, man erklärte es mir vor Ort so: Diese Hollen seien eine

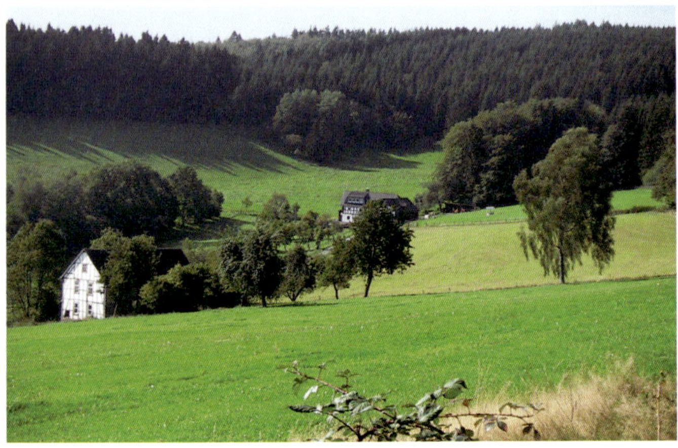

Fachwerk an der Via Adrina

ÜBERSICHTSKARTE

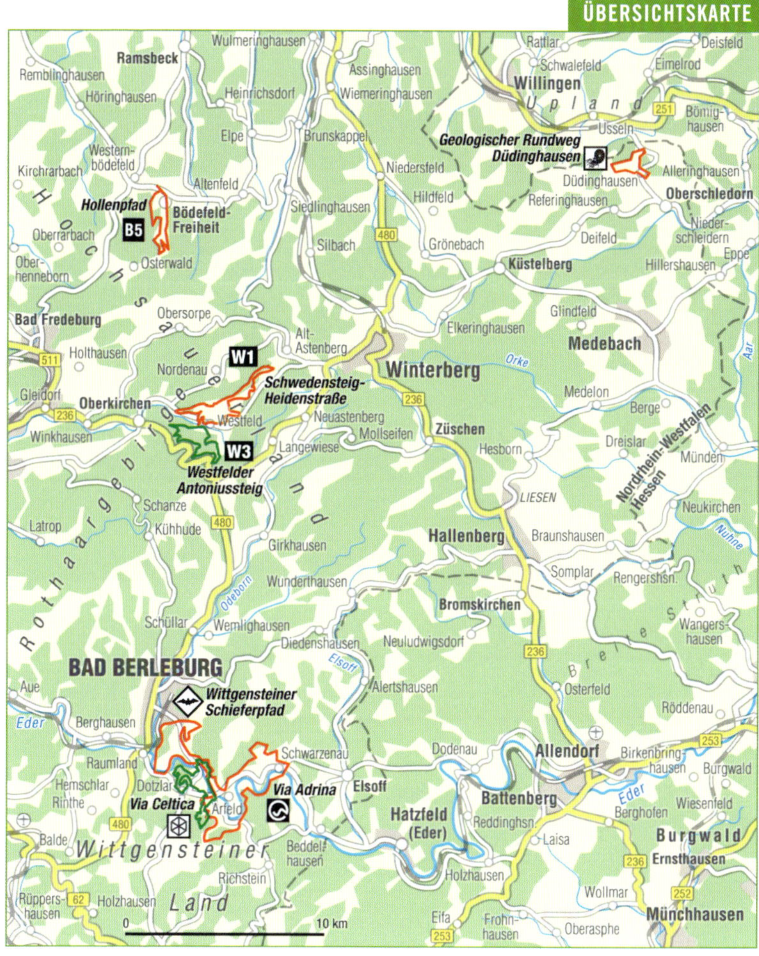

Art weibliche Waldgeister, nicht so böse wie Hexen, eher so lustige Sauerlandtrolle. Ich durfte anlässlich dieses Wanderfestivals an einer – für mich – legendären Nachtwanderung auf dem Hollenpfad teilnehmen. Ob es so eine gute Idee war, auf einem Premiumweg mit hohem Pfadanteil eine Wanderung bei Dunkelheit zu veranstalten, nun, das sei mal dahingestellt. Nicht hilfreich war es auf jeden Fall, dass fast alle Teilnehmer an der Nachtwanderung Taschenlampen dabeihatten, mit denen man auch eine turnhallengroße Höhle hätte erforschen können. Bekanntlich sieht man im Dunkeln besser, wenn man nicht geblendet wird. Nicht hilfreich war auch, dass eine Schülergruppe mitwanderte, die permanent durcheinanderschrien und ein Höllenspektakel veran-

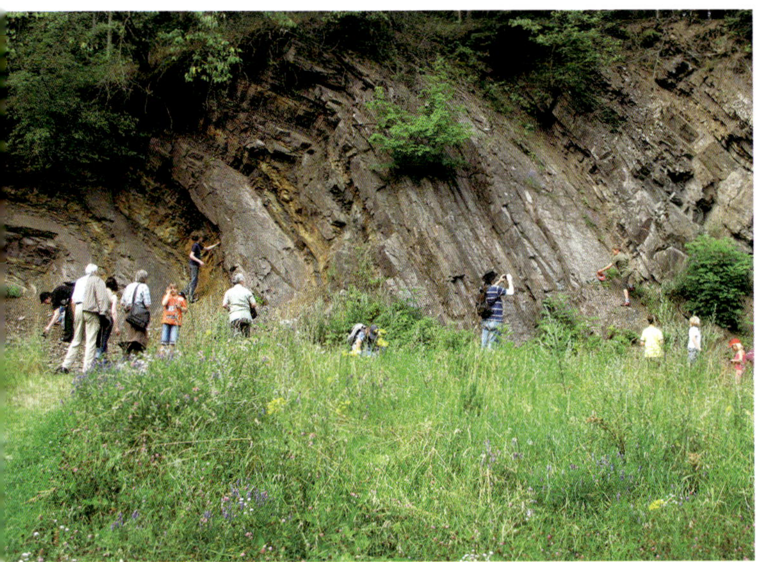

Steinbruchbesichtigung

stalteten. Die Tiere des Walds am Hollenpfad haben in dieser Nacht mit Sicherheit einen Ausreiseantrag gestellt. Wären aber die Taschenlampen nicht gewesen und die Kinder und hätte ich etwas mehr gesehen, dann, ja dann, bin ich davon überzeugt, dass der Bödefelder Hollenpfad ein absolut großartiger Premiumweg ist. Nicht umsonst ist er mit 53 Erlebnispunkten vom Deutschen Wanderinstitut bewertet worden.

Premiumweg 2 im Südosten: Schwedensteig-Heidenstraße

Der Rundwanderweg Schwedensteig-Heidenstraße ist mit der Markierung W1 gekennzeichnet und 15,5 Kilometer lang. Das sind sehr abwechslungsreiche Kilometer: Wälder, Wacholderheiden, fantastische Ausblicke und nicht zuletzt die Ortschaft Westfeld (daher die Markierung W1) mit ihren romantischen Fachwerkhäusern. Der Name des Premiumwegs ist allerdings erklärungsbedürftig. Was hat es denn mit dieser Heidenstraße auf sich, dürfen da keine Christen wandern? Es handelt sich bei der sogenannten Heidenstraße um eine uralte Handelsstraße zwischen Köln, Kassel und Leipzig, einen Höhenweg, der noch heute gut erkennbar durch das Sauerland führt. Der Name leitet sich wahrscheinlich daher ab, dass von Köln ausgehend Missionare die heidnischen Sauerländer am Wegesrand der Straße bekehrt haben.

Man wandert auf dem Rundweg an der Schwedenhütte vorbei und an der Schwedenschanze, einer Verteidigungsanlage gegen die Schweden. Das alles erinnert an den Dreißigjährigen Krieg, der auch das Sauerland nicht verschonte, daher der Namen Schwedensteig. Alter Schwede!

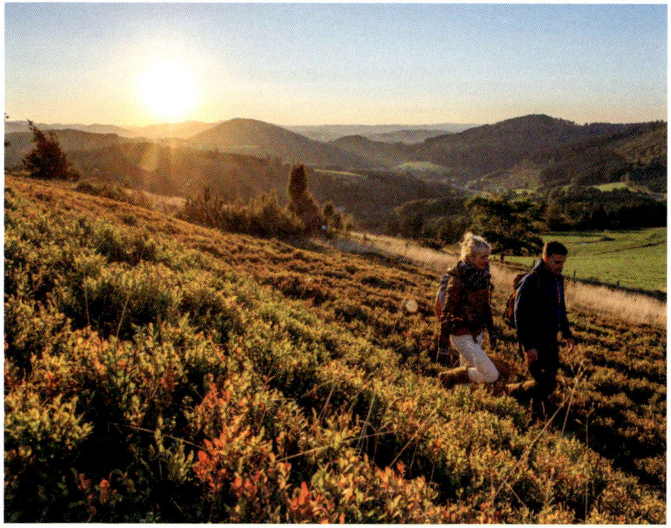

Auf dem Antoniussteig

Premiumweg 3 im Südosten: der Westfelder Antoniussteig

Der Westfelder Antoniussteig ist mit seinen 10,1 Kilometern der kleine Bruder des Schwedensteigs. Die Markierung W3 lässt schon ahnen, dass auch dieser Weg in Westfeld im Schmallenberger Wanderland beheimatet ist. Westfeld ist ein wirklicher Goldschatz, denn schon seit fast fünfzig Jahren trägt man stolz den Titel „Bundesgolddorf" und hat damit das oberste Treppchen der deutschen Ortschaften erklommen. In Westfeld befindet sich auch der Start der Rundtour. Auf dem Antoniussteig wandert man über die schon vom Schwedensteig bekannte Heidenstraße, wird aber kurz darauf auf dem Jakobsweg bekehrt und kann in der Antoniuskapelle eine kurze Meditationspause einlegen. Wenn man am 13. Juni, dem Gedenktag des Heiligen Antonius, auf dem Antoniussteig wandert, sollte man diese Bauernregel beachten: „Regnet's am Antoniustag, wird's Wetter danach, wie es mag." Das ist doch mal eine konkrete Wetterprognose. Ich wünsche gute Wanderlaune auf dem Antoniussteig, egal wie das Wetter wird.

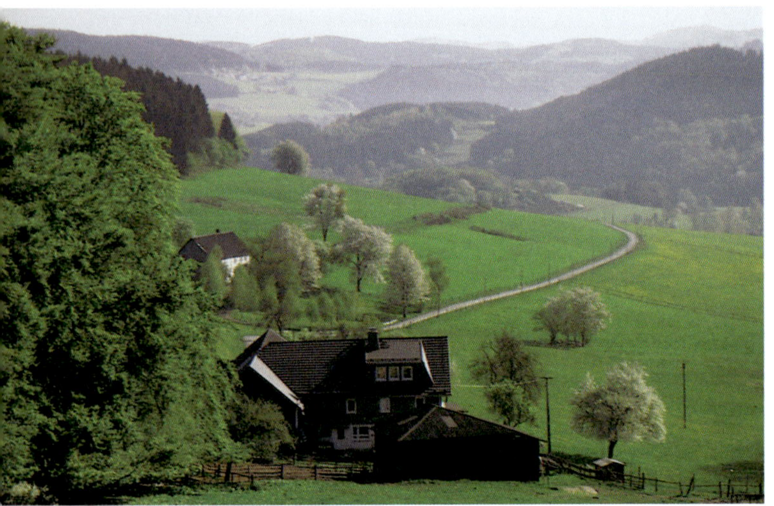

Weit ins Land

Premiumweg 4 im Südosten: der Geologische Rundweg Düdinghausen

Der Name des Wegs ist ein wenig zu didaktisch geraten, aber die 76 Erlebnispunkte, mit denen das Deutsche Wanderinstitut den Premiumweg bewertet hat, kommen nicht von ungefähr. Um das mal einzuordnen: 76 Punkte, das ist nationale Spitzenklasse, absolut erste Wanderbundesliga und nebenbei der am besten bewertete Premiumweg in Nordrhein-Westfalen – Standing Ovations!!!

Und das, obwohl der Geologische Rundweg Düdinghausen nur eine Länge von 6,2 Kilometern aufweist. Aber schon die alten Portugiesen wussten: In der Kürze liegt die Würze. Diese kurzen Premiumwege liegen absolut im Trend, die Wanderer können diese Wanderungen an einem halben Tag schaffen, auch mal als After-Work-Wanderung, und auch kleinere Kinder bewältigen die Strecke problemlos. Das Entscheidende ist, dass auf diesen 6,2 Kilometern auch jede Menge passiert: Aussichten, die Riepenschlucht, ein beeindruckender Hohlweg, die Fachwerkhäuser von Düdinghausen, der Kreuzberg mit Kreuzweg und Kapelle. Wandererherz, was willst du mehr?

Premiumweg 5 im Südosten: die Via Adrina

Wenn der Geologische Rundweg Düdinghausen „der Kurze" ist, dann ist die Via Adrina zweifelsohne „die Lange". 20,5 Kilometer ist schon eine ziemlich stolze Wegstrecke. Da braucht man durchaus einiges an Kondition, vor allem, weil es ordentlich auf und ab geht. „Wanderweg der Sichtbeziehungen", so nennen die Experten etwas akademisch das Wandererlebnis auf der Via Adrina. „Sichtbeziehung", das heißt konkret, dass man sich auf dem Rundweg immer schön orientieren kann. Beim Blick nach vorne: Aha, da muss ich noch hinwandern. Und beim Blick zurück: So, so, das habe ich schon alles geschafft. Lohn der pfiffigen Wegführung war übrigens 2009 auf der Fachmesse TourNatur in Düsseldorf der Bronzeplatz für die drittschönste Tour Deutschlands.

Ich habe allerdings immerzu gerätselt, was denn der lateinische Name des Wegs bedeuten könnte. Via, da war ich mir trotz oder wegen meines großen Latinums sicher, das muss „Weg" heißen, was ja auch Sinn macht, wenn wir über einen langen Wanderweg reden. Aber Adrina? Das Wort hatte ich nie in meinem Vokabelhaft stehen. Beim schnellen Lesen hatte ich außerdem stets „Adriana" gelesen und hatte folgerichtig gedacht, die Tour im Siegerland würde den Wandertouristen an Gegenden an der Adria erinnern. Das ist natürlich absoluter Quatsch. Ich habe dann durch wochenlange Recherchen in alten Klöstern und verstaubten Archiven herausgefunden, dass Adrina die lateinische und damit ursprüngliche Bezeichnung des Flusses Eder ist. Eder = Adrina, das macht für die Via Adrina Sinn, denn die Eder schlingt sich in Schleifen durch diesen Teil des Siegerlands, und der Premiumweg bie-

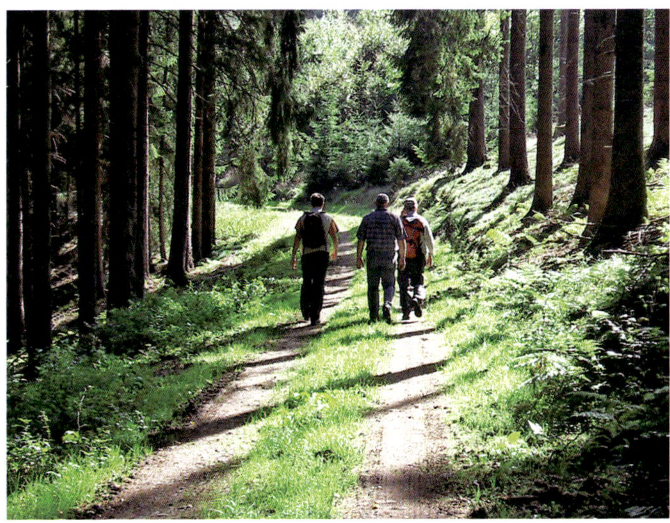

Auf der Via Adrina

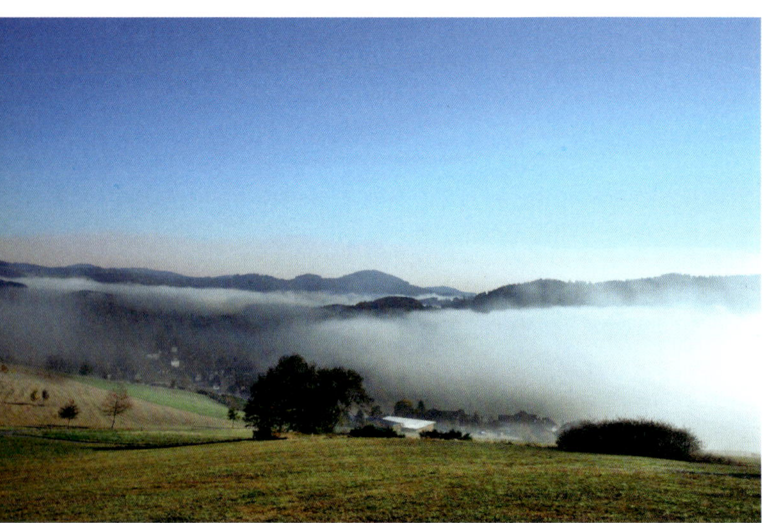

Traumhafte Weitsichten auf der Via Celtica

tet immer wieder spektakuläre Blicke in das Tal dieses Nebenflusses der Fulda. Vielleicht ist das ja ein neuer Trend, Premiumwegen öfter mal lateinische Namen zu geben: Via Rhenum statt Rheinsteig und Via Victoria Naturae – Natursteig Sieg.

Premiumweg 6 im Südosten: die Via Celtica

Die Via Celtica bildet mit der Via Adrina und dem siebten Premiumweg Wittgensteiner Schieferpfad (den ich gleich ausführlich beschreiben werde) eine Art Trinität im Wittgensteiner Land. Das bedeutet konkret, dass einzelne Abschnitte dieses Wegs mit denen der anderen beiden Wege identisch sind. Das heißt aber auch, dass die Via Celtica vergleichsweise schwer zu wandern ist. Auf schmalen Pfaden geht es immer wieder steil die Hänge hinauf, über 600 Höhenmeter sind zu bezwingen. Markiert ist der Wanderweg mit einem mystisch anmutenden Sechseck mit Bezug zur Kultur der Kelten. Auf 14 sogenannten Ankerpunkten wird erklärt, was es mit den Kelten in der Region auf sich hat. Man muss es sagen, wie es ist: Eine Volksgemeinschaft im engeren Sinne waren die Kelten nie. Sollte es Kelten im Wittgensteiner Land gegeben haben, hätten sie sich niemals selbst als Kelten bezeichnet. Auf jeden Fall kann man auf diesem Premiumweg die herrliche Landschaft rund um die Bad Berleburger Ortsteile Dotzlar und Arfeld genießen.

Der Wittgensteiner Schieferpfad

ICH BIN MIT DEM ZUG bis Bad Berleburg gefahren und auf dem „X"-Weg hinauf zum Bismarckturm und dann zum Wanderparkplatz „Auf der Lenne" gelaufen. Dort treffe ich auf den „Wittgensteiner Schieferpfad". Die Wegmarkierung ist gut zu erkennen: eine schwarze Fledermaus auf weißem Untergrund. Da stellt sich natürlich direkt die Frage, warum ein „Schieferpfad" mit dem Bild einer Fledermaus beschildert ist. Nun, ich kann nur vermuten, dass man nach vielen Versuchen, ein Stück Schiefer grafisch darzustellen, absolut verzweifelt ist und sich gesagt hat: Fledermäuse mag jeder, Fledermäuse sind auch einfacher zu zeichnen als Schiefer und nisten Fledermäuse nicht total gerne im Schiefer? Na also, bingo! Machen wir doch eine Fledermaus auf das Markierungsschild.

Den Spuren der Fledermaus folgend gehe ich durch einen schönen Wald bergab und erreiche knapp drei Kilometer hinter dem Wanderparkplatz das Tal der Eder oder Adrina, für alle, die es etwas altsprachlich-humanistischer haben wollen.

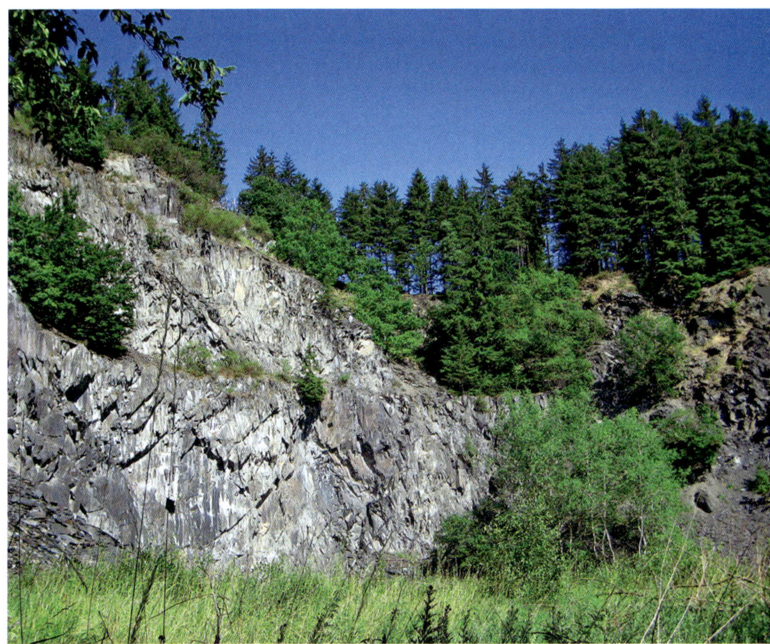

Tagesbruch

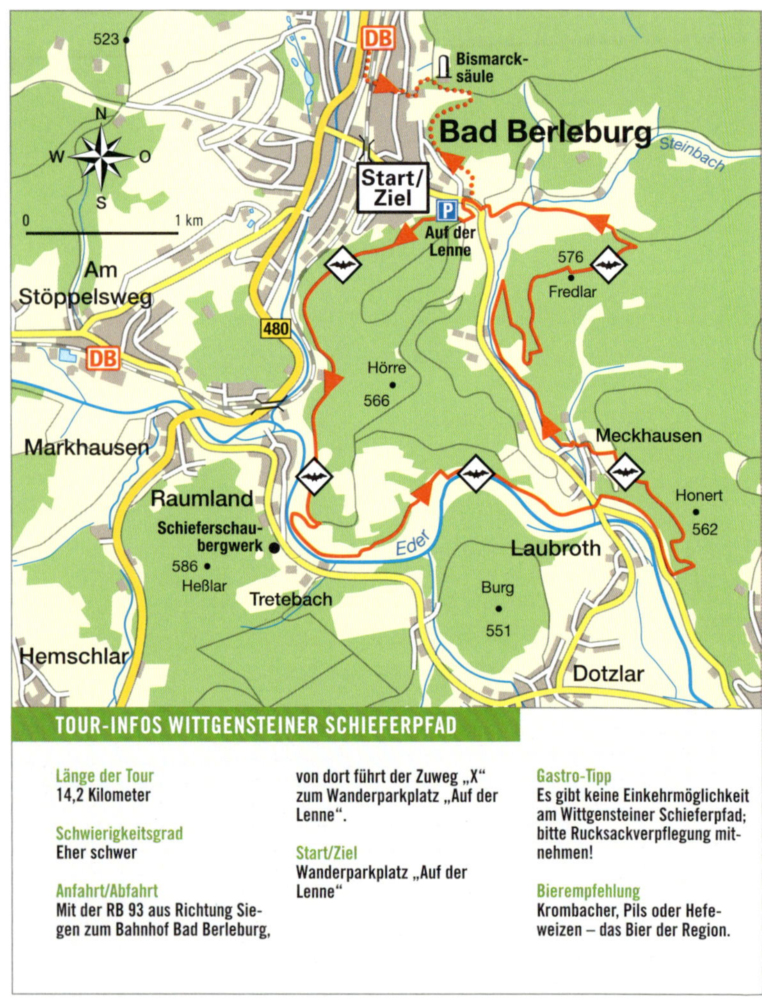

TOUR-INFOS WITTGENSTEINER SCHIEFERPFAD

Länge der Tour
14,2 Kilometer

Schwierigkeitsgrad
Eher schwer

Anfahrt/Abfahrt
Mit der RB 93 aus Richtung Siegen zum Bahnhof Bad Berleburg, von dort führt der Zuweg „X" zum Wanderparkplatz „Auf der Lenne".

Start/Ziel
Wanderparkplatz „Auf der Lenne"

Gastro-Tipp
Es gibt keine Einkehrmöglichkeit am Wittgensteiner Schieferpfad; bitte Rucksackverpflegung mitnehmen!

Bierempfehlung
Krombacher, Pils oder Hefeweizen – das Bier der Region.

Der Wittgensteiner Schieferpfad geht aber keineswegs gemütlich an einem Uferweg entlang, sondern ich muss ganz schön zwischen jeder Menge Findlingssteinen meinen schmalen Pfad suchen. Aber schließlich ist doch etwas Erholung angesagt und ich genieße die funkelnden Sonnenstrahlen, die auf der Eder tanzen. Ein kurzes Stück geht es auf einer alten Eisenbahntrasse entlang. Das war die Nebenstrecke von Bad Berleburg nach Allendorf. Schade, dass man nicht mehr aus den Fenstern schauend dieses Eisenbahnerlebnis im Edertal genießen darf.

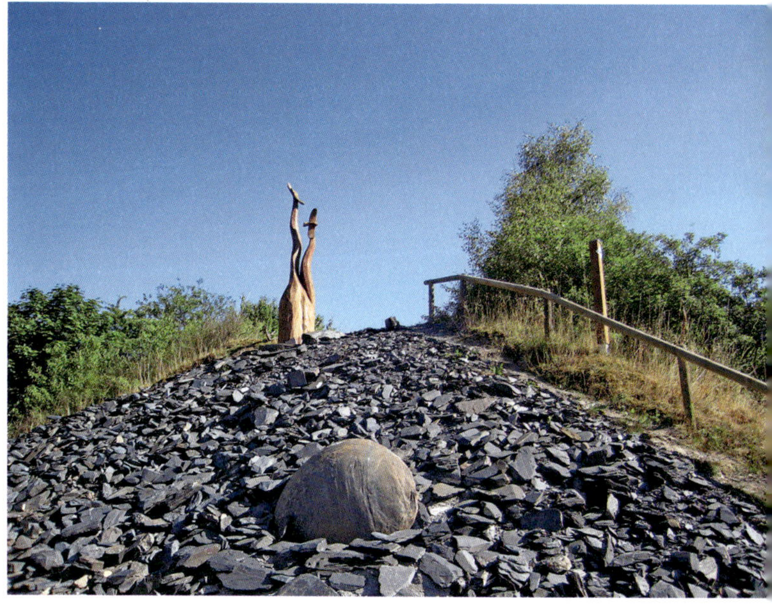

Hier beginnt der Schieferpfad.

Ich überquere die Landstraße zwischen Bad Berleburg und Dotzlar und darf wieder auf einem schmalen Pfad durch urwüchsige Steinpassagen wandern. Etwas abseits des Wittgensteiner Schieferpfads könnte ich das Schieferschaubergwerk Raumland besuchen, aber ich habe mir den falschen Tag für meine Wanderung ausgesucht: Dienstag hat das Bergwerk nicht geöffnet, Führungen gibt es nur mittwochs und samstags, ansonsten ist das Bergwerk geschlossen. Aber ich habe mich schlau gemacht: Von 1860 bis 1926 wurde der Schiefer im Bergwerk Raumland abgebaut. Es ist schon erstaunlich, in welchen Gegenden von NRW man auf Bergbau trifft; wo ein Berg ist, da ist auch ganz schnell ein Stollen getrieben worden und eine Lore fuhr heran. Seit 1983 kann man im Schaubergwerk schauen, was es mit dem Bergbau im Siegerland auf sich hatte. Und wenn man möchte, dass der Bund fürs Leben genauso fest gefügt ist wie Schiefer (ein etwas schiefes Bild), darf man sogar im Schieferbergwerk heiraten. Da sollte aber die Braut darauf achten, dass der Brautschleier nicht schmutzig wird.
Dann verlasse ich das Tal der Eder und gehe einen Steilhang hinauf. Da muss ich mein Wandertempo schon drastisch drosseln, weil sonst akute Schnappatmung droht. Auf der Halbhöhe geht es dann im Zick-

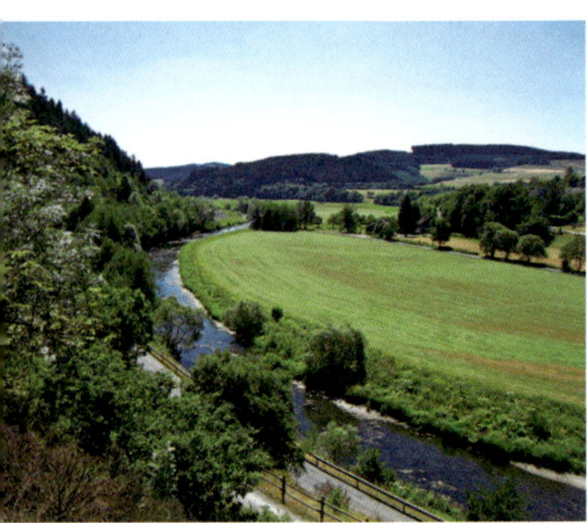

Nicht nur Gestein

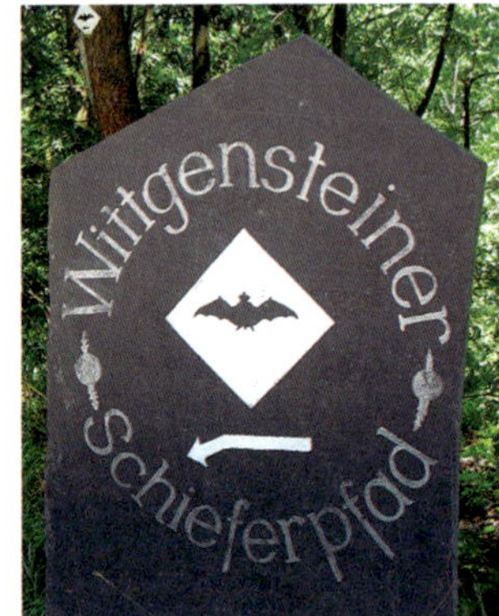

Auch Fledermäuse lieben Schiefer.

zack weiter oberhalb der Landstraße. Ich finde es sehr bemerkenswert, in dieser landschaftlichen Einsamkeit in einem kleinen Flecken namens Meckhausen eine Diskothek vorzufinden. Aber wieder bin ich zur falschen Tageszeit und am falschen Wochentag unterwegs. Wie gerne hätte ich als Abrundung der Wanderung in der Disco Ederblick noch ein wenig abgezappelt.

Mein persönliches Highlight des Wittgensteiner Schieferpfads ist aber gegen Ende des gut 14 Kilometer langen Rundwegs die Besteigung des Berggipfels Fredlar auf 576 Meter. Das ist nicht spektakulär hoch, aber die Wegführung auf den schmalen Pfaden der unbewaldeten Bergkuppe ist tricky; ich habe einige Male die Markierung mit der schwarzen Fledermaus aus den Augen verloren. Ich bin allerdings froh, ausnahmsweise nicht mit meinen Turnschuhen zu wandern, sondern einen festen Wanderschuh dabeizuhaben. Die Gefahr, zwischen und auf den Steinen am Fredlar umzuknicken, ist nicht zu unterschätzen.

Vom Berggipfel geht es dann bergab, auf einer alten, lange vergessenen Steinstraße, in die sich die Räder der Ochsenkarren eingegraben haben. Ich erreiche schließlich an der Landstraße wieder den Wanderparkplatz „Auf der Lenne“. Dort könnte ich in mein Automobil steigen, aber ich bin ja heute mit dem Zug unterwegs und gehe so wieder den „X“-Weg zurück nach Bad Berleburg. Am Bismarckturm habe ich einen großartigen Ausblick auf das Schloss der Familie Sayn-Wittgenstein-Berleburg. Um das Schloss herum findet man den Premiumspazierwanderweg „Märchenspur Bad Berleburg“, 5,4 Kilometer lang. Ein guter Nachtisch für den Wittgensteiner Schieferpfad.

Rechts: Im Orketal

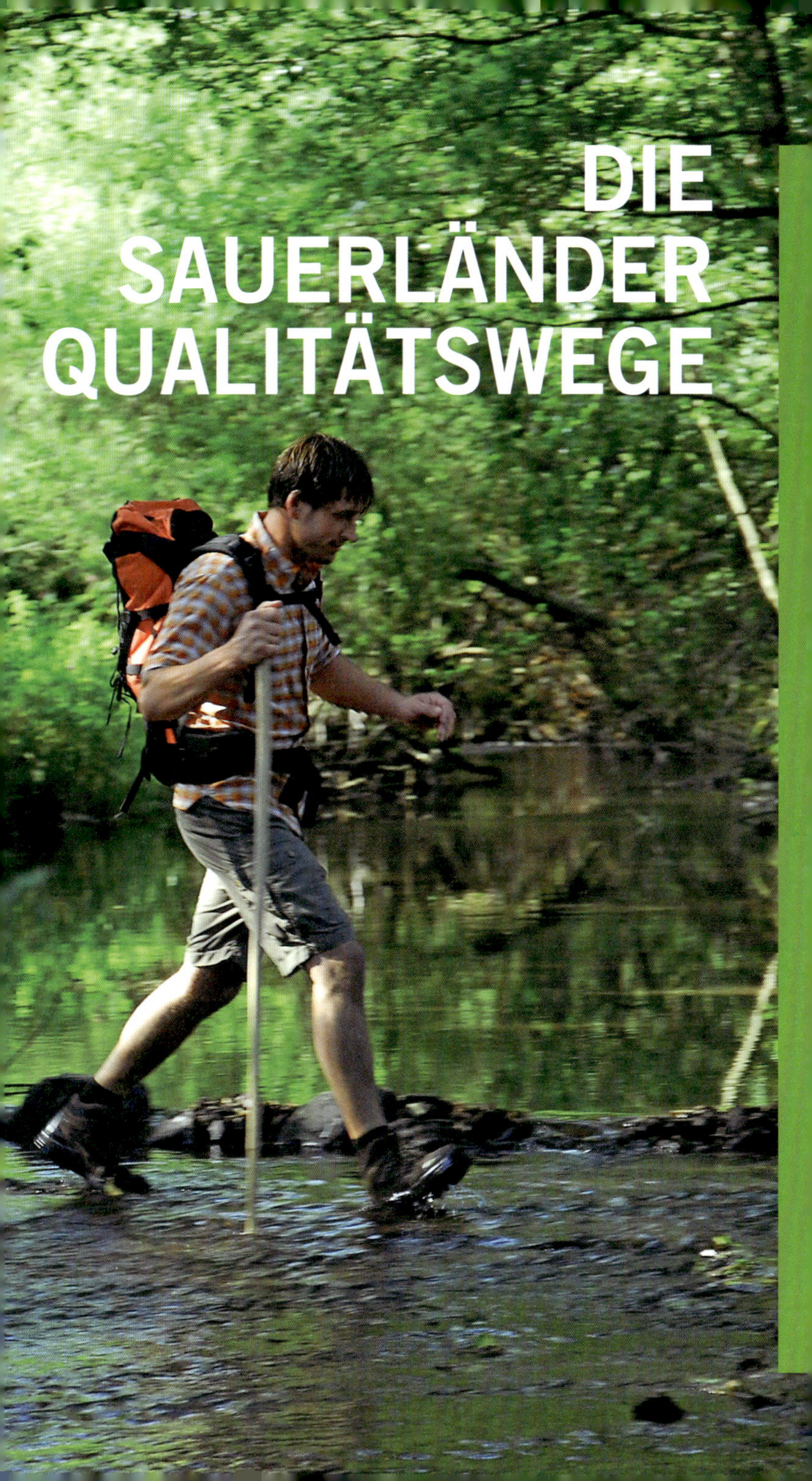
DIE
SAUERLÄNDER
QUALITÄTSWEGE

Wo Wetterpilze zu Liebesbriefen animieren

Ein Qualitätsweg kommt selten allein. An diesem Sprichwort ist einiges dran. Nachdem der Rothaarsteig 2001 eröffnet worden war und in den Folgejahren wandertouristisch einschlug wie eine Bombe, überlegten die Gemeinden am Rande des Premiumwegs, wie man weiteres touristisches Kapital aus dem Wanderboom im Sauerland schöpfen könnte. So kam man nach und nach auf die Idee, mittellange Qualitätswege rund um die größten Orte des Sauerlands entstehen zu lassen. Sämtliche Sauerländer Qualitätswege haben folgende Gemeinsamkeiten:

• Sie entsprechen alle den Kriterien des Deutschen Wanderverbands an einen Qualitätsweg, glänzen somit mit einer vorbildlichen Wegführung und lückenlosen Markierung.

• Die meisten Wege sind Rundwege mit einer Länge, die in zwei bis vier Tagen zu bewältigen ist.

• Alle Sauerländer Qualitätswege werden vom SGV, dem Sauerländischen Gebirgsverein, betreut. Und wenn man die Sauerländer Qualitätswege wandert, weiß man auch, warum der SGV das Wort „Gebirge" im Namen trägt.

ÜBERSICHTSKARTE

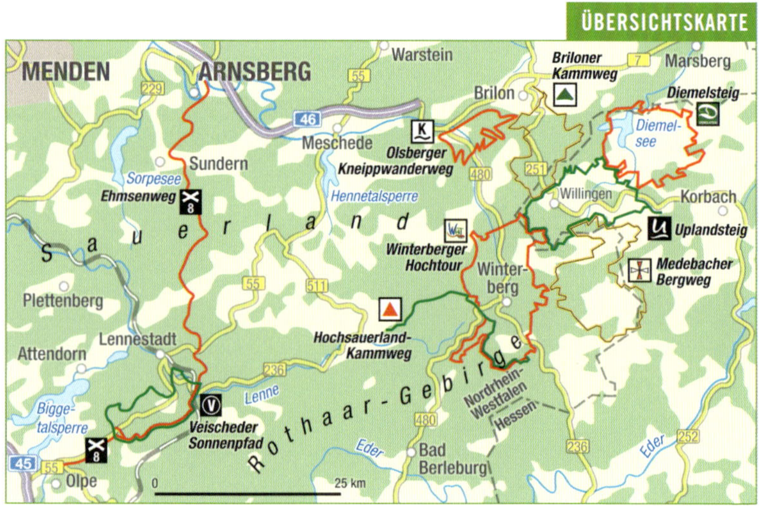

Ich möchte die Sauerländer Qualitätswege kurz skizzieren:

- Der „Briloner Kammweg“ erstreckt sich auf 47 Kilometern, die man in drei Etappen unterteilt erwandern kann. Aber Achtung! Es geht nicht ausschließlich über den Kamm rund um Brilon, denn es sind immerhin insgesamt 2.264 Höhenmeter zu überwinden – das sind durchaus alpine Verhältnisse.

- Der „Uplandsteig“ geizt auch nicht mit Höhenmetern. Knapp 3.000 Höhenmeter sind auf den 65 Kilometern zu erklimmen. Unter anderem ist auch der höchste Berg von NRW, der Langenberg (843 Meter), im Programm. Auf dem Uplandsteig kann man wunderbar die landschaftlichen Vorzüge des hessisch/nordrhein-westfälischen Grenzgebiets kennenlernen.

- 1894 wurde Olsberg einer der ersten Kneippkurorte Deutschlands. Da lag es nah, dass Thema Wassertreten auch in einen Wanderweg zu fassen: Der „Kneippwanderweg Olsberg“ führt auf seinen 43 Kilometern an zahlreichen Wassertretstellen vorbei. Da heißt es dann: Wanderschuhe und Socken aus und hinein ins kalte Vergnügen!

- Auf der „Winterberger Hochtour“ sind auf 79 Kilometern insgesamt vier Achthunderter gemeistert, das macht zusammen schon einen ordentlichen Dreitausender! Die insgesamt 82 Kilometer starten und enden auf dem Kahlen Asten.

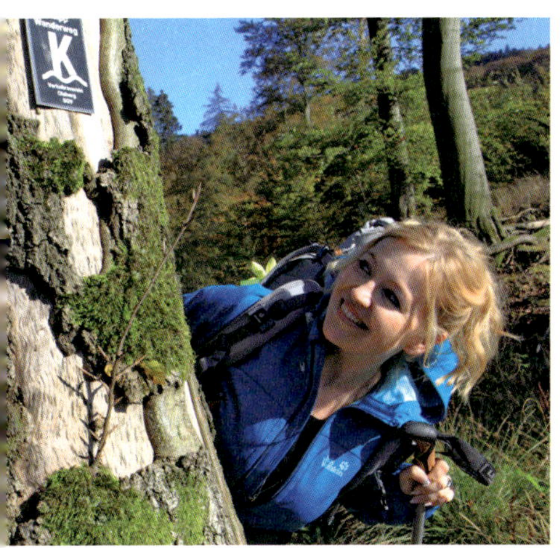

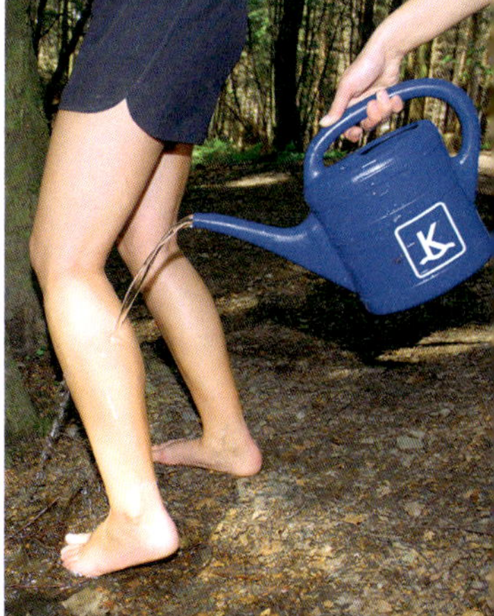

Auf dem Olsberger Kneippwanderweg

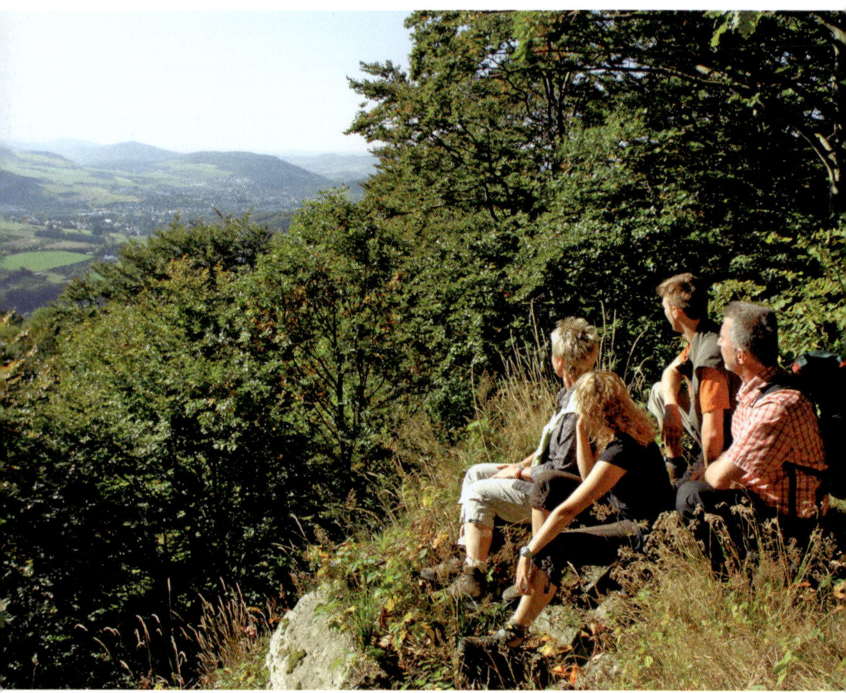

Den Blick schweifen lassen

• Wandern auf dem „Dach von NRW"! Die Tour von Züschen nach Winkhausen wird als schwierig eingestuft und ist etwas für erfahrene Wanderer. Der „Hochsauerland Kammweg" umfasst 33 Kilometer und wird vor allem für Schneewanderungen empfohlen.

• Der „Veischeder Sonnenpfad" ist ein Qualitätsweg zwischen Biggesee und Lennestadt. Die 37 Kilometer kann man in einem Rutsch wandern, dafür werden um die zehn Stunden veranschlagt. Besser ist es aber wahrscheinlich, sich die Kräfte auf zwei Etappen aufzuteilen. Der „Veischeder Sonnenpfad" wird sehr professionell mit eigener Internetseite und Prospekt vermarktet.

• Der „Medebacher Bergweg" ist ein 64 Kilometer langer Qualitätsweg und wartet mit einem ganz besonderen Schmankerl auf: Der Wellness-Rastplatz in Schwinkel bietet Sinnenbänke, zwei riesige Sitzlöffel (Sitzmesser wären wahrscheinlich auch nicht so gemütlich gewesen) und Bodenboxen mit unterschiedlichen Materialien für die Barfuß-Massage.

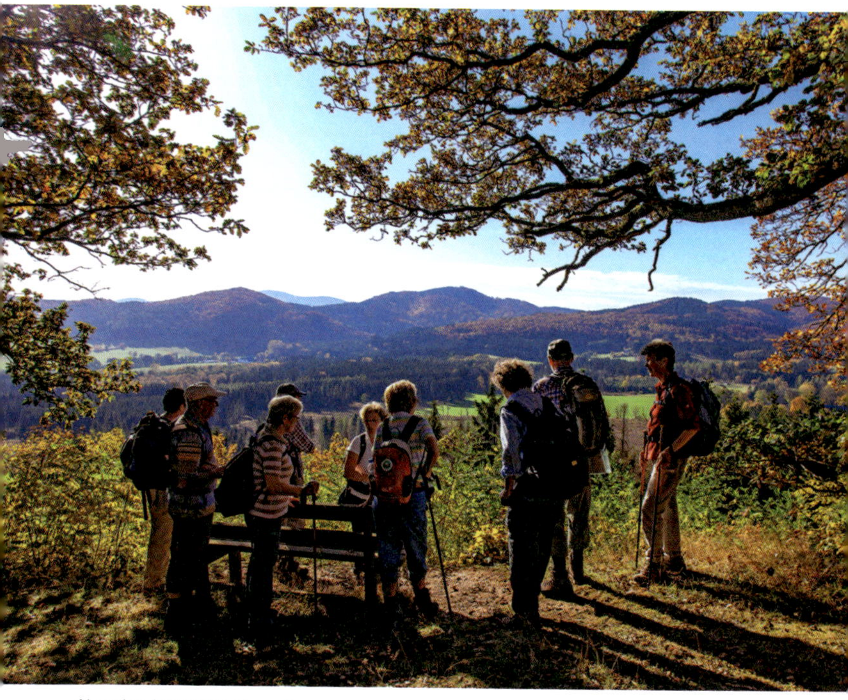

Nur eine kurze Verschnaufpause

• Der „Diemelsteig“ ist mit einem geschwungenen „D“ auf grünem Grund markiert und dreht eine Runde um den Diemelsee. Die 63 Kilometer können in drei Tagesetappen erwandert werden.

• Und last but not least: Der „Ehmsenweg“ – schon 1907 ausgewiesen, quasi die Westvariante zum parallel verlaufenden Rothaarsteig. Der „Ehmsenweg“ führt auf 76 Kilometern von Arnsberg, der „Hauptstadt des Sauerlands“, nach Olpe. Die Zwischenetappen sind Sundern, der Sorpesee und Elspe, wo seit 1950 auf der Wild-West-Bühne die Romane des unverwüstlichen Karl May aufgeführt werden. Dort dürfen sich die sauerländischen Winnetous und Old Shatterhands austoben. Schließlich geht es auf dem „Ehmsenweg“ hinauf zur Hohen Bracht auf 588 Metern mit dem legendären Aussichtsturm. Und im Café auf der Hohen Bracht gibt es die noch legendäreren Riesen-Windbeutel. Mjam, mjam, mjam. Gestärkt mit den Windbeutel fällt der restliche Weg nach Olpe nicht mehr schwer.

Die erste Etappe des Ehmsenwegs von Arnsberg nach Sundern

ICH STARTE IN ARNSBERG am Alten Markt, diesen Alten Markt kennt namentlich noch nicht mal der Arnsberger Taxifahrer, der mich von Hüsten hergefahren hat. Den Glockenturm, klar, den kennt er, also steuert er dieses Ziel an. Wir fahren die mehr als bergige Bergstraße hinauf, die hat mindestens 25 Prozent Steigung, da haben so manche Holländer Angst, da hochzufahren, erzählt mein Taxifahrer. Hätte ich bei dieser Steigung ehrlich gesagt auch, wenn ich einen Wohnwagen hinten dran hätte. Also lasse ich die Etappe am Glockenturm beginnen, das ist ein imposantes Bauwerk. Die stolzen 44 Meter bilden die Nahtstelle zwischen der Neu- und Altstadt in Arnsberg. Auf den ersten Metern des Ehmsenwegs in Arnsberg gibt es wahrlich keinen Mangel an imposanten Bauwerken. Da gibt es das Sauerland-Museum im historischen Gebäude, das (Hicks!) Blaue Haus und die sogenannte Krim. Die Krim ist das Haus der ehemaligen Hexenrichter, in dem heute eine Rechtsanwältin ihr Büro hat. Ob die wohl immer noch Hexen verteidigen muss? Dann entdecke ich das Alte Rathaus mit einem farbenfrohen, plastischen Wappen an der Stirnseite, es ist das Kurkölnische Wappen. Mir fällt auf, dass in das Wappen auch die weiß-blauen Rauten der Wittelsbacher eingebaut sind. Das ist bedingt durch die Verbindung von Kurpfalz zu Kurköln. Frecherweise behaupten bis heute die Bayern, sie hätten die blau-weißen Rauten erfunden. Alles Quatsch, auch die blau-weiße Raute gehört im Endeffekt zu NRW, wir haben sie den Bayern nur geborgt.

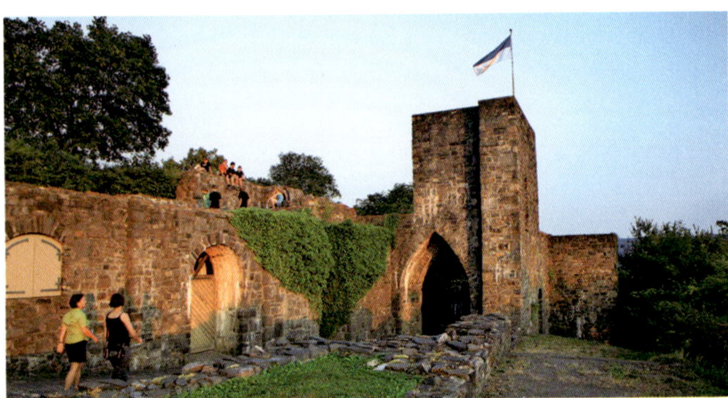

Das Schloss von Arnsberg

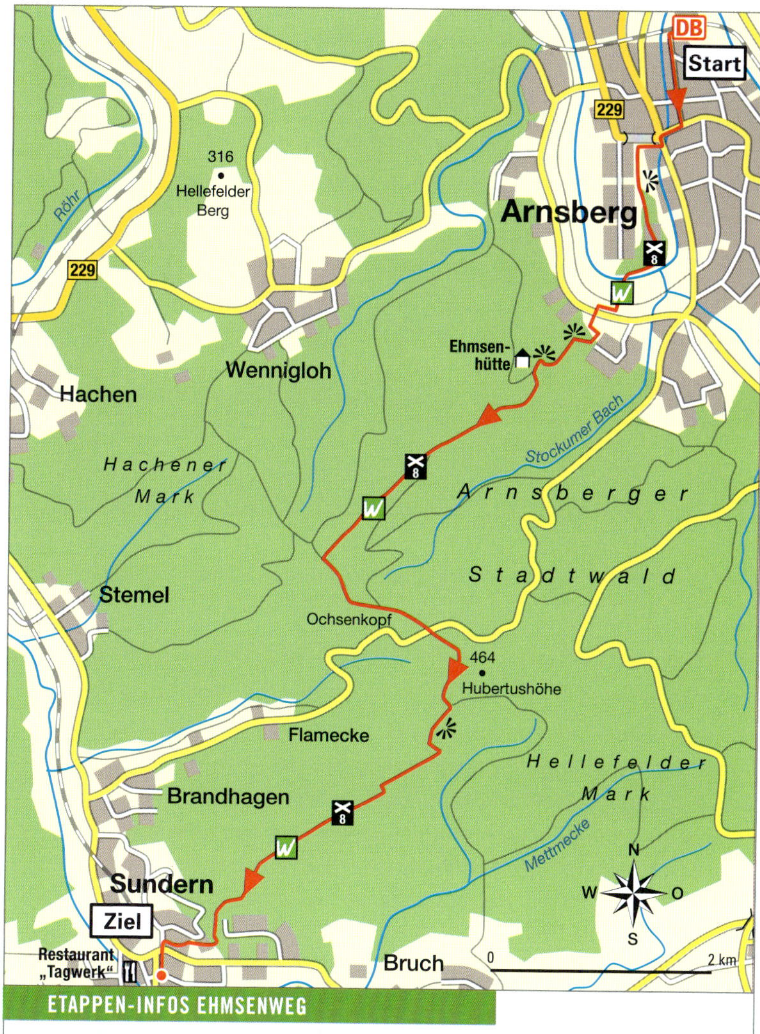

ETAPPEN-INFOS EHMSENWEG

Länge der Etappe
13 Kilometer

Schwierigkeitsgrad
Mittelschwer

Anfahrt/Abfahrt
Gut getaktet kann man aus Richtung Hagen/Dortmund nach Arnsberg mit dem DB Regio RE 57 und 17 kommen. Ab Sundern fahren Busse zurück nach Arnsberg (R21) oder Neheim-Hüsten (S20).

Start/Ziel
Start ist am Bahnhof von Arnsberg, Ziel im Zentrum von Sundern.

Gastro-Tipp
Restaurant „Tagwerk"
Hauptstraße 105, 59846 Sundern
Tel. 02933/25 03, Mo Ruhetag
www.tagwerk-sundern.de
Tolle Gaststätte. Und was sollte man dort essen? Natürlich Bruschetta, was sonst?

Bierempfehlung
Veltins – wir sind nun mal im Sauerland.

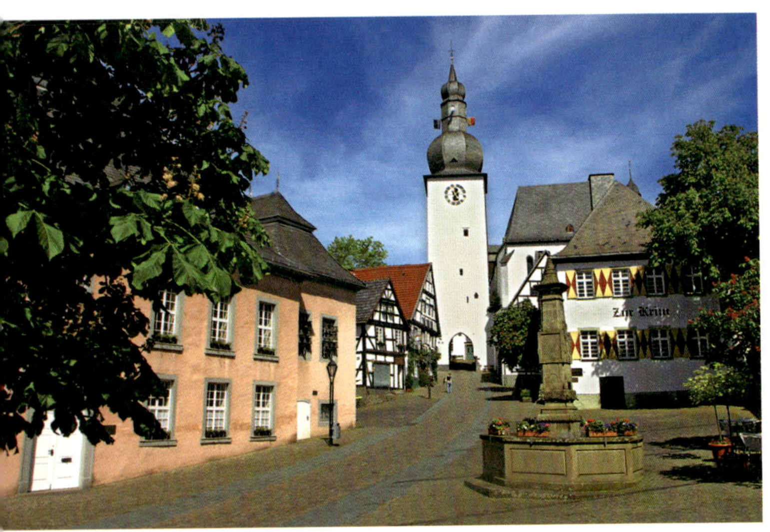

Alter Markt mit Glockenturm

Am Orientteppichladen „Karani“ (auch sehr historisch, gibt es schon seit 1979) erspähe ich die Markierung des Ehmsenwegs: Ein X, genauer X8. Denn da muss man in Arnsberg höllisch aufpassen, es gibt dort auch den Hanseweg X13, den Ruhrhöhenweg XR und den Plackweg X1. Durch die Fußgängerzone gehe ich leicht bergab zum Neuen Markt, später durch das Hirschberger Tor mit der Skulptur vom armen Wildschwein, das von schlimmen Kampfhunden ohne Maulkorb zerfetzt wird. Wann schreitet da endlich ein Tierschutzverband ein?

Ich wandere einen steilen Weg an einem Sanatorium entlang und stehe im Wald, vor mir ein leuchtend weißer Pavillon zu Ehren von Forstrath Ernst Ehmsen. Herr Ehmsen gründete 1891 den Sauerländischen Gebirgsverein (SGV) und ist Namenspate des Ehmsenwegs. Aktuell ist der SGV mit über 30.000 Mitgliedern der drittgrößte Wanderverein Deutschlands. Wie ein Feldherr kann man in diesem Pavillon stehend die Ruhr überblicken und noch einmal einen Blick zurück auf die Arnsberger Altstadt werfen. Dann geht es mit dem X8 auf einem wirklich herrlichen Pfad durch den Wald oberhalb der Ruhr entlang. Schnell endet der Weg, weil der Bergsporn, auf dem auch das historische Arnsberg liegt, sich ebenfalls immer mehr verjüngt. Ich entdecke einen Wetterpilz, eine Unterstellmöglichkeit mit pilzförmigem Aussehen. Nach meiner Wanderung habe ich diesen Wetterpilz der Wetterpilze-Sammlung von Klaus Herda zugefügt, der auf seiner Homepage www.wetterpilze.de die Wetterpilze der Republik versammelt. Lesen Sie selbst, wie poetisch der Wetterpilze-Mann den Wetterpilz von Arnsberg am Ehmsenweg beschreibt:

„Auch wenn sein Dach etwas ‚pappig' wirkt, so ist seine Form doch atemberaubend. An die Jugendstil-Architektur erinnernd findet sich hier einer der seltenen Wetterpilze mit steilem Spitz-Hut. Und nicht genug mit dieser Besonderheit. Auch sein Stamm ist – vielleicht weltweit – einzigartig, da er sich nach unten hin sanft verschlankt und damit der Form des Spitzhutes eine kapriziöse Dynamik und Energie verleiht." Hätten Sie gedacht, dass man auch Wetterpilzen Liebesbriefe schreiben kann?

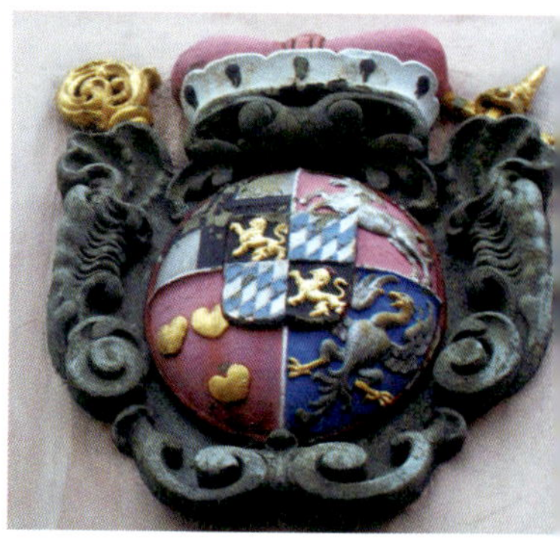

Das Kurkölnische Wappen

Ich wandere über eine Fußgängerbrücke und überquere die Ruhr, die sich an dieser Stelle niagarafallmäßig über zwei kleine Wasserfälle ergießt. Kurz muss ich an einer Straße entlanggehen, aber an den Caritaswerkstätten erreiche ich wieder den Wald. Der schmale Waldpfad geht sehr steil in den Berg hinauf, da muss man seinen Schritt deutlich mäßigen, um nicht komplett aus der Puste zu kommen. Es geht hinauf auf über 400 Meter und ich denke zwischendurch, dass ich wahrscheinlich schon oberhalb der Baumgrenze angelangt bin – aber dann erreiche ich doch wieder einen schönen Buchenwald. Nach dem strammen Aufstieg genieße ich eine Art Wander-Wellness, ich schreite äußerst kommod auf einem schönen Waldweg über den Kamm.

Im Wald sehe ich einen weiteren Wetterpilz – Wahnsinn, ist denn der Ehmsenweg der heimliche Deutsche-Wetterpilz-Meister mit den meisten Wetterpilzen im Wegeverlauf? Am sogenannten Flanenberg weist ein Schild auf eine große Fläche hin, an der Kyrill gewütet hat. Das Schild informiert weiterhin darüber, dass der SGV mithilfe eines Sojadrinkherstellers die Bäume wieder aufgeforstet hat. Das ist sehr lustig: Für den Soja-Anbau wird der Regenwald in Brasilien abgeholzt, aber wer reichlich von dem Zeug trinkt, hilft andererseits, den Wald im Sauerland wieder aufzuforsten. Das nennt man Forst-Dialektik.

Ab der Soja-Drink-Wiederaufforstungsstelle gibt es wieder einen breiteren Fahrweg, der tendenziell bergab führt. Ich überquere eine Landstraße. Dieser Ort scheint den Namen „Ochsenkopf" zu tragen, warum

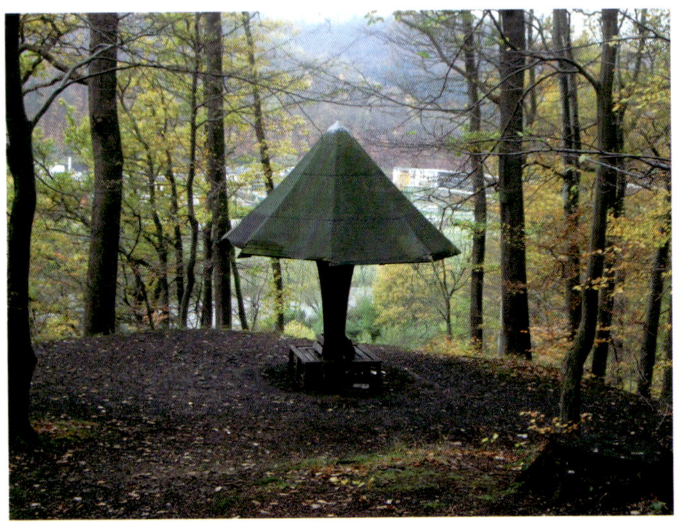

Spitzhut mit kapriziöser Dynamik

und wieso erschließt sich mir nicht. Ich hätte mit einem Felsen in Form eines Ochsenkopfs gerechnet, aber nichts dergleichen weit und breit. Weiter geht es über teilweise geschotterte Forststraßen und als es gerade droht, langweilig zu werden, erreiche ich eine Freifläche, für die wahrscheinlich auch Kyrill verantwortlich zeichnet. Der Vorteil: Auf den nächsten Kilometern bis Sundern bieten sich immer wieder fantastische Ausblicke über die Sauerländer Gebirgslandschaft. Kyrill hat diese Landschaft wirklich so nachhaltig geprägt, dass man das SAUERLAND eigentlich auch mit kyrillischen Buchstaben schreiben könnte, nämlich so: ЗАУЕРЛАНД.

Die letzten zwei Kilometer vor Sundern darf ich einen herrlichen schmalen Wanderpfad auf dem Ehmsenweg genießen. Der alte Forstrath Ehmsen hätte seine helle Freude an diesem Wegabschnitt gehabt. Ich erreiche eine Kapelle, die eigentlich den Schlusspunkt eines Kreuzwegs bildet. Schon komisch, einen Kreuzweg in der falschen Richtung bergab zu gehen, wie eine Bildergeschichte, die in der falschen Richtung läuft. Hinter der ersten Station (also für mich die letzte) des Kreuzwegs geht es auf eine Straße von Sundern und dann durch eine Einfamilienhaussiedlung Richtung Zentrum. Als erstes offizielles Bauwerk von Sundern fällt mir die riesige Hubertushalle auf. Klar, eine überdimensionierte Schützenhalle, die muss jeder Ort im Sauerland haben, Ehrensache.

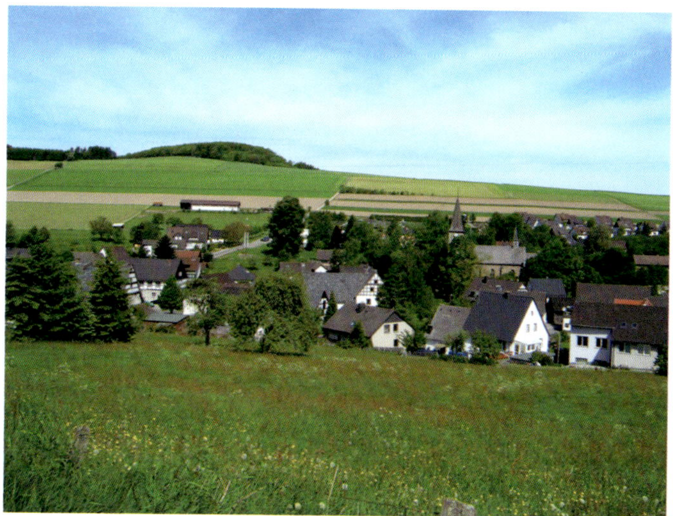

Dorf mit Charme

Ich kehre in Sundern in der Nähe der Kirche in dem sehr hübschen Café/Restaurant „Tagwerk" ein und bestelle mir zum Abschluss der Wanderung ein Bier und Bruschetta mit Parmesan. In Sundern wurde übrigens Heinrich Lübke geboren, der ist natürlich längst tot, der kann nicht mehr im „Tagwerk" sitzen und Bruschetta essen. Aber am Tisch gegenüber sitzt Alice Schwarzer und isst auch Bruschetta mit Parmesan mitten im Sauerland. Das ist hier eben der Nabel der Welt, the place to be. Sundern, if you make it here, you make it everywhere, das gilt für Feministinnen und Wanderer auf dem Ehmsenweg und beiden schmeckt Bruscetta mit Parmesan.

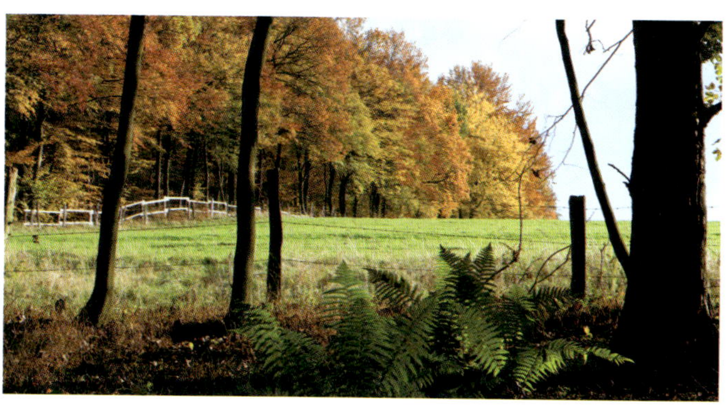

Herbststimmung

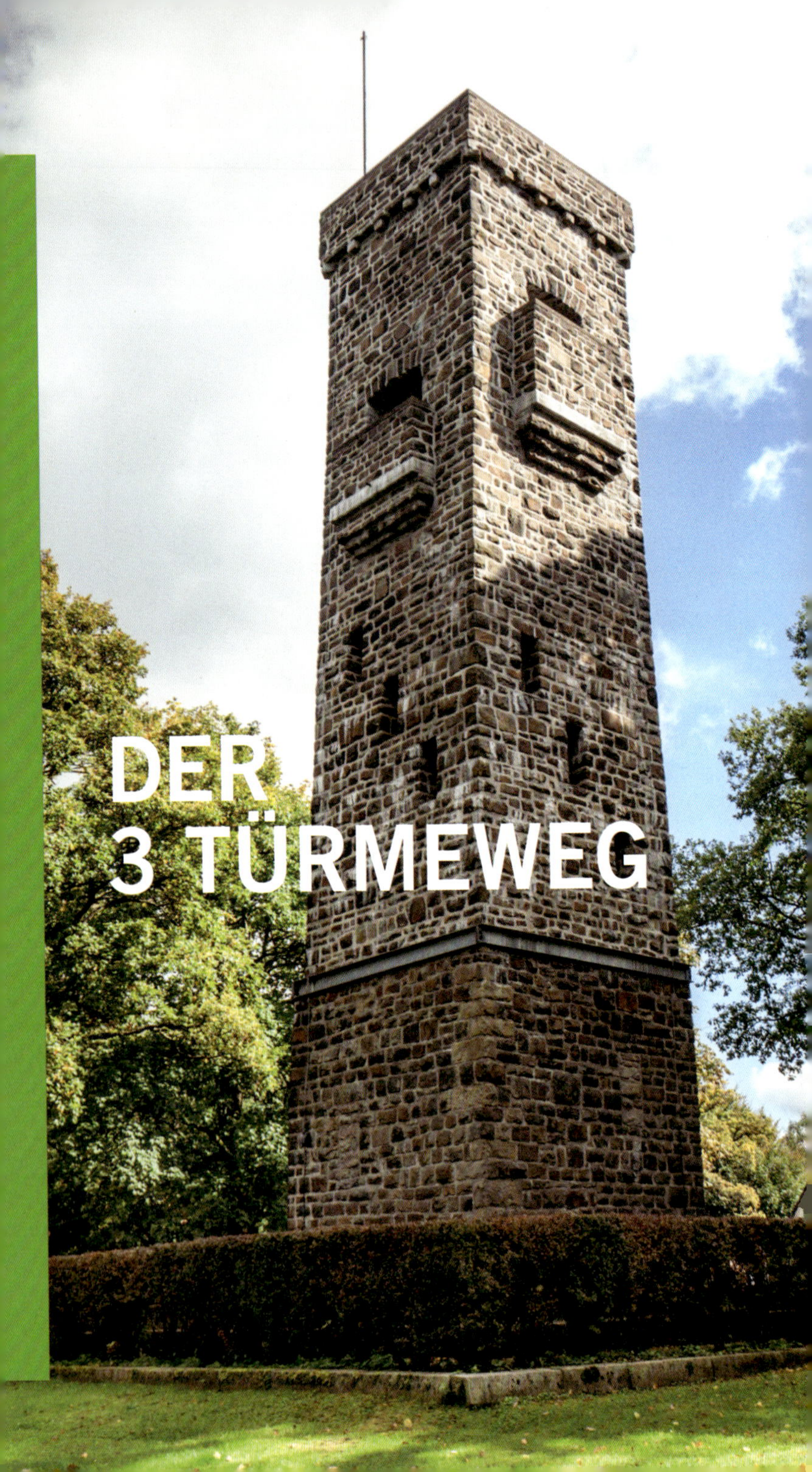
DER
3 TÜRMEWEG

Der erste Premiumweg des Ruhrgebiets

So mancher Schachspieler würde sich drei Türme seiner Farbe zur Verfügung wünschen – das Spiel ließe sich leichter gewinnen. Bedauerlicherweise gibt es aber beim königlichen Spiel auf jeder Seite nur zwei Türme. Anders ist das in Hagen, dem Tor zum Sauerland. In der Vier-Flüsse-Stadt an Ruhr, Lenne, Volme und Ennepe ist man sehr stolz auf drei Türme, die durch einen Wanderweg verbunden sind. Prinzipiell assoziiert man das Ruhrgebiet nicht mit Wandervergnügen. Und erst recht nicht mit einem besonderen Wanderweg der Güteklasse Eins, einem Premiumweg. Um so erstaunlicher, dass mit dem 3 TürmeWEG vor einigen Jahren der erste Premiumweg des Ruhrgebiets in Hagen entstanden ist, der sich großer Beliebtheit erfreut. Der Weg ist durchgehend mit einem „T" markiert, 11,6 Kilometer lang, das entspricht ungefähr 15 Leistungskilometern. Leistungskilometer, das ist mein neues Lieblingswort, das hört sich an wie Wandern in der Muckibude. Zur Erklärung: Leistungskilometer, das bedeutet, dass man die Schwierigkeit eines Wegs einpreist, nicht nur die reine Streckenlänge angibt. Ein Streckenkilometer im Flachland entspricht einem Leistungskilometer. Allerdings werden bei einem Streckenkilometer mit 100 Höhenmetern zwei Leistungskilometern berechnet. Man muss beim Bergangehen schon ordentlich was leisten, ist doch klar. Pro 100 Höhenmetern wird also ein Leistungskilometer dazuaddiert. Und so kommt der 3 TürmeWEG mit seinen 373 Höhenmetern auf 15,3 Leistungskilometer – das ist schon ein ganz schönes Brett.

Der Rundwanderweg um Hagen

Unser Wanderabenteuer beginnt im Stadtpark von Hagen, dort ist die Natur noch ziemlich gezähmt. Schon bald geht unser Weg steil nach oben, wir gehen durch eine Schrebergartenkolonie. Wer mit der Bahn anreist, fährt vom Hauptbahnhof mit dem Bus bis zur Haltestelle Markt. Über die Böhmerstraße ist ein Zuweg zum 3 TürmeWEG ausgeschildert, der in der Schrebergartenkolonie auf den Hauptweg trifft.

Links: Der Kaiser-Friedrich-Turm

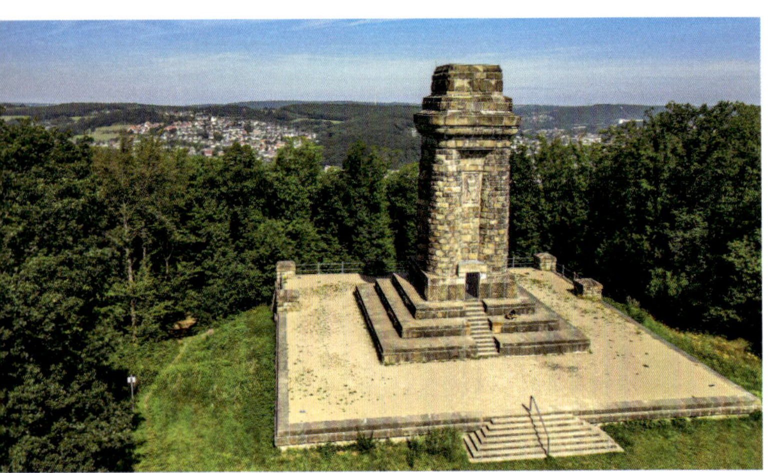

Der Bismarckturm oberhalb von Hagen

Kurze Zeit später begegnet uns im Wald ein merkwürdiges Gerät: ein Fallhammer. Dieses industrielle Werkzeug erinnert an die bis heute bewegte Industriegeschichte von Hagen und fügt sich schön in die Natur ein. Wenige hundert Meter weiter treffen wir auf eine Freifläche und unseren ersten Turm, den Bismarckturm. Ende des 19. Jahrhunderts war man so begeistert vom Wirken des alten Fürsten, dass man nicht nur einen Hering nach ihm benannte, sondern auch in Deutschland insgesamt 184 Bismarcktürme erbaute. Die Öffnungszeiten des Hagener Bismarckturms sind leider sehr unregelmäßig; am besten versucht man es an einem Wochenende oder Feiertag. Wenn man das Glück hat, den Turm zu ersteigen, bietet sich ein fantastischer Rundblick über Hagen. Eine Orientierungstafel zeigt, was man vor sich sieht, unter anderem die Fernuniversität Hagen. Die Uni heißt so, weil sie am Horizont, in der Ferne zu sehen ist. Wenn der Turm geöffnet ist, kann man sich auch im Kiosk am Fuße des Turms stärken, mit Brötchen, Kalt- und Heißgetränken. Und im Kiosk bekommt man auch einen Stempel für den Wanderpass. Das mit dem Wanderpass funktioniert so: den Pass einfach auf der Homepage 3tuermeweg.de ausdrucken, zur Wanderung mitnehmen, und sich bei acht Stempelstellen am Weg abstempeln lassen. Das begeistert vor allem Kinder, die auf die Jagd nach den Stempeln gehen. Sollte eine Stempelstelle geschlossen haben, kann man auch ein Foto von der Stempelstelle machen. Mit dem gestempelten Wanderpass geht man dann zur Hagener Tourist-Info und bekommt eine Wanderurkunde.

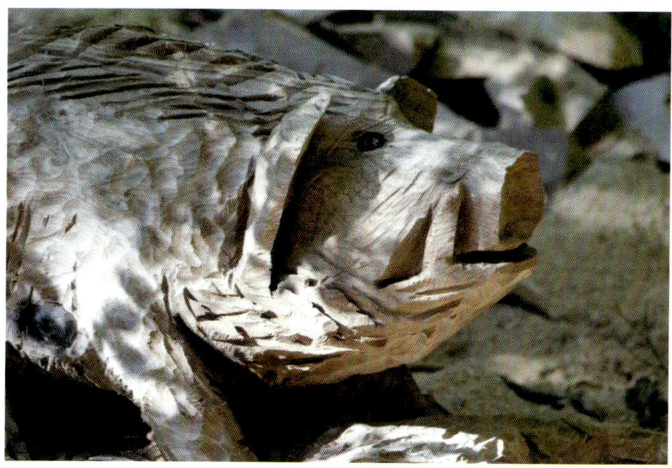

Gefährliches Waldtier

Wir wandern weiter und erreichen nach kurzer Zeit eine weitere Aussichtsstelle, sehr ungewöhnlich gestaltet. Zum Ersten gibt es dort einen Bilderrahmen, das HAGENfenster, durch den man sich ein Bild von der Stadt machen kann. Zum Zweiten findet sich neben dem HAGENfenster eine Sitzgruppe (Bänke und ein Tisch) mit mächtigen Metallfedern drunter. Wären die Metallfedern nicht im Boden verankert, könnte man glatt mit der Sitzgruppe durch den Wald hüpfen. Man sollte sich also nicht wundern, dass man ein wenig schwankt, wenn man auf den Bänken gesessen hat. Bei jeder Wanderung gilt: Wer schwankt, hat mehr vom Weg.

Der folgende Wegabschnitt führt uns durch die ausgedehnten Waldflächen von Hagen. Wir befinden uns immer noch auf dem Stadtgebiet der 190.000-Einwohner-Stadt – Wahnsinn, wie grün Hagen ist! Nachdem wir einige Zeit gemütlich über Forstwege ohne nennenswerte Steigungen gewandert sind, wird es dann doch richtig alpin – wir gehen über einen Bergpfad hinauf und erreichen den höchsten Punkt unserer Wanderung am Kaiser-Friedrich-Turm. Der Turm hat fast jeden Tag ab 12 Uhr geöffnet und wenn wir die 17 Meter im Innern des Turms emporgestiegen sind, können wir bis weit ins Ruhrgebiet schauen. Die Arena des Weltklasse-Vereins Schalke 04 ist zum Beispiel bei guter Sicht mit bloßem Auge zu erkennen. In der Waldgaststätte am Kaiser-Friedrich-Turm kann man sich nicht nur einen weiteren Stempel für den Wanderpass abholen. Dort kann man auch hervorragend einkehren.

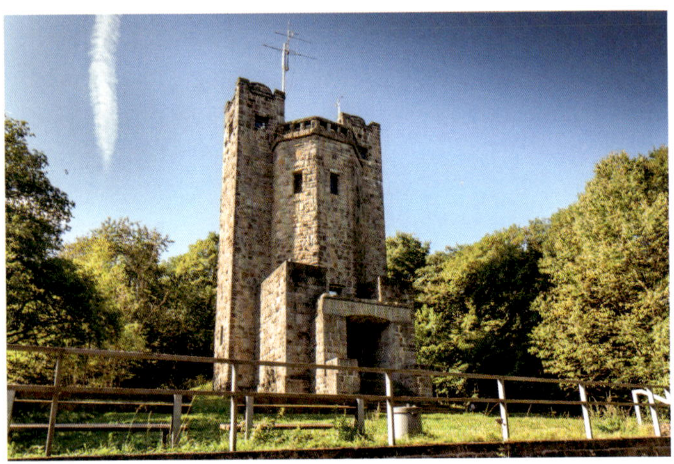

Alle guten Dinge sind drei: der Eugen-Richter-Turm

Weiter geht es durch die Hagener Forsten, auf unserem Weg kommen wir auch am Hagener Wildpark vorbei. Eine neue Aussichtsplattform aus Holz erlaubt weite Blicke über das Freigehege. Das ist mal eine Wanderung, bei der es sich lohnt, ein Fernglas mitzunehmen. Ungefähr 1,5 Kilometer nach dem Wildgehege stoßen wir auf den letzten Turm unserer Tour, den Eugen-Richter-Turm neben der Volkssternwarte Hagen, mit 23 Metern der höchste Turm in der Turmstadt Hagen. Es geht bergab und wir kommen am beliebten Ausflugslokal „Waldlust" vorbei. Dort steigt die Lust, mitten im Wald ein weiteres Mal einzukehren. Kurz bevor wir wieder am Stadtpark angelangt sind, kommen wir an einem gesponserten Aussichtspunkt vorbei. Durch ein sogenanntes „Aussichtsguckloch" kann man nämlich bis zur Firma Hawker schauen. Die haben aber nichts mit Falken zu tun, sondern fertigen Batterien für Gabelstapler. Was es nicht alles gibt. Wir können uns einfach entspannen, in dieser „Verweilzone in Form einer Industriebatterie". Ein paar hundert Meter nach der „Verweilzone in Form einer Industriebatterie" haben wir wieder unseren Startpunkt, den Stadtpark erreicht. Und sollten wir noch eine Schlusseinkehr geplant haben: Im China-Restaurant „Kaisergarten" am Stadtpark gibt es nicht nur feines Essen, sondern auch den letzten Stempel.
Der 3 TürmeWEG erschließt die Schönheit der Industriestadt Hagen auf einer sehr abwechslungsreichen Route. Der erste Premiumweg des Ruhrgebiets ist ein Muss für jeden NRW-Wanderer. Ich freue mich schon auf die nächsten Premiumwege im Ruhrgebiet.

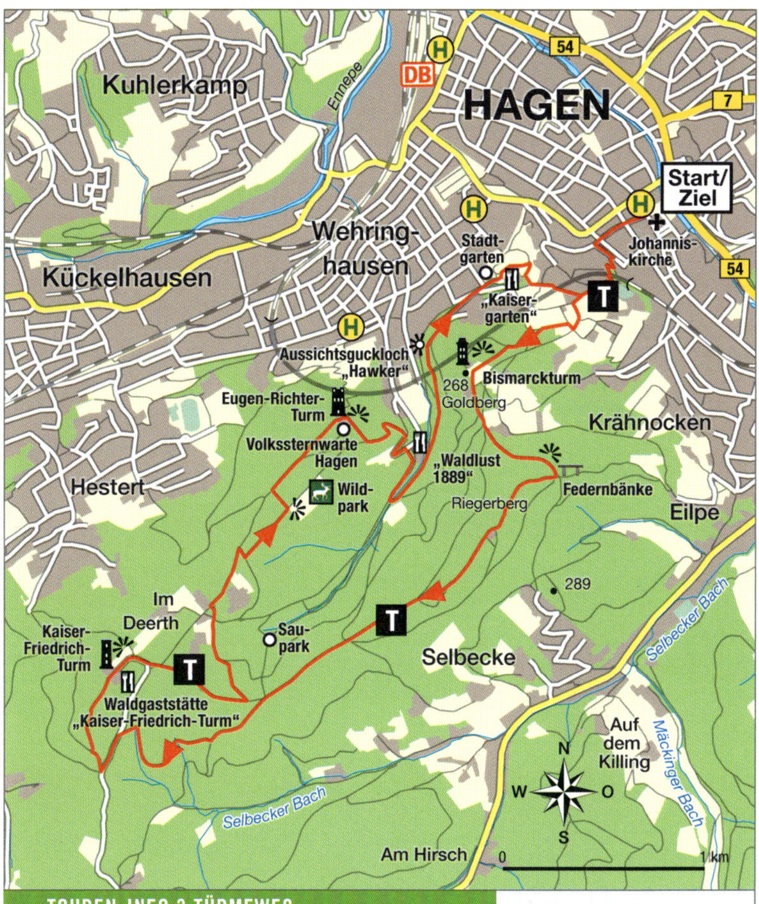

TOUREN-INFO 3 TÜRMEWEG

Länge der Etappe
11,6 Kilometer

Schwierigkeitsgrad
Mittelschwer

Anfahrt/Abfahrt
Aus allen Himmelsrichtungen nach Hagen Hbf. Von dort mit den Bussen 510, 512, 516 und SB71 bis Haltestelle Markt. Zurück kommt man ab Haltestelle Markt mit einem der Busse bis Hagen Hbf. Oder man folgt ab dem Marktplatz den Fußwegschildern zum Bahnhof, geht die Strecke zu Fuß und lernt Hagen kennen.

Start/Ziel
Die Wanderung beginnt und endet im Stadtpark von Hagen.

Gastro-Tipp
Waldgaststätte Kaiser-Friedrich-Turm
Im Derth 10
58135 Hagen
Tel. 02331/33 74 87, Do Ruhetag
www.restaurant-kaiser-friedrich-turm.de

Restaurant „Waldlust 1889“
Pelmkestraße 111/115
58089 Hagen
Tel. 02331/934 72 28
Di Ruhetag, waldlust1889.de

China-Restaurant „Kaisergarten“
Stadtgartenallee 1
58089 Hagen
Tel. 02331/33 10 57
kaisergarten-hagen.de

Bierempfehlung
Grevensteiner vom Fass im Restaurant „Waldlust 1889“. Das würzige, malzige Landbier von Veltins ist meiner Meinung nach in der Kategorie „Landbier“ in Deutschland ganz weit vorn.

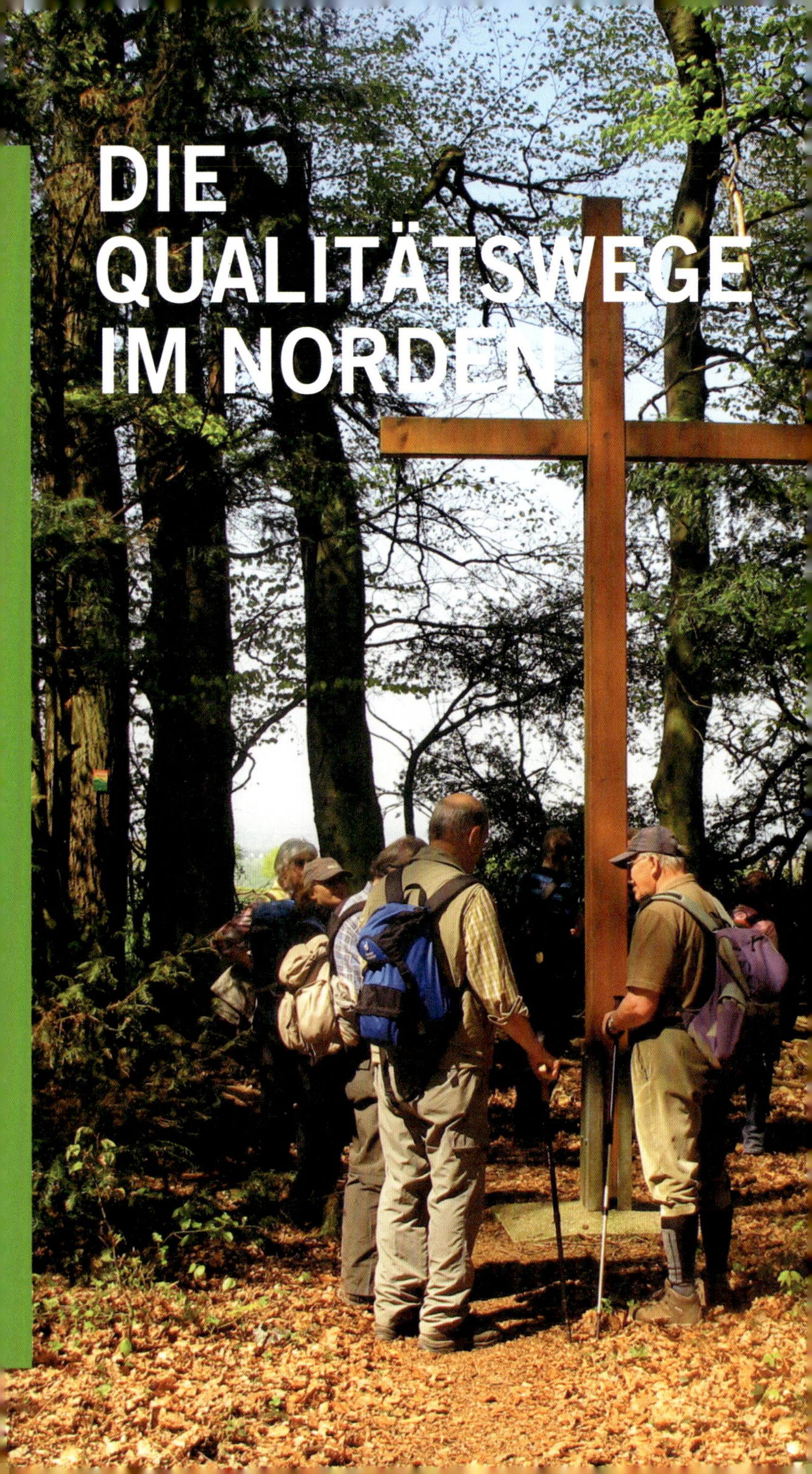
DIE
QUALITÄTSWEGE
IM NORDEN

Mit Ludgerus, an Viadukten, auf Höhenwegen und hanseatisch unterwegs

Qualität setzt sich durch – das gilt natürlich auch für die besten Wanderwege im Norden von Nordrhein-Westfalen. Die meisten Wege, von denen in diesem Kapitel die Rede sein soll, kann man als Tagestour gehen. Man kann, muss aber nicht. Ich persönlich habe es bevorzugt, den Ludgerusweg, den Viadukt Wanderweg um Altenbeken und auch den Paderborner Höhenweg in zwei Etappe zu laufen – das ist entspannter und man hat am Ende des Tages weniger Blasen unter den Füßen. Der Ludgerusweg befindet sich im Münsterland und ist damit der einzige zertifizierte Wanderweg in der Baumberge-Region. Die anderen Wege befinden sich in Ostwestfalen. Ostwestfalen-Lippe – um genau zu sein, abgekürzt OWL. Und Kenner wissen: Ohne das „L" in OWL verbleibt nur ein Oh weh!

Der Baumberger Ludgerusweg

Der Baumberger Ludgerusweg vom Marktplatz Coesfeld über Billerbeck bis zum Tilbecker Mordkreuz verläuft auf einer Strecke von 30 Kilometern in der Baumberge-Region. Immerhin 239 Höhenmeter sind im – ich hoffe, das klingt jetzt nicht despektierlich – niedlichsten Gebirge Nordrhein-Westfalens zu überwinden. Nachdem wir Coesfeld verlassen haben, sind nach einigen Kilometern die Türme der Abtei Gerleve zu erkennen. Es handelt sich um ein noch relativ junges Kloster, erst seit 1899 leben und arbeiten dort Mönche. Auf einer Anhöhe in der Nähe des Klosters kommen wir an der sogenannten Ludgerirast vorbei. Der Heilige Ludgerus ist ganz schön herumgekommen. Geboren in Utrecht wanderte er nach England, Italien und schließlich durch das Münsterland. Auf seiner letzten Wanderung von Coesfeld soll er auf der Anhöhe am Wegesrand gerastet haben, in Billerbeck ist er dann nach der Wanderung verstorben.

Links: Der Paderborner Höhenweg führt zu einem alten Pestfriedhof.

ÜBERSICHTSKARTE

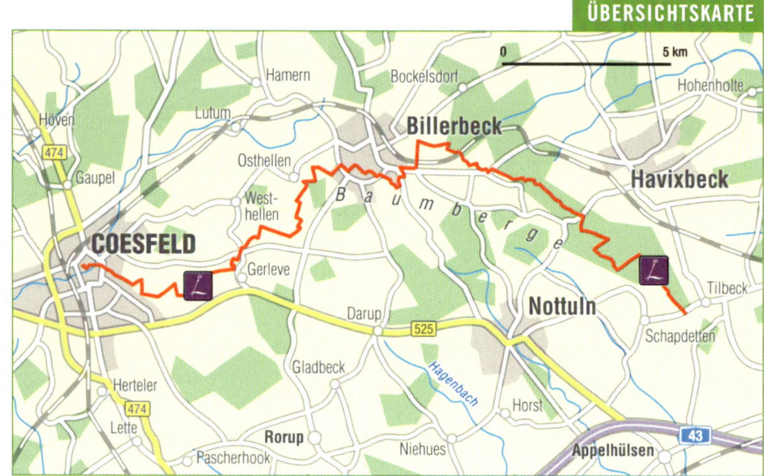

Wir sehen schon bald die Türme des Billerbecker Doms, über Feldwege wandern wir in den Ort hinein. Hinter dem Bahnhof Billerbeck und der Freilichtbühne erklimmen wir die münsterländischen Baumberge. In der Nähe unseres Wanderwegs befindet sich sogar der höchste Berg des Münsterlands – stolze 187 Meter misst der Westerberg. Wir überqueren eine Landstraße, an der das Pannkokenhus Teitekerl gelegen ist, und entdecken dann eine zauberhafte Waldlandschaft. Unser Weg verläuft teilweise auf einer Art Damm, dabei handelt es sich um eine mittelalterliche Befestigungsanlage, die Tilbecker Landwehr. Unser Ziel ist schließlich das Mordskreuz, das an einen brutalen Raubmord erinnert. Und so endet unser Weg auf den Spuren eines Heiligen bei einem aufregenden Kriminalfall der Vergangenheit.

Die Infos zum Weg: Der Ludgerusweg ist durchgehend mit einem weißen „L“ auf violettem Spiegel markiert. Coesfeld und Billerbeck sind gut mit der Bahn zu erreichen. Einkehren kann man im Kloster Gerleve, in Billerbeck und im Pannkokenhus Teitekerl in Havixbek. Dort empfehle ich als Bier des Wegs ein Pott's Landbier.

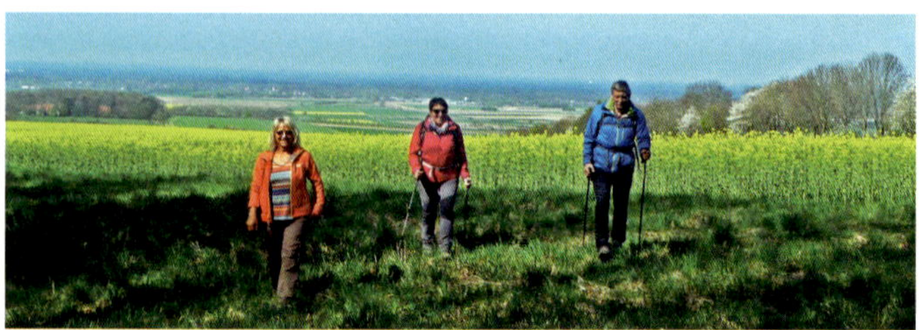

Wege mit Weitblick

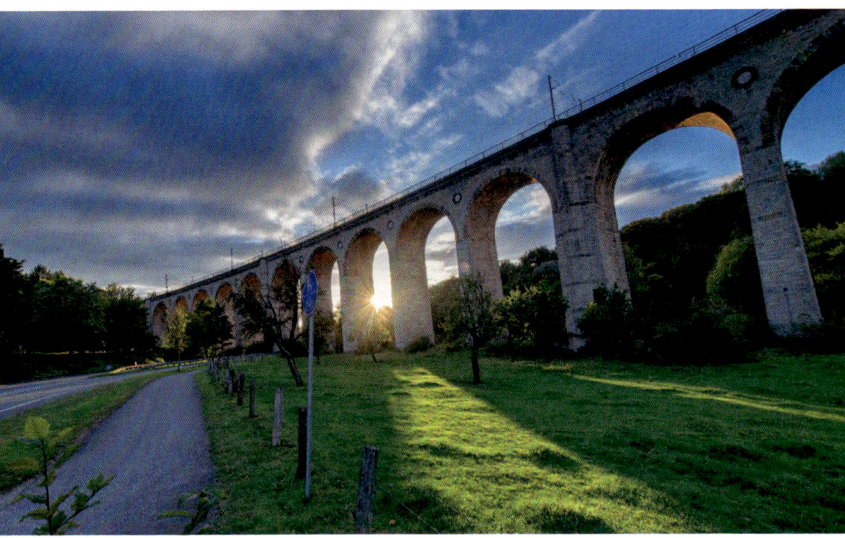

Die goldene Brücke – das Altenbeker Eisenbahnviadukt

Der Viadukt Wanderweg

Es ist wohl einmalig in Deutschland, dass ein Wanderweg einem beeindruckenden Eisenbahnbauwerk gewidmet ist. Aber der Viadukt von Altenbeken ist auch wirklich ein ganz besonderer Blickfang. 482 Meter Länge mit 24 Bögen überspannen das weite Tal der Beke. Der preußische König Friedrich Wilhelm IV. soll bei der Einweihung des Bauwerks angemerkt haben, dass er eine goldene Brücke erwartet hätte. Denn der Viadukt hat ordentlich viele Taler gekostet. Mit 29 Kilometern und 639 Metern ist unser Qualitätsweg ganz schön heftig. Im Internet las ich die Einschätzung, dieser Weg wäre „leicht". Da bin ich anderer Meinung und würde der Tour das Siegel „schwer" verleihen. Nach dem Start im Zentrum von Altenbeken führt uns der Viadukt Wanderweg auf einem schmalen Pfad zu einer Aussichtsterrasse, die einen fantastischen Blick auf den Viadukt ermöglicht.
Wir wandern im Uhrzeigersinn um Altenbeken herum und können immer wieder Blicke auf die Bahnanlagen des Orts werfen. Altenbeken war und ist ein sogenannter Knotenpunkt der Eisenbahn. Wie eine Stadt im Wilden Westen wuchs und gedieh der Ort durch die Bahn, tausende Eisenbahner lebten mit und von der Bahn. Noch heute kann man von Altenbeken in fünf Richtungen – nach Hannover, Bielefeld,

ÜBERSICHTSKARTE

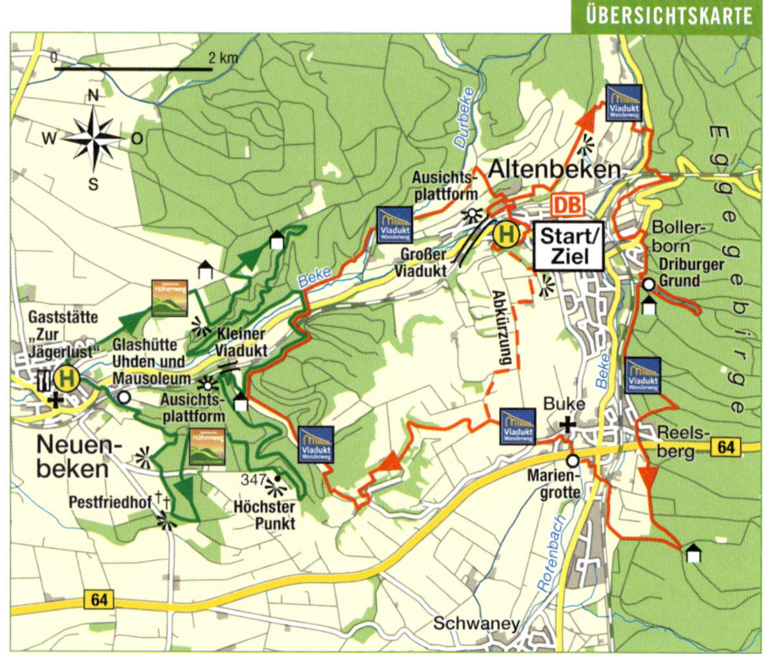

Bad Driburg, Kassel und Paderborn – fahren, sogar eine Handvoll ICE überqueren den Viadukt. Wir erreichen die Freizeitanlage Driburger Grund und können uns dort je nach Altersstufe auf einem Abenteuerspielplatz oder einem Waldsofa vergnügen. Ein Abstecher des Viadukt Wanderwegs führt an einem Bach entlang bis zur Max-und-Moritz-Quelle. Zwei skurrile Altenbeker Originale wurden Max und Moritz genannt, die beiden haben sich wohl gern in der Nähe der Quelle herumgetrieben. Der Weg führt durch den Ortsteil Buke, dort kann man mit dem Bus nach Altenbeken fahren, wenn man den Viadukt Weg in zwei Etappen wandern will.

Von Buke aus geht es in weitem Bogen südlich um Altenbeken herum und durch das Dunetal. Wir laufen nun auf den kleinen Viadukt, den Dune-Viadukt zu. Vor dem kleinen Viadukt gehen wir rechts und eine Weile parallel zum Paderborner Höhenweg (den ich gleich beschreibe). Im Beketal wenden wir uns nach rechts und wandern in östlicher Richtung zurück nach Altenbeken.

Die Infos zum Weg: Der Viadukt Wanderweg ist durchgehend mit dem Viadukt-Logo markiert. Einkehren kann man passenderweise in Ruth's Knotenpunkt, wo man bei einem frischen Bier (vielleicht von Veltins?) die Wanderbeine entknoten kann.

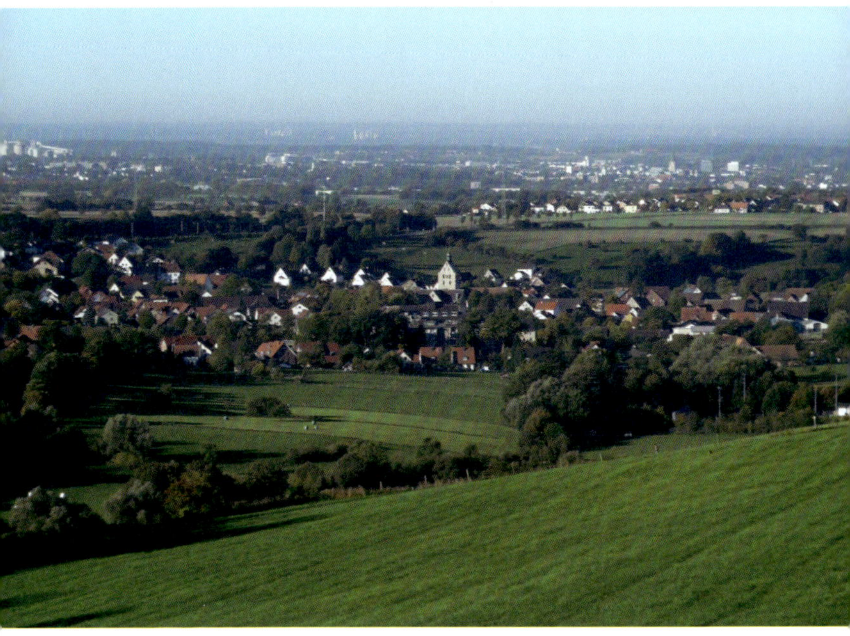

Weite Aussicht bei Papenberg

Der Paderborner Höhenweg

Der Paderborner Höhenweg ist 21,6 Kilometer lang und wenn man möchte, kann man den Qualitätsweg in zwei Abschnitten laufen – entweder die Nordrunde (14,3 Kilometer) oder die Südrunde (11,3 Kilometer). Start des Rundwanderwegs ist im Paderborner Stadtteil Neuenbeken. Wir gehen im Uhrzeigersinn, vorbei an einem Nonnenkloster und auf einem kurzen Waldlehrpfad in Serpentinen bergan. Wir wandern erst an Feldern entlang, dann durch den Wald und können am Aussichtspunkt Papenberg großartige Ausblicke genießen: Im Vordergrund Neuenbeken im Beketal, im Hintergrund die Bischofsstadt Paderborn. Die Türme des Doms kann man bei klarer Sicht sehr gut erkennen. Wenig später gehen wir am Hindahls Kreuz vorbei und tauchen in einen dichten Buchenwald ein, in dem wir langsam, aber sicher Richtung Beketal bergab wandern. Im Tal können wir schon mal einen Blick auf den Dune-Viadukt werfen, dann überqueren wir die Landstraße und gehen parallel zum Viadukt Wanderweg durch den Paderborner Stadtwald.

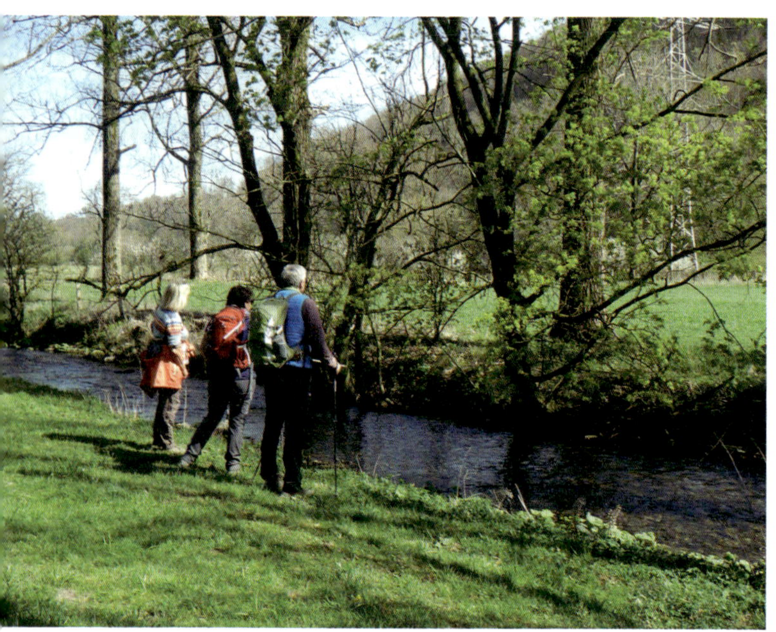

Keine Angst, es gibt auch eine Brücke über die Beke.

Im Dunetal unterqueren wir nicht den Dune-Viadukt, sondern gehen steil links hinauf. Schon bald haben wir die Viadukt-Aussichtsplattform im Wald erreicht. Schön ist, dass auf der Plattform die Fahrtzeiten der Züge (auch des Güterverkehrs) verzeichnet sind. So kann man, wenn man möchte, warten, bis eine Bahn auf dem Viadukt entlangsaust. Wir gehen allerdings weiter hinauf und stürmen den Gipfel. Tatsächlich haben wir die höchste Erhebung von Paderborn erreicht, 347 Meter über dem Meeresspiegel. Alles ist vorhanden, was zu einem echten Berggipfel gehört: Gipfelkreuz und Gipfelbuch. Nun geht es logischerweise größtenteils bergab. Wir wandern an der „Hütte zu der Buche mit den zwei Beinen" vorbei. Ehrlich gesagt habe ich keine Buche mit zwei Beinen gesehen, nur viele Buchen mit mehreren Armen. Man nennt sie auch Äste. Weitere Stationen an unserem Weg sind ein Pestfriedhof des 17. Jahrhunderts und das sogenannte Missionshaus, bis wir wieder Neuenbeken erreicht haben.

Infos zum Weg: Der Paderborner Höhenweg ist mit einer regenbogenfarbenen Markierung gekennzeichnet. In der Ortsmitte von Neuenbeken kann man in der Gaststätte „Zur Jägerlust" einkehren. Und was trinkt man in Paderborn? Natürlich ein Paderborner.

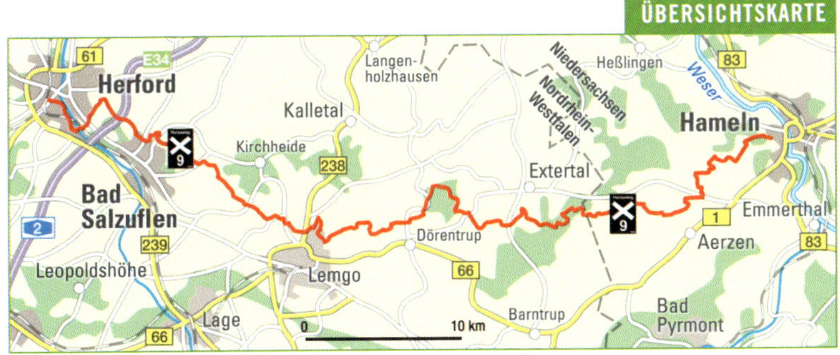

Hansaweg

Der Hansaweg verbindet auf knapp 75 Kilometern Herford und Hameln, der Großteil des Wegs (ungefähr 56 Kilometer) verläuft auf nordrhein-westfälischem Gebiet. Aber warum „Hansa“? Ist das nicht der Vorname des Fußballvereins aus Rostock? Seit wann liegt Ostwestfalen-Lippe am Meer? Die Städte Herford, Lemgo und Hameln, die durch den Hansaweg verbunden sind, waren wirklich dereinst Hansestädte, die miteinander und mit anderen Hansestädten Handel trieben. Mit einigem Recht stände daher Lemgo das Autokennzeichen HL (Hansestadt Lemgo) und Herford HH (Hansestadt Herford) zu. Diese Kennzeichen sind allerdings schon vergeben, an Lübeck und Hamburg. Im Fall von Hamburg völlig unverständlich, war doch die Stadt an der Elbe zu den Glanzzeiten der Hanse ein ziemlich bedeutungsloses Nest.

Schön also, dass der Hansaweg den alten Städten an Werre und Weser ihre wahre Bedeutung zukommen lässt. Der Qualitätsweg startet am

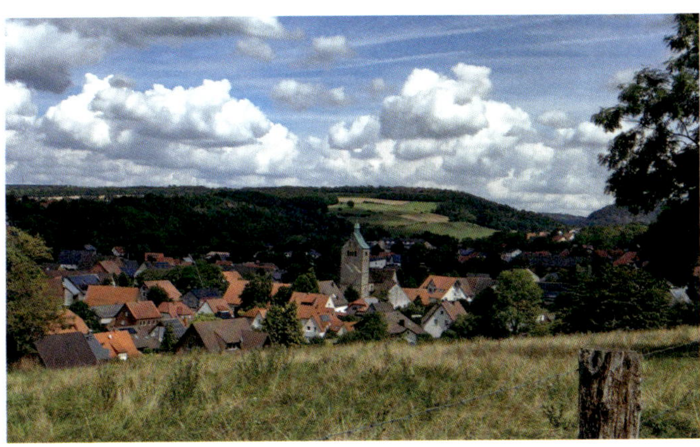

Blick auf Neuenbeken

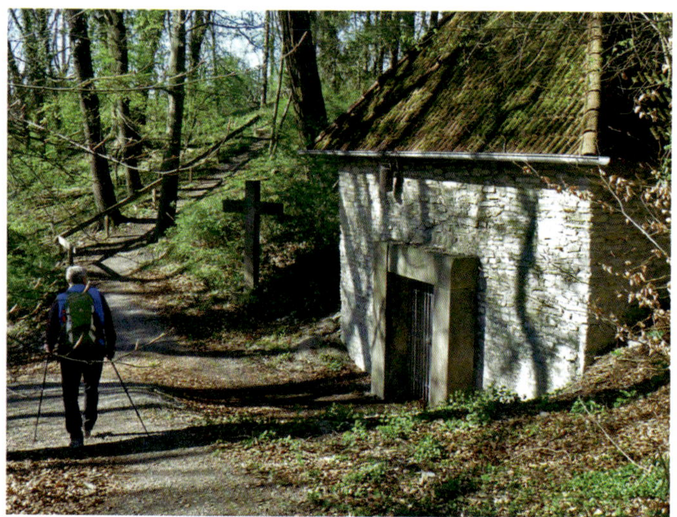

Wanderimpression aus dem Hanse-Land

Bahnhof von Herford, man wandert zunächst direkt an der Werre und am Freizeitbad H_2O vorbei. Bei dieser ersten Etappe des Hansawegs empfiehlt es sich, Badesachen mitzunehmen. Am Restaurant Steinmeyer vorbei erklimmen wir die Höhenzüge östlich von Herford. Am höchsten Punkt der ersten Etappe befindet sich an einer großen Freifläche ein Bismarckturm, der 1906 errichtet wurde. Hinter dem Turm geht es Richtung Bad Salzuflen immer nur bergab. In Salzuflen sollte man unbedingt einen Abstecher in den wunderschönen Kurpark und zum imposanten Salzgradierwerk machen. Die nächste Etappe führt in die Handball-Hochburg und „Alte Hansestadt" Lemgo. Von dort geht es über Dörentrup in die Gemeinde Extertal. Auf der fünften Etappe nach Aerzen passiert man die Grenze zwischen NRW und Niedersachsen. Der Hansaweg endet mit der sechsten Etappe in der Rattenfängerstadt Hameln. Früher hat die Hanse den Handel zwischen Herford und Hameln gefördert, heute steigert der Hansaweg den Wanderverkehr zwischen den beiden Städten.

Die Infos zum Weg: Der Hansaweg ist mit X9 markiert, meistens reicht es aber, dem X zu folgen. Die schönste Einkehrmöglichkeit der ersten Etappe ist das Wald-Restaurant Steinmeyer, sozusagen der Balkon von Herford mit fantastischen Ausblicken. Weil wir dem Slogan „buy local, drink local" gemäß handeln, sollte man in der Gaststätte ein frisches Herforder Pils genießen.

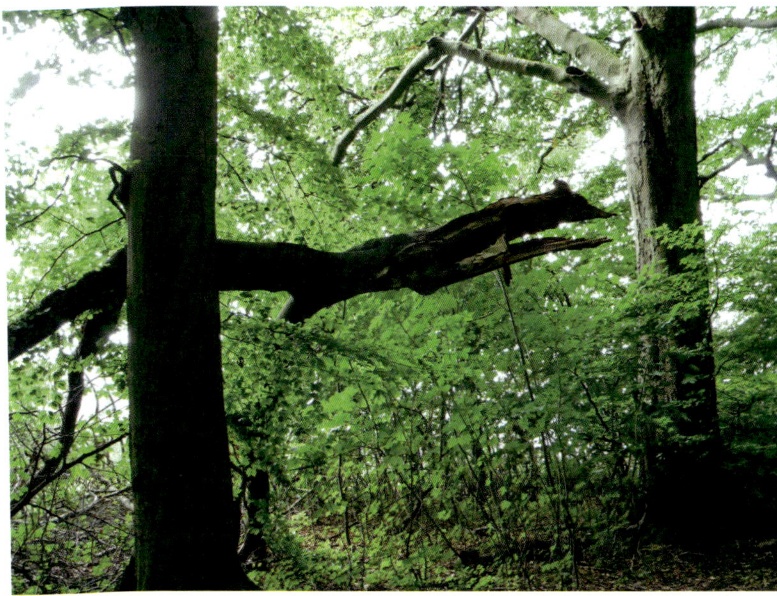

Zwei Bäume und dazwischen Zwischenräume

Kurze Qualitätswege in Ostwestfalen

Nicht unterschlagen möchte ich, dass in den letzten Jahren in Ostwestfalen auch 23 Qualitätswege mit kurzen, teilweise sehr kurzen Weglängen markiert wurden. Die meisten Wege sind zwischen fünf und acht Kilometer lang. 18 Wege sind an den Hermannsweg und den Eggeweg auf den Hermannshöhen angebunden – in Borgholzhausen, Bielefeld, Oerlinghausen, Horn, Bad Driburg. Die restlichen befinden sich in der Nähe der Städte Lemgo, Paderborn, Rheda-Wiedenbrück. Sehr fantasievolle Namen hat man sich für die kurzen, erlebnisreichen Wanderwege ausgedacht: beispielsweise Kaleidoskopweg, Wilddiebsroute, Blaubeerroute, Aktiver Rucksack. Ganz schön praktisch: Wenn der Rucksack schon aktiv ist, muss der Wanderer gar nicht so hyperaktiv sein, dann reicht auch ein kurzer Qualitätsweg im Norden von Nordrhein-Westfalen.

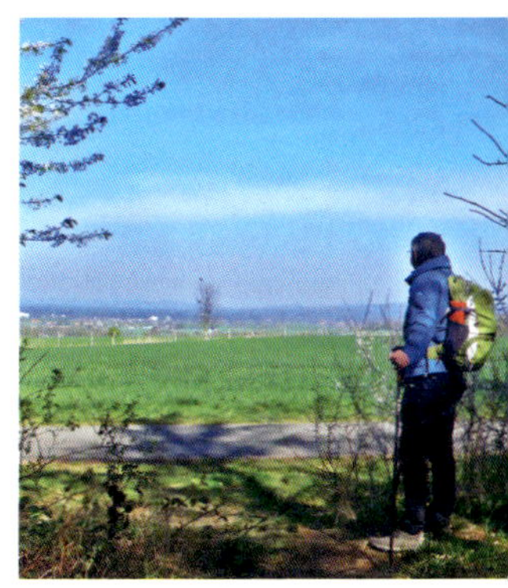

Blick auf die Senne

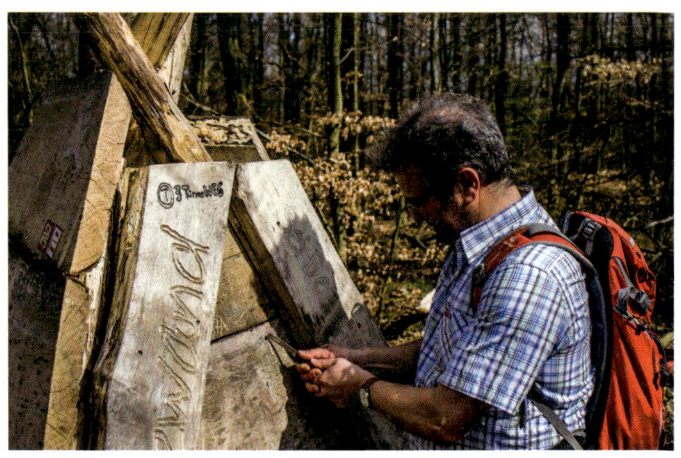

Bildnachweis

Titelbilder: bopicture
Umschlagabbildungen: Klaus-Peter Klappest (Umschlagklappe vorne), BLB-Tourismus GmbH (Umschlagklappe innen), Kyocera (Autorenbild hintere Umschlagklappe)
Birgit Andrich: S. 192, 195, 196
Manuel Andrack: S. 26, 31, 41 re., 69 re., 87, 96, 139, 189, 190
Archiv Eifel Tourismus GmbH: S. 111, 121
Stefanie Auge: S. 105
Bad Berleburg Markt und Tourismus e. V.: S. 170, 174, 175
BLB-Tourismus GmbH: S. 176
bopicture: S. 8
Heidi Bücker: S. 177, 179, 180
Eifel Tourismus GmbH, Helmut Gassen: S. 115
Eifel Tourismus GmbH, Stefan Jacobs: S. 114
Eifel Tourismus GmbH, Dominik Ketz: S. 110, 116/117
Eifel Tourismus GmbH, Hans-Jürgen Sittig: S. 113, 118, 120
Flickr, Ronnes Jacobs: S. 144
Franzok: S. 128
Gemeinde Altenbeken, Wissam Nofal: S. 201
Michael Kaub: S. 208
Kreis Mettmann: S. 75, 76, 78, 80, 81, 83, 84, 85, 86
Naturpark Schwalm-Nette: S. 124, 126, 130, 131, 132/133, 134, 135, 136, 137
Naturpark Schwalm-Nette, Johann Baier: S. 127
Naturpark Teutoburger Wald Tourismus: S. 37
Naturregion Sieg: S. 65, 67, 68, 69 li., 71, 72, 73, 74
Jochen Ottersbach: S. 191 u.
Nico Piepenstock: S. 194
Rheinsteigbüro: S. 12/13, 44, 52
Rothaarsteigverein e. V.: S. 22, 27, 29, 30, 32, 33, 148, 150, 151, 152 o. li., 152 u.
Rothaarsteigverein e. V., Klaus-Peter Kappest: S. 5, 23, 25, 138, 141, 142, 143, 145, 146, 147, 152 o. re.
Sauerland-Höhenflug: S. 99, 101, 102, 103, 104/105, 106, 108, 109
Sauerland-Tourismus e. V., Klaus-Peter Kappest: S. 14, 15, 17, 18, 21
Schmallenberger Sauerland Tourismus, Klaus-Peter Kappest: S. 173
Stadt Detmold, Teutoburger Wald Tourismus: S. 43
Stadtmarketing Sundern eG: S. 191 o.
Stadt Velbert: S. 79
Julian Stratenschulte: S. 186, 188
Tecklenburger Land Tourismus e. V.: S. 157, 158
Tecklenburger Land Tourismus e. V., Petra Abraham: S. 153, 154
Tecklenburger Land Tourismus e. V., Joachim Lutz: S. 161
Tecklenburger Land Tourismus e. V., Rudi Schubert: S. 159 o., 162, 165, 166, 167, 168
Tecklenburger Land Tourismus e. V., Alexander Schwarz: S. 156, 160
Tecklenburger Land Tourismus e. V., Poller Todt: S. 159 u.
Teutoburger Wald Tourismus, Torben Conrad: S. 36, 39
Teutoburger Wald Tourismus, Michael Münch: S. 34
Teutoburger Wald Tourismus, Falko Sieker: S. 38, 41 li., 42
Ulrich Tölpel: S. 107
Tourismus Siebengebirge: S. 46, 47, 48, 49, 51, 53, 54
Tourist Information Paderborn: S. 198, 200, 203, 204, 205, 206, 207
Touristik Gesellschaft Medebach mbH: S. 122/123, 169, 172, 181, 185
Touristik & Stadtmarketing Olsberg: S. 183, 184
Frank Vincentz: S. 98
Uwe Völkner, Fotoagentur FOX: S. 55, 57, 58, 59, 61, 62, 63, 64, 88, 89, 91, 92, 93, 94, 97